高等院校文化产业基础教材

WENHUA CHANYE

丛书主编 王育济
韩 英

文化产业商业模式概论

訾胜锋 编著

海峡出版发行集团 THE STRAITS PUBLISHING & DISTRIBUTING GROUP
福建人民出版社 FUJIAN PEOPLE'S PUBLISHING HOUSE

图书在版编目（CIP）数据

文化产业商业模式概论/咎胜锋编著. —福州：福建人民出版社，2017.2

高等院校文化产业基础教材/王育济，韩英主编

ISBN 978-7-211-07500-3

Ⅰ.①文… Ⅱ.①咎… Ⅲ.①文化产业—商业模式—高等学校—教材 Ⅳ.①G114

中国版本图书馆 CIP 数据核字(2016)第 287164 号

文化产业商业模式概论

WENHUA CHANYE SHANGYE MOSHI GAILUN

编　　著： 咎胜锋
责任编辑： 江叔维
出版发行： 海峡出版发行集团
　　　　　福建人民出版社　　**电　　话：** 0591-87533169(发行部)
网　　址： http://www.fjpph.com　　**电子邮箱：** fjpph7211@126.com
地　　址： 福州市东水路 76 号　　**邮政编码：** 350001
经　　销： 福建新华发行（集团）有限责任公司
印　　刷： 福州万达印刷有限公司
地　　址： 福州市仓山区金山大道 618 号橘园洲工业园 19 号楼
开　　本： 787 毫米×1092 毫米　1/16
印　　张： 15.75
字　　数： 261 千字
印　　数： 1—3000
版　　次： 2017 年 2 月第 1 版　　2017 年 2 月第 1 次印刷
书　　号： ISBN 978-7-211-07500-3
定　　价： 32.00 元

序

2004年1月，教育部新设“文化产业管理”本科专业，山东大学历史文化学院成为全国首批承担这一专业的四所院系之一，并于当年实现了本科招生。次年春，山东大学文化产业管理学系成立。

任何一门学科的基础与范式，都只能建立在对研究史的总结之上，这是学科建设的第一块基石。山东大学已故史学名师郑鹤声先生有言：历史系每成立一个教研组，其首要工作必是整理学界相关著述之索引。基于这种办学传统，山东大学文化产业管理学系成立伊始，即会同历史系、档案系、考古系等，着手基础资料库的建设，并渐次启动《中国文化产业学术年鉴1979—2008年卷》的编纂工作。《中国文化产业学术年鉴》按学术编年史的框架，通过“年度学术论著选编”“评价集成与结论”“研究总目索引”等形式，对改革开放30年来中国文化产业研究的学术历程进行了系统的梳理。《中国文化产业学术年鉴》的编纂工作历时7年，出版后获得学术界、文化界的广泛好评，被认为是“涵盖了近30年相关领域中最完整的学术信息和最丰富的理论内容，既包括文化产业的概念、定义、逻辑内涵、行业边际、学科特点等学理方面的研究，又包括中国文化产业的历史、现状、行业模式、区域布局、新兴业态、业内典范等方面的宏观理论、政策和案例研究……近700万字的各类索引，更是为文化产业的学术理论研究和文化产业发展提供了海量资讯”（《光明日报》2010年3月31日）；产业界、政府管理层，甚至央视《新闻联播》等，也对这套历时7年而成的学术年鉴给予了特别关注。

与《中国文化产业学术年鉴》相类似，现由福建人民出版社出版的这套“高等院校文化产业基础教材”，也是山东大学文化产业管理学系成立伊始即已启动，历时多年才完成的一套大学本科基础教材。该教材所对应的都是山东大学文化产业管理专业的核心课程，从最初的备课教案、自编讲义开始，经历过2004年至2012年间的若干轮授课实践和若干轮修改。

同时，这也是目前国内唯一一套由同一所院系的一线授课教师完成的本科基础教材。因而，除了相对严谨、扎实之外，这套教材也非常适合大学本科教学。

作为一套完全由山东大学一线授课教师所完成的教材，自然还会表现出某些“山大特色”，即山东大学师生有关文化产业的某些共识性的理念。

第一，关于“文化产业”自身的发展历程，我们的共识有两点：

1. 认为“文化产品”的历史可以追溯久远，但“产业”意义上的“文化产业”则是现代“工业革命”后形成的一种产业体系。工业革命提供了强大的能源动力，如留声机、照相机、印刷机、播放器、摄影机等可以把一件文化产品按产业的需求海量复制，火车、轮船、飞机又足以把海量文化产品的营销链条无限延展。正是伴随着工业文明体系的建立，才产生了真正产业意义上的现代文化产业。

2. 认为“农业文明”关联的只是“文化产品”，“工业文明”关联的是“现代文化产业”，而数字技术关联的则是“当代文化产业”。数字技术对文化产业的最大影响，就是使文化产品彻底突破了时间与空间的限制，从而创造出巨大的利润，“文化产业”也因此而成为“朝阳产业”“黄金产业”，或“最后一块暴利蛋糕”。但是，这也同时提醒我们，不能笼统地把“文化产业”认定为“朝阳产业”，只有数字技术所催生的“当代文化产业”才是“朝阳产业”。从这一意义上说，以“三屏产品”（电视屏、网络屏、手机屏）为代表的数字文化产业，应该成为当代文化产业发展的主要方向。

第二，关于文化产业的公众认知和理论导向，我们的共识有四点：

1. 认为“文化、创意、财富”是文化产业三个最为本质的表达元素，也是“文化产业”最通俗、最平实的诠释。

2. 认为“文化”经过“创意”而产生“财富”，这之间并不存在“阿里巴巴”式的神话，存在的永远是《资本论》中所描述的从商品到货币的“惊险一跃”。而且，与工业、农业相比，文化产业的市场需求是“弹性”而非“刚性”的，这也就意味着这一产业更大的风险性。因而在宣传文化产业是“黄金产业”“最后一块暴利蛋糕”的同时，更应突出“文化产业的高风险性”这一往往被忽视的观点。

3. 认为文化产业的发展对“文化”始终是一把双刃剑，既有普及、提升文化的功能，又始终包含着强烈的“反文化性”。

4. 高度认同“历史文化资源的丰富是中国文化产业的最大特点和最大

的优势所在”。2002年的中国共产党第十六次全国代表大会，首次在大会报告中提出发展文化产业的战略部署。2003年1月，时任中共中央政治局委员、中国社科院院长的李铁映撰文指出：“中华民族有着五千年悠久的历史和灿烂的文化，其文化累积之丰厚、文化形态之多样和文化哲学之深刻，是世界上其他国家少有的。这是一笔怎么估价也不过分的宝贵的文化资源，是我们得天独厚的优势。对于中国新兴的文化产业来说，启动并整合、包装这些文化资源，就有可能形成具有中国特色的文化产业，并在全球市场的激烈竞争中占有可观的优势。”这些关于中国文化产业优势与特征的科学认识，至今仍然有着强烈的导向意义，当下中国文化产业最现实、最积极的发展策略就是如何将“历史文化资源大国”变为“文化产业强国”。这其中，历史文化资源与数字技术的结合，可能是最值得关注的方向。

第三，关于近30年中国文化产业理论研究的“学理架构”和当下的学科建设，我们的共识有三点：

1. 认为“文化产业”这一概念在近30年的中国出现，并不是对法兰克福学派“文化工业”概念的简单转译，它的生成，可以直接追溯到改革开放之初对知识分子地位的认定：由于当时知识分子已从“臭老九”跃升为工人阶级的一部分，于是各个“知识部门”，如教育、文化部门等，也就与“农业”“工业”一样，成为“一种生产部门，一种产业部门”。正是在这种理论思维的推动下，“第三产业”的概念在1980年前后即为中国学术界所关注。“第三产业”作为一个包含着“知识生产”在内的术语，又直接导致了“文化产业”这一概念的生成。因而早在1981年就出现了“文化的产业化”的说法，出现了“第四产业”与“精神经济学”之间的讨论，至1987年就出现了“文化产业”的概念。尽管当时尚无学者对这一概念进行定义，但是这一概念所具有的“望文生义”的优势十分明显，与中国传统思维的路数亦十分吻合——无需定义和解说，即可粗知内涵。正因如此，“文化产业”这一概念才能超越“第四产业”“精神经济学”，以及后来的“文化工业”“创意产业”“内容产业”“版权产业”等外来概念，被中国学术界和社会普遍接受。“文化产业”这一概念在中国首度出现的时间是1987年，远早于20世纪90年代末才为学界所引介的“文化工业”，因而“文化产业概念的内生性”，是近30年来中国文化产业理论最重要的“学理性起点”。

2. 认为作为国家战略层面上的文化产业发展起始于近十年，但关于文化产业的学术研究则贯彻于近30年。其中重要的节点是：1979年以来经济学界关于“精神产品”和“知识价值”的讨论；20世纪80年代学术界关于“第三产业”“第四产业”“精神经济学”“文化市场”“文化个体户与经纪人”“文化搭台与经济唱戏”“大众消费文化与精英文化”的讨论；20世纪80年代中期“文化产业”概念的首度出现，以及20世纪90年代有关“文化产业”“创意产业”“版权产业”“文化经济学”“文化管理学”的诸多讨论；2000年以来关于“文化事业与文化产业”的讨论，以及党的十六大以后国家战略层面上的文化产业研究；等等。对这些节点进行整合性梳理，可以为当下中国文化产业学科奠定坚实的基石，也是创立有中国气派、中国风格的文化产业理论体系的必由之路。

3. 认为文化产业管理专业作为教育部新设的一个十分年轻的应用型专业，就其人才培养目标而言，可以简单表述为：既要有纵贯古今的文化视野，也要有策划经营的文化理念，以及现代产业意识和经营思路的复合型人才。但就课程的设置和教学的重心而言，文化产业管理专业显然应该与具体的工艺美术设计、图书编辑出版、游戏创意、景区规划，以及演艺产业、广告产业、体育产业、旅游产业等有所区别。所以，在文化产业的教学、科研和学科建设中，应该突出“通识意识”“学问意识”和“经典意识”，要从学术史的梳理中奠定这一应用学科的学理基础；要引导学生关注工业革命以来有关“文化工业”“文化产业”的经典文献，关注近30年来中国学术界在文化与文化产业问题上的深度思考，从而保持大学教育应有的内在思想的活力、反省能力、质疑能力和价值动力。换言之，“文化产业”这一学科所面对的问题可能非常现实、非常政治和非常经济，但大学教育和学科建设仍应该与“现实”“政治”“经济”拉开距离，要努力建立并坚持大学自身的学术话语，并依据大学应有的治学逻辑设计学科建设的路径。

以上理念和观点主要体现在《山东大学关于增设“文化产业管理”本科专业的建议报告》（2003年）、《山东大学关于建立山东省文化产业研究基地的论证报告》（2003年）、《培养文化产业管理专业的合格人才》（2004年）、《文化产业：学术阐释的原则与目的》（2006年）、《加强文化产业的基础理论研究》（2006年）、《文化·创意·财富：三论“文博会”主题词》（2006年）、《论文化、创意、财富三者之间的关系》（2006年）、《关于文化创意产业的几点认识》（2006年）、《也谈文化与文化产业的关系》（2006年）、《1987：中国文化产业的重要节点》（2009年）、《中国文化产业学术年鉴 2003—2008 年卷出版说明》（2009 年）、《中国文化产业学术年鉴 1979—2002 年卷特别说明》（2009 年）、《文化产业学科建设要有四大意识》（北京大学第七届文化产业新年论坛主题发言）（2010 年）、《济南历史文化资源与文化产业》（济南市政策研究室委托课题结项报告；文化部基层文化干部培训班讲义）（2012 年）、《数字技术与当代文化产业》（济南市第三届青年科学家论坛主题发言）（2012 年）等相关文献和著述中。山东大学的各位同仁在教学和研究中对这些方面的问题思考和讨论也较多，所形成的共识也都以这样或那样的方式渗透、沉淀在这套教材的相关章节之中。这也使得这套教材有了一些区别于其他著述的显著特色。

这套“高等院校文化产业基础教材”的出版，得益于福建人民出版社的全力支持和赖炳伟先生的促成，从选题调研、审定编写提纲、编稿到今天的付梓，时间已过去了一年多，这期间，赖炳伟先生以及责任编辑们的工作热忱和辛劳，感动了我们每一位作者。可以说，没有他们的努力，这套教材可能还会以内部讲稿的形式存在若干年。

《中国文化产业学术年鉴 1979—2008 年卷》的编纂和这套教材的出版，大致夯实了山东大学文化产业学科建设的基础，但能否在这一基础上更筑层楼，显然还有待更多的努力。

是为序。

王育济

2012 年 8 月 23 日

目　录

第一章　文化产业商业模式

第一节　从商业模式到文化产业商业模式

一、商业模式概述

（一）商业模式问题的提出

“商业模式”（Business Model）是近年来人们常常听到的商业术语之一。按照传统的商业模式理论，围绕相对市场占有率（Marketing Share）决定利润这一观点，一些浅显易懂而又极为有效的战略工具和思维技术，如SWOT矩阵、价值链分析理论、核心竞争力等理论已经足以支持企业所需。大部分企业也变成了相对市场份额竞争的一员，大打价格战来争夺所占份额，而最终红海淹没了企业的创新能力。但是在今天，企业运行与上述规则不符的实例层出不穷，闻所未闻的新模式不断涌现出来，定向超市的定制化、电子商务的渠道创新、24小时售货亭的便捷服务、品牌专卖的连锁效应、“边玩边买”的体验消费、“自助消费”的DIY创意等模式正在冲击着传统业态。正如史蒂夫·乔布斯（Steve Jobs）所言，苹果公司对业界最大的启示不是产品本身，而是其创造的结合iTunes的新商业模式。

加里·哈默尔（2003）认为，建立在技术革新、人口统计和消费者习惯基础上的创新商业模式，可以创造新的利润来源，让公司获得巨大回报。[①] 近年来，互联网代表的新技术的普及与新经济形态的出现，催生了各种以网络为基础的商业模式，引发了企业对商业模式给予新的关注与思

① 欧阳峰、赵红丹：《商业模式创新研究的演化路径与展望》，《科技管理研究》，2010（12），12—16页。

考，商业模式决定论造就了一批白手起家的新经济财富英雄。然而在互联网成为B2B、B2C、拍卖与反拍卖、广告收益、会员制、佣金、社区、外包等各种商业模式的“试验场”和“演武场”的同时，行业洗牌将多数尝鲜的企业淘汰出局，只有拥有持续竞争优势和不断探寻蓝海的商业模式最终生存下来。可见，企业要想拥有屹立不倒的发展优势，必须将商业模式作为一个重大经营课题，努力实践创新。

（二）商业模式的概念界定

商业模式概念始于20世纪50年代的管理学领域，孔恰尔（Konczal，1975）和多托雷（Dottore，1977）在其数据和流程的建模研究文章中首次使用了“Business Model”这一术语。进入80年代后，随着互联网的飞速发展、电子商务的发展与成熟，商业模式理论的研究与应用逐渐受到企业和学术界的关注。到90年代末，商业模式正式成为研究界关注与重视的一个独立领域，并被广泛传播与使用。学界对商业模式的定义持不同见解，从前人的研究成果来看，其定义总体上包含了三个层面，即战略层面、经济层面和运营层面。

战略层面：最早将商业模式称为组织或公司的经营理论的是美国著名管理学家彼得·F·德鲁克。而后，加拿大著名管理学家亨利·明兹伯格则把企业组织的商业模式称为包含直觉和创造精神的综合性的“战略思想”、“企业的一个整体的概貌，一个愿景目标的不太精确的阐述”。[①] 加里·哈默尔和C.K.普拉哈拉德通过对世界上成功企业的考察后提出“战略意象”这一概念，并指出一成不变的战略对企业的危险远比实力雄厚的竞争对手可怕。

经济层面：美国宾州大学沃顿商学院教授拉菲尔·阿米特和法国枫丹白露大学助理教授克里斯托夫·左特认为，商业模式是企业利用商业机会为自己、供应商、合作伙伴及客户创造价值的交易内容、结构和治理架构。印度班加罗尔管理学院教授B.马哈迪温指出商业模式是对企业至关重要的三种流量——价值流、收益流和物流的唯一混合体。[②] 罗素·托马斯则认为，商业模式是开办一项有利可图的业务所涉及流程、客户、供应

---

① Henry Mintzberg. *The Rise and Fall of Strategic Planning*：*Re-conceiving Roles for Planning*，*Plans*，*Planners*. New York：The Free Press，1994.

② Mahadevan B. “Business Models for Internet-based E-commerce：An Anatomy”. *California Management Review*，Vol.42，Summer 2000（4）：55—69.

商、渠道、资源和能力的总体构造。[①] 瑞士洛桑大学学者马格利·杜波森等人认为，商业模式是企业在进行价值创造、营销和提供产品过程中形成的企业结构及关系网络，从而产生可以维持收益流的客户关系资本。

运营层面：美国学者拉里·博西迪等人将商业模式看作是一种保持企业各个部分之平衡的可行想法的框架和采取行动的蓝图。[②] 美国北卡罗来纳州州立大学教授迈克尔·拉帕认为，商业模式就是一个公司赖以生存、能够为企业带来收益的运作模式，其规定了公司在价值链中的位置，并指导其如何赚钱。[③] 哈佛大学教授约翰逊、克里斯坦森和 SAP 公司的执行总裁孔翰宁共同撰写的《商业模式白皮书》将商业模式定义为“由客户价值、资源和能力及赢利方式构成的三维立体模式”。[④] 美国美智管理咨询公司资深专家亚德里安·斯莱沃斯基和大卫·莫里森在 2010 年的《发现利润区》一书中指出：“商业模式即企业设计并且认为一个行业中的大型公司如何进行重新定位、如何确定自己的经营方式，实质上就是进行企业设计。”[⑤] 西南财经大学罗珉教授在 2003 年出版的专著《组织管理学》中指出，企业的商业模式是一个企业建立以及运作的基础假设条件、经营行为手段和措施。

尽管国内外学者对商业模式的概念界定基于不同的视角，但毫无疑问，商业模式是企业制定的用来整合内部（员工、管理层）、外部（客户、供应链伙伴及其他利益相关者）来获取企业价值的运行模式，至少包括三个层面的含义：其一，假设成立的前提条件构成其存在的合理性。其二，相互作用的组织内部结构和组织与外界各种要素的关系结构。其三，使组织能够获得长期优势的制度结构的连续体。[⑥] 目前，学术界广泛接受的是由皮尼厄和奥斯特瓦德在 2011 年出版的《商业模式新生代》中对商业模式的定义：“商业模式描述了企业如何创造价值、传递价值和获取价值的

---

① Russell Thomas. “Business Value Analysis: Coping with Unruly Uncertainty”. *Strategy & Leadership*, 2001, 29 (2): 16—24。

② ［美］伽斯柏著，程智慧译，张继松审校：《开放型商业模式》，24 页，北京，商务印书馆，2010。

③ 罗珉：《商业模式的理论框架述评》，《当代经济管理》，2009 (11)，1—8 页。

④ 吴伯凡：《解析成功商业模式的三个维度》，《21 世纪商业评论》，2012 (1)。

⑤ ［美］斯莱沃斯基等著，凌晓东等译：《发现利润区》，6 页，北京，中信出版社，2010。

⑥ 曾涛：《企业商业模式研究》，西南财经大学 2006 年博士学位论文。

基本原理。”①

二、文化产业商业模式概述

基于商业模式的定义，结合文化产业的特殊性，有学者给文化产业商业模式下了一个定义：文化产业商业模式是指文化企业在明确外部条件和内部资源的前提下，在市场竞争与政府干预的双重调节下，如何创造价值、传递价值和获取价值，并最大限度地实现经济价值与社会价值的统一。② 这里所说的外部条件是指文化产业发展所处的社会大环境，包括国家和政府的政治、经济及文化政策导向；内部资源则是指文化产业能够用于产业化的文化资源、人力资源和财力资源等。也即是说，文化产业的商业模式的运行，既要充分尊重市场的运行规律，也要重视政府的政策干预，在市场与政府的双重调节下，实现文化产业经济性与社会性的统一。

（一）探索文化产业商业模式的必要性

文化产业是生产和经营文化产品或服务的行业，是具有经济性的产业。作为一种产业，文化产业具有一般产业的共性，可以进行批量生产，并与产生规模经济效益的社会化大生产相联系。理查德·凯夫斯曾指出“创意产业是商业与艺术的契约”，通过整合艺术和商业的相关要素来实现文化产业的产业性。文化产业是文化性、经济性、创意性和价值性四位一体的产业形态，具有典型的跨行业特性，这就决定了文化产业最终是以产业化的方式生产和经营文化的发展机理和内在诉求。文化产业的经营实际上是“文化创造力和商业运作力”③ 的合力。对所有文化企业而言，要在文化产业领域开拓市场谋求发展，自然也离不开从商业模式的深度来积极探索文化产业的可持续赢利之道。

21世纪以来，以知识经济和信息经济为基本特征的新经济时代洗礼了人类的生产生活方式，加速了工业时代对产品的物质属性的关注向文化属性偏倚的步伐，既对传统业态发动了异常猛烈的冲击，也促进了文化产业的飞速发展。文化产业在全球国际商业中的地位逐渐趋向中心化，成为对

---

① ［瑞士］亚历山大·奥斯特瓦德、［比利时］伊夫·皮尼厄著，王帅、毛心宇、严威译：《商业模式新生代》，4页，北京，机械工业出版社，2011。

② 柏定国、陈鑫：《论文化产业的商业模式》，《福建论坛（人文社会科学版）》，2012（10），49—55页。

③ 张凤：《试论文化产业存在的问题及对策》，《赤峰教育学院学报》，2000（1），39—41页。

一国的文化认同与促进多元文化发展的重要因素。文化产业在经济转型中的作用越发重要和不可或缺，每个国家都争先恐后地发展文化产业，努力培育一批面向市场、创新发展、颇具经济实力和社会影响的文化企业和产业集团，进而推动经济发展。随着经济信息化和全球化的深入、市场结构性变化的进一步发展，企业之间的竞争不再局限于产品、技术、服务、品牌、文化等单一方面，企业发展所需的要素都需要以一种崭新的组合模式存在或出现。对任何一个文化企业来说，建立牢固而现实的商业模式从未像现在这样变得非常重要和极其必要。

在新的技术条件下，如何使用有限的资源创造更多的价值和效益，成为世界各国和地区都在思考的问题，中国也不例外。尽管起步较晚，但我国的文化产业正以独特的优势和魅力逐渐从经济的边缘向中心集聚，文化产业开始进入一个高端诉求时期，此时文化产业商业模式的研究对推动文化产业的更高发展显得尤为重要。"十三五"时期，我国明确提出"要以文化产业转型升级为突破口，推动文化产业成为国民经济支柱性产业"。在积极的政策导向作用下，我国的广大文化企业除了抓住政策优势之外，更需要深入研究如何构建合适的商业模式，促进自身脱颖而出并长期处于竞争优势，从而获得持续价值。

（二）探索文化产业商业模式的重要性

从技术创新的角度来说，互联网的飞速发展打破了地域对产业发展的限制，让更多消费者变换身份参与到文化的建设和发展过程之中，对文化产业的传统形式也产生了冲击。首先，文化内容生产与文化传播渠道的关系发生了深刻变革，技术的进步使得传统文化业态面临更多挑战，产品受众范围缩水。第二，信息传播和获取速度加快以及机器化大生产的技术广泛应用，复制、模仿之风愈加普遍，文化产品和服务同质化趋势加剧，产品附带的知识量与信息量难以满足不断攀升的文化消费需求。第三，网络媒体和移动通信的发展及应用模糊了文化内容生产者和消费者的角色界限，微博、视频网站、音乐网站、微信等社交媒体把文化产品的生产者和消费者融为一体，文化生产和文化消费的关系发生了巨大变化。第四，在新技术和新经济的推动下，文化产业的不同业态之间呈现出相互融合的趋势，带动了文化企业的管理方式发生变化，充分利用了有限资源，大大降低了传统业态的生产成本。

商业模式的重要性体现在企业为实现客户与企业的双重价值，结合外界环境变化与企业内部资源制定与调整企业结构和经营行为的各个方面。

企业是由多个不同的环节有机组合共同作用而发挥效能的，在其生命周期的不同阶段（初创期、发展期、成熟期、衰退期）、不同的环节，所需的资源与能力不同，消耗资源与能力后产生的效益也各不相同。成功的商业模式以企业内外部环境客观合理的假设为前提，以企业发展和持续盈利为目标，剔除企业经营过程中资源消耗大、创造价值小的那部分环节，将力所能及并有较大的利润空间的环节做优做精，最大效率地配置企业的资源与能力，提升企业核心竞争力，创造出更大的价值。第一，商业模式通过对文化企业的内部资源和条件进行合理把握，推动企业战略规划的实施。第二，商业模式能够帮助文化企业合理高效地配置企业资源与能力，形成竞争优势。第三，商业模式的调整与变革可以让文化企业更好地适应内外部环境的变化，促进企业可持续发展。第四，商业模式促使企业满足客户需求，也可以依靠创新产品与服务来创造并引导有效需求，实现用户价值，同时提升自身价值与价值链中其他企业的能力，实现企业、用户、企业网络成员的多赢局面。

劳伦斯·莱斯格曾这样说："数字技术与互联网的结合能够产生一个极其活跃和更具竞争力的文化建设发展市场，这个市场可以吸纳更多的创造者，他们展现出了异彩纷呈的创造力。"① 在这样的时代背景下，研究文化产业商业模式的意义之重要是显而易见的，可以从根本上解决技术革新、价值创新、保持竞争优势等新经济时代文化产业发展面临的一些棘手问题。

第二节 文化产业商业模式的理论参照

一、文化产业商业模式的理论参照

基于商业化的共性，文化产业的商业模式研究是对文化产业经济性的认识和研究。而商业模式是一个整合多个学科理论的交叉概念，因其组成要素不同，所依据理论基础也各有侧重。从国内外研究成果来看，战略管理、价值链、价值网络、利益相关者等理论构成了文化产业商业模式的重要理论参照和基点。

---

① ［美］劳伦斯·莱斯格著，王师译：《免费文化——创意产业的未来》，北京，中信出版社，2009。

（一）战略管理理论

相关链接：

笑话——经济学家的建议

一名经济学家到海边休假，发现一位渔民在用原始的方法捕鱼，过着日出而作、日落而息的原始生活，于是经济学家建议说：你应去银行贷款，增加设备，扩大经营规模。

渔民问，然后呢？经济学家说，扩大规模后，再进行资本积累，发展远洋捕捞，然后成立一家国际大企业。渔民问，再怎么办？

经济学家说，企业扩大后，你可以到大学去学经济管理专业，让人替你管理公司，你就可以到海边去休假享受了。渔民回答说："我现在不正是这样吗?!"

战略是组织成功的基础。艾尔弗雷德·D. 钱德勒指出："战略决定了企业基本的长期目标和目的，明确了实现目标所必需的一系列行动及资源配置。"① 伊丹敬之则认为："战略决定了一个企业经营活动的框架，为企业协调行动提供了指导方针，使企业可以应对并影响不断变化的环境。"② 安德鲁斯认为，企业总体战略是一种决策模式，决定和揭示了企业的使命和目标，提出实现目标的重大方针和计划，确定企业应该从事的经营业务，明确企业的经济类型和人文组织类型，并决定企业应对员工、顾客和社会做出的经济与非经济的贡献。③ 迈克尔·波特在《战略是什么》一文中，给战略下了一个定义："战略的本质是选择，即选择一套与竞争对手不同的活动，以提供独特的价值。企业的这种独特定位能够有效避免由于企业间的相互模仿所导致的过度竞争。"④

商业模式以战略管理理论为理论参照，但两者并非同一概念。战略是"企业经营活动的框架"，关注价值获取和竞争优势；而商业模式是一个持续的价值创造过程，强调利益相关者的合作以及共同的价值创造。简言之，侧重竞争的战略与侧重合作的商业模式之间是一种互补关系。通过两者互补的关系，可以发现商业模式对企业价值具有强大的提升作用，拓展了企业战略与企业结构之间的相互拟合匹配理论，使得商业模式成为企业

---

① 张爱民：《"战略管理"概念的演进及其实质探析》，《理论界》，2011（4），207页。

② ［美］贝赞可、德雷诺夫等著，詹正茂等译：《战略经济学（第三版）》，1页，北京，中国人民大学出版社，2006。

③ 易正伟：《客户战略管理过程探析》，《商业时代》，2011（9），28—29页。

④ 钟耕深、徐向艺主编：《战略管理》，13页，济南，山东人民出版社，2006。

战略研究的一个重点模块。

（二）价值链理论

迈克尔·波特在其《竞争优势》一书中分析如何创造和保持企业竞争优势时提出“价值链理论”。波特将企业的价值活动分为基本活动和辅助活动两大类。其中，基本活动包括内部物流、生产作业、外部物流、市场和销售、服务五种涉及产品物流过程的各种活动；辅助活动除了辅助基本活动完成，还提供采购、技术开发、人力资源管理和企业基础设施等各种职能支持。这些相互依存、相互影响的价值活动构成一个商业系统，在满足终端用户的价值诉求的同时，实现企业利润目标和竞争优势，形成了企业价值创造的链条。波特的价值链理论强调单个企业的价值创造过程，然而单个企业的价值链并非孤立活动的集合，它们是由企业价值链上各种活动所构成的一个相互依存的系统。企业如何获得竞争优势，关键就在于差别化的单个企业价值链内各个活动之间所产生联系的方式和手段。

价值链以顾客的价值主张为逻辑起点，催生企业价值链形成、企业组织结构的安排以及企业价值战略选择和市场定位，通过生产和运营及网络、信息等中介连接行业价值链，并最终实现企业战略目标。[①] 从这个角度分析，文化产业商业模式的价值创造逻辑与价值链是基本一致的，并且商业模式整合了线性与非线性价值链中的利益相关者，进一步拓展了价值链的范围与深度。

（三）价值网络理论

随着全球化、信息化进程的加快，产业边界日渐模糊，传统的线性产业价值链朝着跨产业的网络化方向转变。1996年，布兰登布格尔（Adam M. Brandenburger）和内勒巴夫（Barry J. Nalebuff）在《竞合战略》一书中，最早提出了价值网理论。他们指出，价值网络就是所有商业活动参与者之间的关系，由企业、顾客、供应商、竞争者和互补者构成。[②] 与价值链理论不同，价值网络理论将顾客视为整个价值网络赖以生存和发展的基础和中心；并在企业、顾客和竞争者之外增加了互补者[③]，通过降低焦

---

① 张承龙等：《商业模式研究述评与未来研究展望》，《湖北工程学院学报》，2014(5)，85—92页。

② 洪军、柯涛：《网络时代企业经营创造市场的模式分析》，《经济与管理》，2003(4)，33—34页。

③ 互补者指的是那些为消费者提供补充产品或服务的企业，或者从供应商处购买补充资源的企业。

点企业成本、提高顾客价值，给整个网络带来增值效应。此外，价值网络理论指出焦点企业与供应商、互补者、顾客、竞争者之间同样存在竞合双重性，联盟与合作可以缓和竞争压力、规避囚徒困境以保证双方的共同获益，更强调合作对价值创造的重要性。① 可见，这些对价值链理论的发展和延伸，恰好符合文化产业商业模式所提倡的价值主张与价值创造。

价值网络理论将研究重心从企业利益转向网络整体利益，从竞争带来的价值分配转向合作带来的价值创造，反映了现实商业网络中的行动者如何创造价值的过程。特别是在产品链、供应链及需求链都逐渐呈现数字化、虚拟化的背景下，这一理论为我们提供了一种重新审视和分析竞争环境的有力工具，是对传统线性思维的价值链理论的超越和提升。

（四）利益相关者理论

20 世纪 80 年代，为了提示企业除了经济责任还要承担慈善责任、伦理责任和法律责任等，来自公司治理理论的利益相关者概念兴起。R. 爱德华·弗里曼指出，企业的利益相关者是能影响企业目标实现或能被企业目标实现的过程所影响的所有个人和群体。② 对于企业来说，利益相关者不仅有顾客、竞争者、供应商等外部相关者，还有从企业中剥离出来的内部某些业务单元。基于利益相关者理论，企业的创新将不再局限于内部，而是内外部利益相关者一起发力、利益共享、风险共担的开放式创新。这有利于企业保持持久的竞争优势。

文化产业是关联性极强的产业形态，同时，也是具有经济效益与社会效益双重属性的产业。文化产业商业模式是文化企业基于当前经济环境和产业环境变化的选择，其追求价值和竞争优势的获取，可以来自传统的线性价值链，也可以来自非线性的价值网络。从这一视角分析，文化产业商业模式更注重共同利益的创造，其价值创造过程与利益相关者理论所提倡的多重责任与开放式创新相一致。

二、与文化产业商业模式相关的其他理论

战略管理、价值链、价值网络及利益相关者理论这些参照系或理论基点，为文化产业商业模式的研究和讨论提供了更为广阔的平台。比如，基

---

① 王琴：《基于价值网络重构的企业商业模式创新》，《中国工业经济》，2011（1），79—88 页。

② 魏炜等：《基于利益相关者交易结构的商业模式理论》，《管理世界》，2012（12），125—131 页。

于战略管理与商业模式的交互关系，深化商业模式研究内容；基于价值链理论，探讨商业模式的主要特点；借助价值网络理论，探讨新型企业组织的价值创造和价值获取过程。此外，经济租金、交易费用、资源基础等一些相关理论的发展，也为文化产业商业模式的研究提供了新的参照和范式。

（一）经济租金理论

“企业经济租金”是指企业所创造的总收益在支付了所有成员的参与约束条件后的剩余，是企业总收益减去各要素参与企业的机会成本收益（即其在市场中的个体收益）的总和。[①] 由于市场结构不同，企业经济租金的实现结果也不同：在充分完全竞争的市场条件下，企业在帕累托最优状态下得到的租金可称为帕累托租金（简称P租金）；在完全垄断、寡头垄断和垄断竞争市场中，供求双方的剩余有差别，产生的经济租金也有所不同。当企业资源禀赋的差异导致资源的供给程度不同，产生的经济租金形式被称为“李嘉图租金”（简称R租金）；在不完全竞争市场中，由于消费者剩余需求曲线的改变，企业剩余增大所形成的租金，称为垄断租金（简称M租金）；价格卡特尔垄断联盟通过价格上的战略协同或协同行动扩大短期利润，这种租金称为“张伯伦经济租金”（简称C租金）。

熊彼特提出一种基于创新的租金形式，即“熊彼特租金”（简称S租金）。他将竞争视为“一种创造性破坏的过程”，指出企业通过模仿可以获得M租金；通过重新组合生产要素，可以获取R租金、M租金和C租金；通过新商业、新技术、新供应源和新的组织模式的创新，创造性破坏或创新打破现有优势企业的竞争优势，从而获得S租金。[②] 这种租金是由于企业家的创新而产生的经济租金，因此也可以称为“企业家租金”（简称E租金）。[③]

可见，经济租金理论反映了企业对客观存在的市场竞争行为的回应方式，强调企业参与市场竞争的行为是寻求和获取企业经济租金的理性行动，具有明确的目的性。从这个意义上说，商业模式创新正是企业寻求和获取经济租金的手段之一，其核心便是破坏现行商业模式产生的竞争优

---

① 宋周等：《企业分配制度研究的新视角——企业租金与专有性贡献》，《广东工业大学学报（社会科学版）》，2004（1），18—21页。

② 刘劲松：《租金与寻租理论评述》，《东北财经大学学报》，2009（5），16—19页。

③ 罗珉等：《企业商业模式创新：基于租金理论的解释》，《中国工业经济》，2005（7），73—81页。

势，追求经济租金的最大化。

（二）交易费用理论

罗纳德·科斯在20世纪30年代与60年代分别发表了《企业的性质》和《社会成本问题》两篇文章，将交易成本的概念引入产业经济和组织研究，成为交易费用理论的开创人。他指出，交易费用包括谈判、制订和执行契约的时间和费用。任何交易的实施都需要成本，且企业内部与外部市场的交易成本并不相同。70年代中后期，威廉姆森在科斯关于合理的经济秩序的论述以及关于市场失灵的诸多理论之上，重新发展了交易费用理论。他将交易费用分为事前和事后两部分，并用有限理性、不确定性、机会主义、小数条件和信息压缩五个概念建立交易费用经济学的一个基本分析框架。①

根据威廉姆森的研究，影响交易费用的因素在于交易因素和人的因素，主要有四个方面：一是资产的专用性。企业在交易中若将资产转作他用，也需要付出一定的成本。二是交易的不确定性。在交易中总有一些突发事件无法预测，即便有的可以预测但因为成本过高也可能被企业放弃。三是交易的频率。交易频率的高低直接影响了交易费用的高低。四是交易度量的困难程度。信息不对称在市场中是客观存在的，这就增加了交易度量的困难。② 基于这四方面因素，文化产业商业模式的构建应该立足于提高产品和服务的资产的专有性，最大程度降低文化消费中产生的交易的不确定性；同时要以产生高频交易的模式为原则，重视品牌的打造与维护，尽量降低度量难度。

无论是科斯还是威廉姆森，他们创立与完善的交易成本理论试图对企业的本质问题进行探索，并对企业组织内在的运行逻辑进行解释。交易费用理论为现代产权理论奠定了坚实的基础，是商业模式研究中的一个重要参照系。对强调知识产权的文化产业来说，文化企业可以基于交易费用理论架构对自身商业模式进行选择和优化，实现成本压缩与用户绑定。

（三）资源基础理论

1984年，伯格·沃纳菲尔特最先提出“企业的资源基础论”，将企业视作一组资源和能力。资源基础理论假设在均衡状态，不同企业所控制的

---

① 陈军等：《基于交易费用理论的特许经营模式的产生》，《沿海企业与科技》，2008(2)，26—27页。

② 张冠勇等：《基于交易费用理论的文化企业商业模式构建研究》，《现代出版》，2015(4)，27—29页。

资源和能力也是不同的，特别是稀缺的、难以交易的、无法复制的、不易模仿的那些资源和能力，因其独特性让长期占有这块资源的企业比其他企业具有更持久的竞争优势。这就造成不同的企业因资源禀赋、能力差别等因素，长期存在差异。因此，企业的价值创造，可以通过对独特资源和能力进行独一无二的组合来实现。文化产业是以特色文化资源为核心的产业形态，其对地域特色文化资源禀赋的依赖性较强。对于文化企业来说，企业家能否利用资源禀赋基础，并加以创新和整合，创建并保持竞争优势，直接影响着企业未来发展。

彼得拉夫（M. A. Peteraf，1993）提出，公司获得持续竞争优势有四个条件：一是资源异质性；二是竞争的事后限制；三是不完全要素流动；四是竞争的事前限制。① 伯格·沃纳菲尔特认为，在以资源为基础的企业发展模式中，企业内部特点在很大程度上决定了其能否获得高于平均水平的投资收益。资源是企业的专用性资产，包括物力、人力、无形资本等。异质性是资源基础理论的前提，一个成功的商业模式的创建活动需要以精准的市场机会定位、创新的资源整合形式为基础，创造出竞争对手难以模仿的资源或能力，让核心资源和能力成为该企业区别于其他企业的专属特征。

但在互联网高速发展的今天，企业对资源的依赖性已经降低了，诸如技术创新、知识资本、创意人才等要素成为企业商业模式创新的新法宝。企业可以通过替代的方式拥有资源和控制能力，也可以凭借优秀的商业模式来弥补资源基础相对弱势的不足。因此，有学者提出，相较于商业模式概念对资源基础理论的继承，商业模式概念对资源基础理论的补充作用更为明显。②

第三节　文化产业商业模式的要素与机理

文化产业中，不同业态与不同企业为了在新经济环境下顺应社会经济的发展要求，需要充分利用自身的资源优势、发挥自身的核心竞争力，采用的商业模式各有千秋，但都有其独特的构成和内在联系。因此，为了进一步了解商业模式的运行规律，在充分明确了文化产业商业模式的概念

---

① 郭毅夫、赵晓康：《商业模式创新与竞争优势：基于资源基础论视角的诠释》，《理论导刊》，2009（3），69—71页。

② 郭蕊、吴贵生：《商业模式理论辨析》，《技术经济》，2014（1），14—23页。

后，还要对它的构成要素和作用机理做进一步分析，帮助文化企业创造、传递和获取更多的价值，实现文化产业经济价值与社会价值的统一。

一、文化产业商业模式的构成要素

（一）关于商业模式构成要素的研究

商业模式的概念可以概括成短短一句，却包含了很多要素。博思艾伦咨询公司管理咨询顾问艾伯特·维西奥和布鲁斯·巴斯特纳克将环境变化视为引起企业商业模式变化的主要因素，并认为一个好的商业模式必须包含五个构成部分：核心观点（自我定位、战略领导、核心能力、控制目标、资本使命）；经营单元；服务项目；治理模式；系统联系。① 美国波士顿大学管理学院教授文卡特拉曼和亨德森认为，商业模式的架构源于知识运用，包括客户界面、资源配置、知识运用三部分。② 加里·哈默尔认为商业模式应分为四大要素：（1）核心战略（经营使命、产品和市场范围、差异化基础）；（2）战略性资源（核心能力、战略性资产和核心流程）；（3）客户界面（执行与支持、信息与洞察力、关系动态和价格结构）；（4）价值网络（供货商、合伙人和联盟）。③ 这四大要素的不同组合产生出三种不同的连接：一是连接核心战略与战略性资源的配置方式；二是构成核心战略与客户界面之间桥梁的客户利益；三是构成公司的战略性资源与价值网络之间中介的公司。这些连接的重点就是公司如何赚得应有的利润。④（其他相关研究参见表 1-3-1。）

表 1-3-1　商业模式构成要素

序号	研究学者（年）	商业模式的构成要素
1	Paul Timmers（1998）	商业模式要指明各参与者及其角色、潜在利益和收入来源
2	Afuah & Tucci	商业模式必须明确向客户提供什么样的价值；向哪些客户提供价值；如何提供价值；如何为提供的价值定价及如何在提供的价值中保持优势
3	Chesbrough Rosenbloom（2002）	商业模式的功能包括：明确价值主张；确定价值分割；定义价值链结构；估计成本结构和利润潜力；描述其在价值网络中的位置；阐明竞争战略

① 罗珉：《商业模式的理论框架述评》，《当代经济管理》，2009（11），1—8 页。

② 原磊：《国外商业模式理论研究评介》，《外国经济与管理》，2007（10），17—25 页。

③ 王雪冬、董大海：《国外商业模式表达模型评介与整合表达模型构建》，《外国经济与管理》，2013（4），49—61 页。

④ 郭黎星：《国内外商业模式研究综述》，《商场现代化》，2012（3），11—12 页。

续表

序号	研究学者（年）	商业模式的构成要素
4	Morris，Schindehutte，Richardson and Allen（2006）	商业模式有三个层次：一是战略问题；二是运营层面；三是经济层面。对商业模式的把握需要问六个问题：（1）怎样创造价值；（2）为谁创造价值；（3）竞争力和优势来源；（4）与竞争对手的差异；（5）怎样赚钱；（6）时间、空间和规模等的目标
5	IBM全球企业咨询服务部（2008）	商业模式有四个构成要素：一是产品、服务；二是目标市场；三是业务流程；四是场地。有效商业模式的四要素包括：收益能力；业务流程中必须要有响应变化的能力；战略性和洞察力；核心能力
6	李振勇（2009）	商业模式的组成部分有：融资模式、营销模式、管理模式和生产模式
7	孔翰宁，奥赫贝，张维迎（2009）	商业模式的特征是：提供解决方案而不是产品、客户接触的新途径、紧密的客户关系、更富有弹性的价格体系和快速转型
8	魏炜，朱武祥（2010）	商业模式体系包括：定位、业务系统、关键资源能力、赢利模式、自由现金流结构和企业价值六个方面
9	皮尼厄，奥斯特瓦德（2011）	提出九要素模型：（1）价值主张；（2）目标客户；（3）营销模式；（4）客户关系；（5）关键业务；（6）核心资源；（7）合作伙伴；（8）成本结构；（9）赢利模式

来源：方志远《我国商业模式构成要素探析》，《中山大学学报（社会科学版）》，2012（3），208页。

由于研究方法和角度不同，不同的研究者对于商业模式的构成要素的理解存在较大的差异，但是在所有的研究中几乎都包括一些基本要素。亚历山大·奥斯特瓦德和伊夫·皮尼厄在综合共性的基础上，提出一个商业模式应该包含九个要素：①客户细分；②价值主张；③渠道通路；④客户关系；⑤收入来源；⑥核心资源；⑦关键业务；⑧重要合作；⑨成本结构。它们之间相互作用、相互决定，如相同的价值主张可以通过不同的渠道通路实现，同样的渠道通路也可以有不同的关键业务、不同的核心资源和不一样的成本结构等。这九个要素中只要有一个要素变化，就意味着商业模式发生改变。同时，这九个要素覆盖了客户、产品、基础设施和财务生存能力四个主要方面，构成了一个参考模型。①（参见表1-3-2）

---

① ［瑞士］亚历山大·奥斯特瓦德、［比利时］伊夫·皮尼厄著，王帅、毛心宇、严威译：《商业模式新生代》，4页，北京，机械工业出版社，2011。

表 1-3-2　商业模式参考模型

四大方面	九个要素	内　　容
客　户	客户细分（Customer Segments）	对客户进行细分，确定公司的目标客户
	渠道通路（Channels）	企业将产品和服务及价值主张传递给客户的方式和途径
	客户关系（Customer Relationships）	企业建立的和不同顾客间的关系
提供物（产品/服务）	价值主张（Value Propositions）	公司提供给客户的收益集合或收益系列
基础设施	核心资源（Key Resources）	让企业商业模式有效运转所必需的最重要因素
	关键业务（Key Activities）	企业必须做的最重要的事情
	重要合作（Key Partners）	企业与供应商、合作伙伴的关系
财务生存能力	收入来源（Revenue Streams）	企业通过一系列收入流获取利润的方式
	成本结构（Cost Structure）	企业商业模式运转所产生的成本

来源：陈鑫《文化产业商业模式研究：以浙江为例》，中南大学 2012 年硕士学位论文，17 页。

（二）文化产业商业模式的构成要素

新经济时代，内容、商业模式和创新被视为文化产业发展的三大要素。在这样的背景下，商业模式已成为发展文化产业需要探讨的核心问题。但是，文化产业除了具有一般产业所有的商业化共性，其最大的特点还在于其经济性与社会性的双生并重，“文化产业既要追求产业经济价值的最大化，也要追求社会价值的最大化”①。因此，要兼顾文化产业的特点来研究其商业模式的构成要素。

根据前文介绍的奥斯特瓦德提出的商业模式要素模型，结合文化产业自身特点，陈鑫认为，文化产业商业模式应该包含六大基本要素②：①价值主张；②目标客户；③关键能力与核心资源；④渠道通路与重要合作；⑤版权制度；⑥资本运作。这六大要素是构成文化产业商业模式的必要条

① 胡惠林执行主编，叶取源、王永章、陈欣主编：《中国文化产业评论（第 6 卷）》，156 页，上海，上海人民出版社，2007。

② 本小节以下内容参考陈鑫：《文化产业商业模式研究：以浙江为例》，中南大学 2012 年硕士学位论文，18—20 页。

件，缺一不可。与一般商业模式相似，在同一业态的文化企业中，只要有一个要素不同就会形成不同的商业模式，这也正是文化产业商业模式研究的必要性。（参见图 1-3-1）

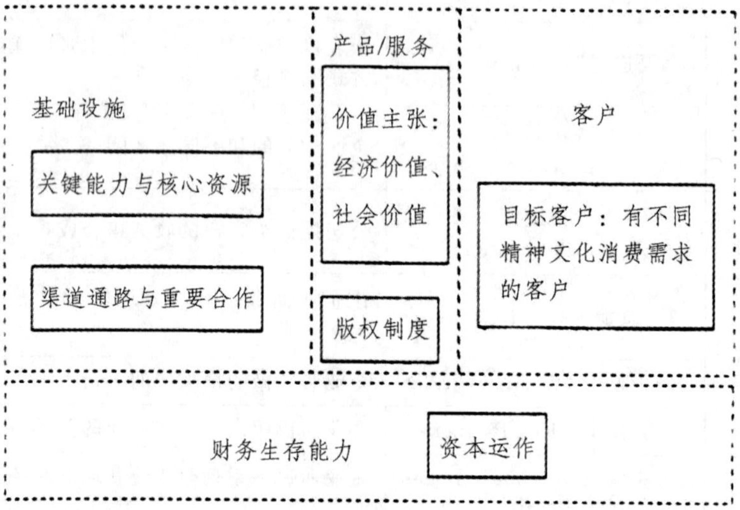

图 1-3-1 文化产业商业模式六大基本要素

来源：陈鑫《文化产业商业模式研究：以浙江为例》，中南大学 2012 年硕士学位论文，18 页。

1. 价值主张。第一，文化产业提供经济价值主张。文化企业通过向特定客户细分群体提供文化产品与服务，创造了让客户受益的价值。第二，文化产业传递社会价值主张。文化产业除了具有经济功能之外，还具有传递精神文化的特殊功能。因此，文化产业的价值主张兼具社会性与经济性，在提供经济价值的同时，也担负着传递社会价值的责任。

2. 目标客户。拥有不同精神文化消费需求的客户群体构成了文化产业所服务的目标客户。文化产业首先是一种精神产业，其次才是一种经济活动。因此，企业需要提供不同的文化产品，来满足不同客户的差异性的精神需求。对于文化企业来说，只有精准定位目标客户群进而进行客户细分，才能抓住重点、做好主业。因此，文化企业必须首先知道谁是其最重要的客户，到底该将哪些客户细分群体作为服务对象，并凭借对其特定客户群体需求的深刻理解来制定相应的商业模式。

3. 关键能力与核心资源。文化产业是以知识创意为核心竞争力的产业，人才是文化产业商业模式的核心部分，而文化资源则是发展文化产业的重要依托和根基。只有以此为关键能力和核心资源，才能确保文化产业商业模式可持续运转。首先，从文化产业特殊性看，需要大批创意人才、技术人才以及经营人才，他们既能高度感悟和理解文化本身，又能够灵敏把握人们的审美取向或者说文化消费市场动向。其次，文化资源包括历史遗迹、人文环境、地理环境和人力资源等，这些文化资源有自然的、历史的，但也可以通过后天进行改造、开发和利用。

4. 渠道通路与重要合作。文化企业需要一个渠道或者合作平台来沟通、接触其细分客户，传递其价值主张。渠道通路的多样化，不仅让文化消费者获得更多享用文化产品和服务的途径，也将文化产业所提倡的社会价值传递给公众。由于文化产业的特殊性，政府运用政策机制对文化产业的引导与干预十分必要。文化企业运用政府各项政策信息与其他企业、产业之间互相提供有效价值结成的关系网就是重要合作。由于文化产业的关联性与渗透性都较强，其内部包含的子产业门类间相互关联且存在竞争，而外部其他产业也容易受到文化产业的浸润与渗透。因此，文化产业的合作网络表现得复杂紧密且多元。

5. 版权制度。文化产业是一种知识经济，知识、智力和创造力的投入与运用至关重要，版权资产恰恰是文化产品与服务呈现差异化的价值载体，这就需要有相关的制度能够对其蕴含的知识产权进行合理的保护与管理。版权制度不仅能够有效激活文化创造力，还能够推动产业结构的优化，带动其他产业的高附加值化和高知识化。因此，建立健全版权制度有利于文化产品的创造与保护，有利于优秀文化的传播与使用，对完善我国文化产业政策、加强文化市场监管，推动文化产业发展具有重大而深远的意义。

6. 资本运作。文化产业作为一种产业，离不开资金支持。资本运作是文化企业提高资源配置效率的有效手段，包括文化产业的成本结构和收入来源两个方面。成本结构指文化企业在特定的商业模式运作下所发生的最重要的成本。收入来源指文化企业从每个客户群体中获取的现金收入，包括一次性收入和经常性收入两种类型。[①] 文化精神消费是一种长时间的积累消费，只有清楚什么样的价值是消费者真正愿意消费的，才能保证企业的可持续发展。

① 花建：《文化产业竞争力的内涵、结构和战略重点》，《北京大学学报（哲学社会科学版）》，2005（2），9—16页。

二、文化产业商业模式的作用机理①

（一）文化产业商业模式的作用机理

根据奥斯特瓦德提出的商业模式要素模型，文化产业商业模式的六大构成要素覆盖了商业的四个主要方面，即客户、产品、基础设施和财务生存能力，它们相互影响、相互作用，构成一个具有关联结构性和系统性的价值创造体系。（参见图 1-3-2）

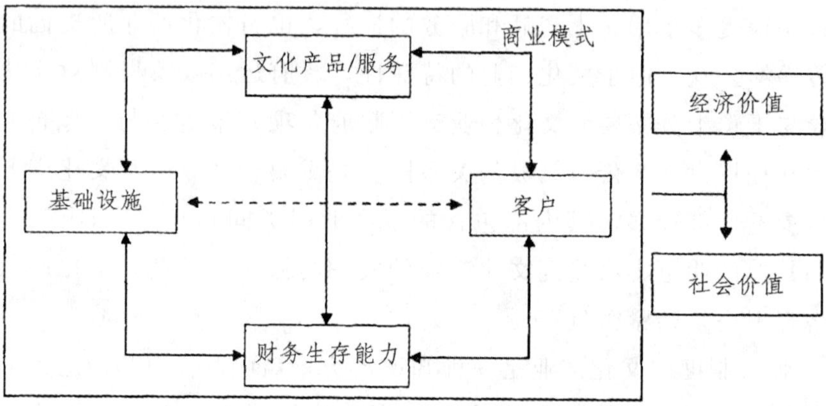

图 1-3-2　商业模式要素模型

来源：陈鑫《文化产业商业模式研究：以浙江为例》，中南大学 2012 年硕士学位论文，21 页。

首先，客户是文化企业的服务对象与收入来源。如果不深挖客户需求，文化企业便失去了发展的不竭动力，文化产业商业模式也失去了存在的合理性。通过对消费群体进行细分，充分了解客户的价值需求，文化企业才能有针对性地生产相应的产品，从而实现企业价值与客户价值的创造，带来源源不断的多元化利润。因此，客户需求的满足和客户消费习惯的形成与否，直接影响了产品、基础设施与财务生存能力三个方面的存在与开展。

其次，文化产业是智力密集型产业，其提供的文化商品与服务凝结着人类的智慧与创造力，具有版权的属性。无论哪种文化产品与服务，只有最终到达客户层面，才能真正实现其价值。因此，产品或服务能否得到客户的认可和满意是企业实现价值的关键因素。此外，客户的偏好也会对文

① 本小节参考陈鑫：《文化产业商业模式研究：以浙江为例》，中南大学 2012 年硕士学位论文，21—25 页。

化产业的产品和服务产生影响，文化企业要善于了解客户的新需求来改进和创新自身产品和服务，提升客户价值与企业价值。

再次，基础设施以满足细分客户的价值需求为目标，提供产品和服务作为价值载体，通过销售或沟通渠道将价值传递到目标客户，进而影响文化产业的价值创造。它包括两方面内容：关键能力与核心资源，渠道通路与重要合作。渠道通路是企业与客户之间进行有效沟通的重要环节，其顺畅与否直接关系到提供物能否顺利到达目标客户群体、文化企业能否将其价值主张传递出去。而且，便捷的渠道通路可以及时传递有效的客户反馈，便于文化企业及时调整基础设施管理机制和商业模式。

最后，财务生存能力主要指企业的资本运作能力，包括成本结构和收入来源两部分。可以说，财务生存能力强弱直接体现了文化企业能否顺利实现价值。一般来说，文化企业生产链上的各个环节都受到财务状况的影响，成本结构是否合理和收入来源是否多样决定了企业各个生产环节是否能够良好运转。对文化企业而言，要想创造更多的收入、增强财务生存能力，不仅要生产出更多令客户满意的产品和服务、建立良好的客户关系，还要打造稳定的渠道通路以及完善的基础设施。

综上所述，文化产业商业模式是一个内在联系的整体结构，各组成要素之间相互依存、互为补充，维持文化产业的正常运转。价值主张是文化产业商业模式六大要素共同作用的结果，从根本上决定了客户、产品、基础设施以及财务生存能力四个要素。

（二）文化产业商业模式的价值诉求

围绕价值这一诉求，商业模式揭开了企业创造价值、传递价值和获取价值的神秘面纱。从这一角度来看，文化产业商业模式所要解决的基本诉求，也是围绕价值展开的。在社会经济水平发展到一定阶段后，人类开始追求物质生活之外的更高层次的需求，文化产业应运而生。文化产业作为一种产业类型，以生产和经营文化产品和服务为主要业务来创造经济利润是必然的，但它在本质上是文化行为，对社会发展、人类发展具有重要的文化影响力。对文化企业而言，在追求经济利益的同时，决不能忽视文化正能量的传递。

1. 如何创造价值。培育品牌和提升品牌价值是现代企业营销的战略目标，从这个意义来讲，品牌价值所体现的就是其创造利润的能力。文化企业要树立品牌意识，培育品牌形象，提升品牌价值，进而创造价值。企业价值的关键在于能否创造利润，包括企业利润和社会利润。与文化息息相关的文化产业，“并不是从文化延续的角度讲产业化，而是站在产业的角度去看文化艺术当中有没有足以作为娱乐产品以满足需求的、可以产业化的内容”①。文化企业创造的是产业与文化并存的价值，既包含着经济层面的价值，也包含着精神层面的意义。因此，文化产业在创造价值时，要做到产业价值与文化价值兼顾。

2. 如何传递价值。文化产品和服务是文化价值与企业价值的共同载体，也是价值传递的载体，体现的正是文化的内涵与企业的创新力。文化企业通过生产文化产品、提供文化服务来创造价值，经过文化消费者的购买和享用行为完成价值传递的过程，然而传递价值并非都是有效的。因为消费者有自己的心理预期，如果其购买的文化产品和服务并非投其所好，企业所传递的价值就是无效的。所以，目标客户群的定位是文化企业传递价值成功的第一步。之后，要对目标客户群体进行关系管理，建立企业与客户之间的新型关系，用富有创意的文化产品和服务来满足客户的精神层面的需求，将客户的感受放在首位，进而培育、提升和传播品牌价值。同时，在传递企业价值的过程中，员工的行为将直接影响到客户对企业的印象，关系到企业价值能否正向传递。

3. 如何获取价值。任何企业都是诉诸生产、流通、服务等经济活动来获取盈利的经济组织。尽管文化企业承担着文化价值传递的使命，但获得经济利益仍是企业的主要目的。为了满足人们的精神需求与实现企业的可持续发展，文化企业从事文化生产，获取价值最直接的途径就是向客户销售文化产品和服务。通过销售的行为，企业将文化产品和服务的使用价值转化成了经济价值。当人们消费文化产品和服务时，企业不但传递了企业价值，也传播了文化价值，从而潜移默化地进入人们的精神层面，进一步提升整个社会的文化水平，凸显出其对社会贡献的效益与价值。因此，文化企业应该在获取价值的同时，实现经济价值与社会价值统一的目标，全面促进整个产业的健康发展。

第四节　文化产业商业模式的创新

著名的管理学大师彼得·德鲁克说过：当今企业的竞争，不是产品的

---

① 陈少峰：《文化产业战略与商业模式》，9页，长沙，湖南文艺出版社，2006。

竞争，而是商业模式的竞争。[①] 商业模式如同产品一样，没有一成不变、贯通古今的模式。社会在发展，技术在革新，文化在变革，商业模式也需要不断革新。文化企业要想获得持续的竞争优势，就必须进行有效的商业模式创新。所谓商业模式创新，是指企业进行价值创造的基本逻辑的变化，即把新的商业模式引入到社会的生产体系，在传统的关注为企业自身创造价值的同时更加关注消费者的价值创造过程。[②] 鉴于商业硬件资源的可复制性，商业模式可以复制，但商业软件资源具有很大的不确定性，企业要依据自身的实际情况进行模式创新，而不是照抄照搬。

一、文化产业商业模式创新的特点与价值

互联网时代到来后，人们重新思考赚钱的方式，激励着一些企业关注商业模式的创新。特别是互联网泡沫破裂的 21 世纪初期，一些企业虽然有强大的技术却因为商业模式不佳而倒闭，而技术优势不明显但商业模式良好的企业反而保持很好的发展势头。这让人们逐渐意识到：在全球化时代，决定企业成败最重要和最关键的因素并不是技术而是商业模式。首先，文化产业商业模式的创新，有利于消费者占据主导地位，更能满足个性化的消费者对于文化消费的需求。其次，文化消费商业模式的创新，有利于人们在消费过程中得到更多优惠实惠，促进新型业态的开创。最后，文化产业商业模式的创新，有利于建立成熟的文化消费市场，帮助消费者走出文化消费价高质低的怪圈。

（一）商业模式创新的特点

熊彼特认为，创新是指把一种新的生产要素和生产条件以新的结合引入生产体系，包括开发新产品、推出新的生产方式、开辟新市场、获得新原料、采用新的组织形态五个方面。[③] 相对于这些传统的创新类型，商业模式的创新一般具有三个特点[④]：第一，商业模式创新更多地关注和涉及企业经济方面的因素，如产品和工艺等与经济价值相关的因素，而不是单纯的技术创新。互联网技术的广泛应用，让企业更注重从客户的角度出

① 张其翔等：《商业模式研究理论综述》，《商业时代》，2006（30），14—15 页。

② 王颖、曾薇：《探析文化消费商业模式创新》，《辽宁行政学院学报》，2014（11），105—106 页。

③ 张凤、何传启：《关于熊彼特的经济创新理论》，《世界科技研究与发展》，2002（3），55—62 页。

④ 乔为国：《商业模式创新》，50 页，上海，上海远东出版社，2009。

发，企业由“员工听老板”转变为“企业听客户”的模式。其次，商业模式的创新表现得更为系统和根本，它一般涉及多个要素同时发生大的变化，往往伴随着技术突破、产品或工艺创新、组织结构更新或较大战略调整，是一种集成创新。因而，企业由注重技术或工艺的单一创新转变为注重包括服务内容、方式与管理结构在内的集成化创新。最后，商业模式的创新会提高企业内部效率、降低成本，但更多的是为客户创造的价值的增加，以及获得外向型与开放性的观察视角，从而提升竞争优势。从产业绩效来看，商业模式的创新具有开创一个全新的可赢利的蓝海领域的潜力。

（二）商业模式创新的描述

对于企业来说，为了更好地学习和借鉴其他成功的商业模式案例，分析竞争对手的创新模式，需要探讨如何来描述商业模式的创新的问题。从本质上说，描述的内容应该包括三个部分：第一，说明新的商业模式的样子，掌握新模式的基本轮廓和表现；第二，说明新商业模式的创新之处，与自身模式对比后总结两者的异同，分析新模式的创新点或核心要素；第三，说明创新的整个过程，从发生的背景到创新涉及的要素排布逐一分析，从而了解整个创新的始末流程。然而，商业模式本身的复杂性决定了其过程的烦琐与复杂，因此想充分描述有很大的困难，一般是文字表述辅以图表、图像的方式，对商业模式构成要素及相互关系、与其他模式异同点进行形象化的处理，这样做的好处是更为直观和便于理解。瑞士学者亚历山大·奥斯特瓦德构建了一个框架作为共同语言来方便地描述和使用商业模式，通过九个基本构造板块①来描述并定义商业模式，展示企业创造收入的逻辑。本书在这一基础上，将商业模式的构造归纳为价值对象、价值主张、价值突破方式和核心竞争力四部分。

1. 价值对象。包括客户细分和客户关系。客户是任何商业模式的核心内容，没有客户就没有企业生存的基石和源泉。对于企业而言，要满足客户的需求，需要将客户划分为不同的细分区域，将客户的共同需求、行为和属性明确定位，来描绘该企业想要接触和服务的不同人群或组织。用客户关系可以描述企业通过获取、维系以及追加销售等方式与每个客户细分群体建立的关系类型，如个人助理型、自助服务型、自动化服务型、社会型、共同创作型等。这些关系深刻影响着客户体验。

---

① 这九个构造块分别是：客户细分、价值主张、渠道通路、客户关系、收入来源、核心资源、关键业务、重要合作和成本结构。

2. 价值主张。客户由一个公司转向另一个公司的原因往往是后者能够解决客户困扰或满足客户的需求。价值主张通过向不同的客户细分群体提供可选的系列产品或服务，来为特定的细分客户创造价值。

3. 价值突破方式。包括渠道通路和收入来源。企业需要与客户进行沟通、接触，才能将价值主张传递给客户，渠道通路就成了企业与客户进行沟通、销售的接口。收入来源是用来描述提供给客户的价值主张，可以是一次性支付，也可以是持续性支付。

4. 核心竞争力。主要包括核心资源、关键业务、重要合作和成本结构。核心资源是企业组织赖以创造和提供价值主张、实现价值突破的资源要素，包括实体资产、金融资产、创意资产、知识资产、人力资本等。文化产业因其轻资产性，对后四类资源的依赖更强。关键业务描绘了企业为确保商业模式的运行而做的最重要的动作，有的企业以生产文化产品为关键业务，也有的企业以提供创意为关键业务，还有一些网络公司侧重提供平台服务。商业模式的有效运作还需要企业与其他供应商、合作伙伴构建合作网络，如联盟、竞合、合资等形式。创造价值需要成本，在确定了核心资源、关键业务和重要合作后可以计算出企业创新商业模式所需的成本结构。成本驱动的商业模式创新更侧重于降低成本，而价值驱动的创新则不太关注成本的影响。

二、文化产业商业模式创新的方式与路径

（一）文化产业商业模式创新的方式

由于商业模式的创新需要在一定的环境中进行，市场、行业、重要趋势和宏观经济四个影响因素会干扰商业模式的创新。比如，市场影响因素主要有细分市场、需求、成本转换、收益诱导及市场问题五个方面；行业影响因素主要有竞争对手、新入行者、替代性产品和服务、供应商和价值链其他参与者、利益相关者；关键趋势主要有技术、监管法规、社会与文化、社会经济四大趋势；宏观经济影响因素主要包括全球市场分析、资本市场、商品与其他资源、经济基础四个角度。在日益复杂的外部环境下，文化企业如何对自身的商业模式进行创新？通过假设市场力量、行业因素、关键趋势和宏观经济影响因素的发展轨迹，可以获得一个类似情景设定的空间，从而对创新的过程有所预演和推测。

乔为国在《商业模式创新》中提出，商业模式创新会像其他创新类型一样，经历原始、被模仿到再创新的一个生命周期，在不同阶段表现出不

同的特点。[①] 由此推断，文化产业商业模式的创新也遵循这样的规律，包括三大方式。（参见表 1-4-1）。

表 1-4-1　文化产业商业模式创新的三大方式

创新方式	创新内容	发生概率	创新优势
原始创新	以前所未有的商业模式为客户提供文化产品或服务	较低	一旦创新成功，所带来的经济效益难以估量，一段时间内具有竞争优势
模仿创新	通过模仿既有模式进行局部变革	最高	企业承担的创新风险相对较低，便于操作
延伸创新	持续性的商业模式创新	一般	不仅能帮助企业取得先于竞争对手的优势，也可以避免被竞争对手抢先

如果说原创与模仿的方式都是某一商业模式诞生的过程，那么对于企业而言，持续性的创新才是企业生存的不二法宝与不竭动力。随着科技的进步与经济全球化的趋势，持续创新的意义与作用也更为明显。然而创新确实不是一个简单的过程，需要经得起市场的反复检验和评估。商业模式的创新面临的巨大压力，不是科技水平，而是管理者自身和习以为常的体制。从管理者角度出发，创新的压力来自其本身不知道商业模式为何，或者没有能力去创新，或者根本不愿意创新。而对于习惯原有体制的人来说，新的模式会间接改变原有利益相关部门的资源配置机制，需要付出巨大的风险和为不确定的后果买单。对于广大小微文化企业来说，无论选择原创、模仿还是延伸创新，创新的风险系数之高都是一个不得不面对的问题。

文化企业要保持延伸创新的动力，首先要对文化内涵进行深入提炼，融合创意再造和技术嵌入，同时配合市场运作。文化提炼，即挖掘文化的历史渊源、时代内涵，倡导具有地域特征和人文积淀的现代文化精神，全力打造中国气派和特色文化的核心品牌。创意再造，是向一部分原汁原味的文化资源注入高科技的品质，融合造型独特的西方设计，加入中国本土化的基因，这才是引领潮流的选择。技术嵌入指的是既要重视硬件升级和大项目的研发，也不能忽视了以科技手段实现文化产品的创新，要在每一个创意环节中融入科技的力量。市场运作即需要好的商业模式支撑和有成长价值的市场主体出现，优先培育一批真正具备创新能力和完整产业链模式的文化企业。

---

① 乔为国：《商业模式创新》，111 页，上海，上海远东出版社，2009。

（二）文化产业商业模式创新的路径

商业模式是一个由构成要素、要素之间的关系及系统动力机制组成的系统，创新可以促使某个要素及具体形态创新变化，也可以激发各要素间组合结构关系或系统动力机制的创新变化。文化产业商业模式的创新主要关注客户、收入、成本、自我复制、核心资源、价值链等要素的结构关系和动力机制，如表 1-4-2 所示。与其他产业相同，文化产业商业模式创新的途径主要包括三条：一是顾客价值创新；二是价值链创新；三是供应链体系创新。

表 1-4-2　文化产业商业模式创新的六大关键点

第一点	客户精准定位，隐性核心需求
第二点	收入以哪种产品/服务、从哪个阶段、以哪种方式来获得？收入的可持续性（黏性）、爆炸性增长潜力如何？
第三点	成本怎样革命性地降低？
第四点	自我可复制，是否存在扩张瓶颈？
第五点	高竞争门槛，掌控核心资源，他人不可复制
第六点	系统性价值链的设计与重组

1. 借助目标客户、渠道或收益方式，进行顾客价值创新。一个成功的商业模式应该以客户的价值为导向，关注顾客的消费需求，为其提供高附加值，从而赢得竞争优势。通过目标客户途径创新，要依据不同的标准划分一般大众市场或细分市场等客户市场，如按城乡、国内外、本地与外地、企业与个人、年龄、性别、收入等划分；渠道主要分为直销或通过中间商、单一渠道或多渠道，以及实体销售与互联网等内容；收益方式创新主要是指租赁、销售、产品、服务、广告收入、销售量、利润率等收益因素的创新。各要素途径的创新并不是独立存在的，它们之间有着紧密的联系。产品的创新可能服务于新的目标客户，从而激发新的创意。

2. 基于文化企业内部价值链或合作网络，进行价值链创新。文化企业在精专于基本业务的同时，也要进行跨媒体和跨行业的交叉营销。企业内部价值链是为客户提供产品或服务的价值创造过程，也是成本的主要来源，包括生产、营销、研发、财务、人力资源、信息管理、供应链管理等企业内部资源与生产经营活动组织方面；在创造并提供价值的过程中，企业需要与其他企业进行合作与联系，在这种关系网络安排中的创新也是一个重要途径。如今，互联网提供了全新的服务界面，文化企业可以获取无数小众群体的即时反馈，并让用户广泛参与到文化产品的开发过程中；通过大数据的分析，采用可量化的精确市场定位技术，进行文化产品和服务的个性化投放，从而大大提高文化消费用户的满意度，形成生生不息的市场共同体。

3. 通过文化产品或服务的创新，进行供应链体系创新。以产品、服务要素为主要途径，是一种传统和常见的创新类型。由于文化产品和服务是文化产业产生、发展的开始，所以，革新性的产品或服务一经问世，即意味着新市场的开辟，会伴随着标准化、个性化等产品具体特性的一系列变化。

除了构成要素的创新之外，商业模式还可以通过各构成要素之间的关系或系统的动力机制进行创新变革，让商业模式各要素充分发挥作用。因此，商业模式的创新，一定会牵涉到动力机制的变化，在某些时候这种变化还会成为创新的核心特征。

三、文化产业商业模式创新的评估与管理

商业模式作为文化资源与经济效益之间的桥梁几乎决定了初创文化企业的成败。但是，创新并不是无中生有，更不是漫无目的的创造，当然也不是创新出来就结束的工程。因此，像需要定期体检的人类、需要审核的报表、需要监理的工程一样，文化产业的商业模式创新也需要一个评估与管理的操作层面，既可以检测创新的效果，也为文化企业的持续创新提供动力。

（一）文化产业商业模式创新的评估

商业模式是围绕市场运行的，商业模式创新要遵循这样一个循环路径：满足市场→投放市场→改善市场→创造市场。在这个路径中，文化企业可以选择任一个环节作为创新的起点。因此，根据这个路径，衡量商业模式创新有四个标准：（1）是否满足被忽视的市场需求；（2）是否能把新技术、新产品和服务推向市场；（3）是否可以改进、颠覆或变革现有的市场；（4）能否创造出一个全新的市场。通过以上四个标准，初创企业可以对其设计和实施的新商业模式做出正确评估，尽可能规避风险和损失，预估新模式的推行周期，找到适合自身发展的商业模式。而相对于初创企业，成熟企业则可以借此对现有商业模式做出调整修复，适应变化的市场环境，从而将新的文化产品与服务推向市场终端，预测并探索可以取代现

行模式的全新模式。由于成熟企业已经具备了相对稳定的市场空间，既可以对现行模式出现的风险做出明确的反应，也会为了巩固现行模式做出适应性调整，因此，成熟企业会积极磨合新旧模式，表现出明显的扩张性，为新模式培育市场，着眼于更长远的未来发展。

目前，评估商业模式创新的方式主要有四步全景分析法和 SWOT 分析法。

1. 四步全景分析法

四步全景分析法是基于优劣势分析商业模式创新，包括分析新模式的构成要素强弱、对环境的动态适应性、优势与劣势对比、可资利用的资源要素四个步骤。

第一步：构成要素强弱分析。基于文化产业商业模式六要素，进行要素强弱的技术考察。借助平衡计分法，进行要素指标肯定性评价考核。(如表 1-4-3)

表 1-4-3　新商业模式构成要素强弱指标

新模式构成要素	关键指标	评分标准
价值主张	价值主张是否与客户需求一致，经济性与社会性是否一致	5、4、3、2、1
目标客户	客户定位是否明确，客户关系是否良好	5、4、3、2、1
关键能力与核心资源	人才、技术、创意、文化资源是否充足，团队架构是否合理	5、4、3、2、1
渠道通路与重要合作	渠道是否通畅，合作网络是否紧密，支持是否充分	5、4、3、2、1
版权制度	版权保护体系是否健全	5、4、3、2、1
资本运作	资本渠道是否多元	5、4、3、2、1

第二步：环境动态适应性分析。商业模式总是在一定的动态环境条件下运行的，这一外部条件是文化企业所不能控制的因素。对商业模式创新评估要格外强调其与政策环境、关联业态、文化市场、社会文化环境、生产要素等维度组成的外部环境的适应性。(如表 1-4-4)

表 1-4-4　新商业模式的外部环境动态适应程度

外部环境	关键指标	评分标准
政策环境	是否符合国家法律政策要求	5、4、3、2、1
关联业态	产业链上下游关系如何，业务横向拓展环境如何	5、4、3、2、1

续表

外部环境	关键指标	评分标准
文化市场	市场稳定性与可持续性如何，用户对企业的认知与态度如何	5、4、3、2、1
社会文化环境	社会文化是否可接受	5、4、3、2、1
生产要素	技术支撑环境如何，人力资本市场如何，资本渠道是否畅通与多元	5、4、3、2、1

第三步：对比优势与劣势。选择一个对比模式，一般是参照现行商业模式，将新的商业模式与之进行对比；对比后，在商业模式的六个层次①中进行对照，以此判断新商业模式与原有商业模式的相对发达程度。

第四步：可资利用的资源要素。该项评估内容是针对新商业模式的实施环节，包括实施前、中、后三个阶段，侧重实施前评估。所有的企业在实施阶段都要整合组织中所拥有的人力、资本、技术等资源要素。其中，人力资源往往是投资商关注的重点因素。

商业模式创新的实施分为三种类型：初创企业的创新实施，成熟企业的创新实施，以及成熟企业模式不变、下设独立机构进行创新实施。因此，对于非初创企业来说，是否具备转型到新模式的条件，要进行可行性分析与评估，并且要考虑到新旧模式是否具备兼容并存的条件等问题。如果两种以上的模式不具有内在逻辑上的一致性，得不到重要部门的支持，可能会导致新模式在运行中面临诸多障碍，甚至夭折。

2. SWOT 分析法

SWOT 分析法是商业领域广泛应用的分析框架之一。一般用于分析企业的优势与劣势，以及发展的潜在机会和挑战。由于简洁和便于操作，常用在企业战略分析中。但是 SWOT 分析法也有一定的缺陷，即开放性太强，导致目标不清晰等问题。所以在评估商业模式创新中，运用 SWOT 分析法要注意将整体评估与模块评估相结合，使针对性更强。根据商业模式的六大要素，我们确定 SWOT 分析框架中的分析内容为：价值主张、成本与收益、能力与资源、客户界面。（参见表 1-4-5）

---

① 乔为国将商业模式分为六个层次，分别是无差别的商业模式、有一定差别的商业模式、细分市场商业模式、外部感知商业模式、整合创新过程的商业模式和适应性平台商业模式。它们之间的关系是由低到高、依次递进。

表 1-4-5　商业模式创新的 SWOT 评估框架

评估优势	评估劣势
价值主张与客户需求一致	价值主张与客户需求不一致
文化产品与服务之间具有协同效应	文化产品与服务之间不具有协同效应
客户非常满意	客户不满意
成本可以预测	成本无法预测
成本结构与商业模式匹配	成本结构与商业模式不匹配
收益多样化并可持续	收益来源单一、收益方式难持续
定价机制得到客户认可	定价机制无法得到客户认可
核心资源难以被复制	核心资源容易被复制
关键业务执行高效	关键业务执行力度差
组织内部与外部业务平衡	组织内部与外部业务不平衡
重要合作关系融洽	重要合作关系不融洽
客户忠诚度高	客户忠诚度低
渠道通路整合科学	渠道通路没有很好地整合
客户关系良好	客户关系薄弱
品牌优势突出	品牌实力不强
评估机会	**评估挑战**
能否更好地整合产品与服务？	自身产品与服务的可替代性高吗？
能否发现满足客户需求的额外工作？	成本是否会变得不可预测？
能否在哪些环节降低成本？	收益来源是否过于依赖一种或几种？
可否增加或创造新的收益来源？	某些资源供应中断的危机是否存在？
内部与合作伙伴间存在交叉销售的机会吗？	关键业务是否会中断？
哪些核心资源没得到充分利用？	合作伙伴中是否有与竞争对手合作的？
有价值的知识产权是否得到发挥？	市场是否面临饱和？
是否可以更好地专注于关键业务并逐步外包部分业务？	渠道通路是否被边缘化？
合作伙伴中可资利用的渠道通路、销售机会和价值主张有哪些？	客户关系中某些是否正在恶化？
如何更好地利用市场？	
服务的个性化上是否有改进空间？	
如何加强企业与客户之间的联系？	

（二）文化产业商业模式创新的管理

对于初创企业来说，设计与实施一个新的商业模式是巨大的挑战。但对成熟企业来说，如何在保留现有模式的基础上实施并管理新的商业模式也是一项艰巨的任务。这是因为成熟企业实施一个新的商业模式虽然会带来新的潜在消费群体，但可能会对现有的成熟模式造成一定的威胁，引入一种与原来的风格截然不同的文化价值观。有学者认为，建立在新商业模式上的业务剥离，可以推进成熟企业实施新的商业模式，使之成为新的独立实体。但一些学者则认为这样过于强硬，主张用整合的温和方式来处理，让新的商业模式在独立的部门运行时产生协同效应。

所谓商业模式创新的管理，是在实施新模式的基础上，对这一模式进行不断地评估，分析出这一模式在未来一段时期内所受到的外部影响因素有哪些及如何产生影响。商业模式创新的管理要结合市场反馈来推进。具体分为以下步骤：第一，建立一个独立的战略部门负责商业模式的管理工作，分析环境，测试模式，与其他关联部门进行沟通，对创新的活动进行策划与设计，还要定时跟踪新模式的整体发展趋势。第二，由于一个文化企业的商业模式可以有多种，处理好这些模式之间的关系就显得尤为重要。战略部门应该充分利用各种模式之间的协同效应，避免不同模式之间的冲突。第三，积极设计一套商业模式组合，以帮助企业赢利的成功模式蓄养尚在试验阶段的新模式，检查与管理企业中不同的商业模式。第四，定期更换视角审视商业模式，持续分析商业模式的运行环境，为企业的延伸创新提供动力。

第二章　蓝海战略：未知市场的开拓

第一节　理论基点：基于重建主义的创新战略

W. 钱·金和勒妮·莫博涅基于对1880—2000年间30多个产业150次战略行动的研究，提出“蓝海战略”，指引企业运用“战略布局图”“四步操作框架”“四象限战略视觉图”三个工具和“重建市场边界”“关注全景而非数字”“超越现有需求”“遵循合理战略顺序”“克服关键组织障碍”“寓执行于战略”六项原则所构成的一个战略制定与实施系统①，从而回避同质化、低利润的“红海”②，进入差异化、低成本的“蓝海”。蓝海战略丰富与发展了企业战略管理理论，为企业发展战略提供了崭新的思路，也为商业模式创新开创了新的潜力空间。对于文化企业来说，为了更好地制定与管理符合自身实际的商业模式，深入研究蓝海战略是十分必要的。

一、产业结构与战略关系论

按照W. 钱·金和勒妮·莫博涅的分析，对于产业结构与战略行动之间关系存在两种论断，一是源自产业经济学的结构主义关系论，另一个是基于内部增长理论的重建主义。从产业组织层面上分析，结构主义与重建主义对企业的战略行动有重要影响。

（一）结构主义

美国哈佛学派发展了“结构—行为—绩效”的产业经济研究范式，指出了从市场结构到行为再到企业绩效表现的因果关系。这一范式的基本观

---

① 戴丽萍：《基于蓝海战略的价值创新分析》，《经济研究导刊》，2008（12），15—17页。

② “红海”是指已知的竞争激烈的市场空间，其相关的游戏规则已经确立，市场也相对成熟。

点是：基于供需条件的市场结构决定了市场中企业的行为，而行为又决定了市场绩效的各个方面。[①] 市场结构的外部因素导致了系统层面的变化，比如基础经济条件的根本变化与技术突破。结构主义偏向竞争的战略思维，认为在现有市场空间中，市场结构为事先给定的条件，将促使企业开辟防守空间抵御对手。为了维持企业在市场中的垄断地位，企业必须把重点放在如何拥有更大的优势上，他们会评估对手的策略并力求做得更好。在这种战略下，攫取更大的市场份额被看作是零和游戏[②]，一家企业的成功就意味着另一家企业的失败。所以，竞争就成为战略的决定因素。在这样的思维下，企业会自动将产业分为有吸引力和没有吸引力两种，并据此决定是否进入某一产业。当一家企业进入产业后，与其内部系统和能力相匹配的独特成本定价或差异化定位将会成为抗击对手的策略。然而，产业的总利润水平是结构性因素从外部决定的，企业并非创造财富，而是在夺取和重新分配财富，瓜分增长越来越有限的红海领域变成了企业投入精力的唯一动力。

（二）重建主义

重建主义理论可以追溯到熊彼特的竞争理论，是建筑在内部增长理论基础上的战略观点。熊彼特认为，在现代资本主义条件下，企业的研发组织正不断成为技术革命的主体，原有企业间竞争并非是有利的，从内部自主发生的潜在动态竞争——技术创新才是企业市场竞争的核心。也就是说，改变经济结构和产业境况的力量可以来源于企业内部的富有创造力的企业家或研发组织。然而，熊彼特假说所指出的无法系统性复制的创新力，让这一理论仍然被置于黑箱之中。

在对新古典增长理论重新思考的基础上，罗默（P. Romer）、卢卡斯（R. Lucas）等一批经济学家以"内生技术变化"为视角，探讨了长期增长的可能前景，重新引起了人们对经济增长理论和问题的兴趣，掀起了一股"新增长理论"（New Growth Theory）的研究潮流。[③] 新增长理论最重

---

① 刘志彪：《简论产业经济学的流派和研究方法论》，《产业经济研究》，2001（1），1—7页。

② 零和游戏源于博弈论（Game Theory），又被称为游戏理论或零和博弈，是指一项游戏中，游戏者有输有赢，一方所赢正是另一方所输，而游戏的总成绩永远为零。

③ 曹秋菊：《经济增长理论的演进对中国经济可持续发展之启示》，《经济研究导刊》，2009（4），1—2页。

要的突破是将知识、人力资本等内生技术变化因素引入经济增长模式中[①]，提出要素收益递增假定；其结果是资本收益率可以不变或增长，人均产出可以无限增长，并且增长在长期内可以单独递增。[②] 根据这一理论，创新背后的模式和配方回答了熊彼特创新假说的复制难题，开辟了系统性复制的创新之路。但是摆在企业面前的实际问题是，如何将这些思想和配方运用到企业实际运作的策略上，帮助企业去创造新的增长。在新增长理论的研究基础上，重建主义的战略观在企业的创新过程中部署知识和思想，以不受时空限制的全新方式，在认知上重新建构现有资料和市场元素，创造企业的内生增长。

存在于常规管理者脑中的结构和市场边界对重建主义者的思维没有任何限制作用，他们更倾向于相信需求一直存在，只是尚未被发现，唯一的问题只是如何开启这一块需求。在实际策略中，他们会把注意力从供给转到需求上，放弃竞争选择价值创新，通过价值创新来开启新的客户需求。在这个新的战略重点中，企业的发展就如同一段探索发现之旅，跨越现有竞争边界去寻找更广阔的市场空间，并创造新的需求而获利。与结构主义理论相比，重建主义理论认为企业的重建努力会改变产业吸引力的水平，所以不会依据吸引力来判定是否选择进入某一产业。在重建过程中，市场结构发生改变，产业实践规则也发生变化；企业所看重的不再是瓜分财富的竞争方式，而是通过刺激需求方实现价值创新，即企业创造新财富的过程。因此，通过重建，企业可以参与到预期回报更高的非零和博弈[③]中，从红海的厮杀转移到崭新的蓝海中。

二、从红海到蓝海：战略重点的转移

基于结构主义的竞争理论的红海战略与基于重建主义的价值创新理论的蓝海战略构成了目前企业战略管理领域的两大典型。根据战略管理大师

---

① 技术内生化的引入，说明技术不再是外生的人类无法控制的东西，而是人类出于自身利益而进行投资的产物。

② 庄子银：《新增长理论的兴起和发展》，《山东社会科学》，2002（2），11—16页。

③ 非零和博弈是一种非合作下的博弈，博弈中各方的收益或损失的总和不是零值，它区别于零和博弈。在非零和博弈中，对局各方不再是完全对立的，一个局中人的所得并不一定意味着其他局中人要遭受同样数量的损失。也就是说，博弈参与者之间不存在“你之得即我之失”这样一种简单的关系，而是可能存在某种共同的利益，或“双赢”或“多赢”。

迈克尔·波特的观点，企业获得竞争优势可以通过三种途径，即低成本、差异化和集中化，并且低成本与差异化是二选一的关系。如果将差异化视为客户的特殊需求和附加价值，那么可以将波特的战略理论的观点表述为：低成本对应低价值，高成本对应高价值。[①] 鉴于此，企业在制定战略时，需要根据自己的目标客户选择符合本企业的战略方案，抑或红海搏杀，抑或蓝海冒险。（参见表 2-1-1）

表 2-1-1 蓝海战略与红海战略

红海战略	蓝海战略
在已经存在的市场内竞争	拓展非竞争市场空间
参与竞争	规避竞争
争夺现有需求	创造并挖掘新需求
遵循价值与成本互替定律	打破价值与成本互替定律
根据差异化或低成本的战略选择，把企业行为整合为一个体系	同时追求差异化和低成本，把企业行为整合为一个体系

来源：［韩］W. 钱·金、［美］勒妮·莫博涅著，吉宓译：《蓝海战略：超越产业竞争开创全新市场》，20 页，北京，商务印书馆，2005。

（一）红海与红海战略

红海是什么？它代表了现存的饱和市场，竞争日趋激烈，企业谋求利润的增长更为艰难，利润下滑可能性变大。红海战略的前提是假设产业结构相对固定，产业边界与竞争规则都是固化不变的，那么整个市场的空间逐渐变得拥挤，现有企业想要增加利润就需要击败竞争对手，从而占据更多的市场份额，整个市场处于零和博弈之中。概言之，红海战略是在已知市场空间中开展的竞争行为，又被称为竞争战略。[②] 它最大的特点就是游戏规则是既定的，进入的企业只需按照这个规则去开展经济活动，赢得市场份额。

在红海竞争中，企业采取的战略大多符合波特的三个战略类型：第一，低成本战略。企业通过经验效应、规模效应等降低成本和费用。第

① 许婷等：《蓝海战略的价值创新内涵及案例分析》，《科学学与科学技术管理》，2007 (7)，54—58 页。

② 王凡：《红海与蓝海：两种战略的比较浅析》，《企业导报》，2013 (5)，62—63 页。

二，差异化的战略。企业通过提供差别化的产品和服务，巩固已有市场。第三，专门化战略。企业主攻特定的细分市场和顾客群。[①] 实施红海战略，所要分析的就是竞争态势和已有产业的条件，这是红海战略需要研究的变量和因素。在现实中，许多企业习惯了已有的市场需求空间，或者迫于企业开拓能力的局限性，宁愿选择在红海搏杀中求得生存。在红海的同质化竞争中，企业要付出巨大的代价，必须想方设法获取持续性的竞争优势，否则就很难生存。

（二）蓝海与蓝海战略

蓝海是未知的市场空间，这种未知既可以包括创新的思想与环境，也可以包括未出现的行业和尚未开发的市场。如果从竞争的游戏规则来说，相比于红海的激烈程度，蓝海中的竞争相对温和。蓝海战略认为，假定市场产业结构固定不变，市场边界是可以重新界定的，企业可以发掘现有市场没有开发的需求，改变竞争的规则，在原有产业边界之外开拓一片没有竞争对手的蓝海，实现非零和博弈的共赢局面。[②]

在传统的竞争理论中，企业效益的获取是在差异化和低成本之间进行取舍的，即以高成本向客户提供高价值或以低成本提供相应价值。然而，以价值创新为理论基石的蓝海战略，意味着进入无人竞争的市场空白区域，同时去追求产品与服务的差异化和低成本。因此，蓝海战略的意义在于打破已有产业边界的限制，在红海或新的市场中开辟竞争很小甚至没有竞争的产品和市场领域。其优势在于降低成本的同时可以为客户创造价值，从而获得企业价值和客户价值的同步提升。

在创造新的客户价值的巨大诱惑下，很多文化企业放弃红海厮杀之殇，选择另辟蹊径的发展道路，挖掘市场新需求，开拓蓝海领域，从而步入良好的发展轨道。久经红海搏杀的文化企业进入蓝海市场，除了拥有领先于行业水平的资金支撑、专业技术、服务能力和市场认可度，更要有突出卖点的文化产品和服务。而对于初创的文化企业，勇闯蓝海首先要具有独特的企业定位，并且善于挖掘客户的特定需求，能为客户创造现实的价值。

---

① 祝波、赵贞玉：《选择红海搏杀，还是蓝海战略，如何实现战略目标》，《上海企业》，2010（8），58—59页。

② 吴昊、李子秦：《企业蓝海战略分析框架》，《中国国情国力》，2014(5)，41—43页。

第二节　蓝海战略的规则再造与价值创新

一般来说，商品的价格 P 总是围绕价值 V 并随供求关系变化而不断波动，其波动幅度也就由商品的效用 U 和成本 C 所决定。如果商品价格高于需求方对效用的主观评价，就无人购买，所以效用是价格波动的上限；同理，如果价格低于供给方的实际生产成本，没有人会销售这种商品，因此成本便是价格波动的下限。也就是说，价格在效用和成本之间随供求而变动，价格会在供不应求时上升但不会超过效用，在供大于求时下降但不会小于成本，公式表达为 $C<P$（或 V）$<U$，$U-P=$ 客户 V（或称消费者剩余），$P-C=$ 企业 V（或称生产者剩余）。[①]

围绕效用、价格与价值的关系分析，蓝海战略比起红海战略优势十分明显。在竞争异常激烈的红海领域里，企业迫于争夺市场的压力而将高成本用于进行大规模的广告战、服务战、营销战等方面，压缩用于创新的生产成本，简单复制和模仿导致产品的同质化趋势日益严重，产品与服务效用的降低缩小了价格波动的空间，客户价值与企业价值都逐渐萎缩乃至消失殆尽，最终进了死胡同。但实施蓝海战略的企业，通过发掘全新的市场需求进行系统的价值创新让消费者得到更多的商品效用，同时降低了成本，实现了客户价值和企业价值共同增加的双赢结果，摆脱了“你赢我输”的零和博弈，进入高利润的广阔蓝海。由此我们得出一个结论，蓝海战略的精髓在于规则再造与价值创新，即：发掘传统市场边界之外的潜在需求——规则再造；创造差异化兼具低成本的有效供给——价值创新。[②]

一、蓝海战略的规则再造

对于企业而言，制定一个成功的蓝海战略需要满足什么样的条件呢？一是拥有巨大的市场需求空间；二是差异化的高效用和低成本的供给结构。[③] 通过边际效用递增和边际成本递减的价值创新可以实现差异化与低

① 王建军、吴海民：《“蓝海战略”的经济学解释》，《中国工业经济》，2007（5），88—95 页。

② 王建军、吴海民：《“蓝海战略”的经济学解释》，《中国工业经济》，2007（5），88—95 页。

③ 周劲波、韦颖：《知识管理视角下的蓝海战略实施研究》，《郑州轻工业学院学报（社会科学版）》，2010（3），83—86 页。

成本，但要创造巨大的市场空间，就需要将焦点转向“规则再造”。在蓝海中游戏规则尚未制定，竞争无从谈起，这为规则再造提供了便利条件。所谓规则再造，就是企业敢于突破传统游戏规则的桎梏，重新定义所面对的问题，通过改变竞争规则来重塑行业产业边界，即重新塑造新的供求关系，完成对市场供求结构的根本性改造。

（一）需求规则的改变

在经济学中，需求曲线向右下方倾斜是基本假设之一，它代表需求量随价格的上升而下降，随价格的下降而上升。[①] 这个假设的原因在于市场的竞争性使价格的变化存在替代与收入两种效应，进而导致需求与价格呈现出背道而驰的矛盾关系。因此，竞争性市场最终都是依靠价格机制来调和并达到均衡状态的。由于蓝海战略并非依靠与对手的竞争和博弈来瓜分现有市场，而是通过在现有产业之外开辟蕴含庞大需求的市场空间，进入无人竞争的全新领域，所以竞争的作用微乎其微，基于传统竞争逻辑的价格机制也就不再是协调供求矛盾的手段。

在蓝海中，需求曲线方向如何发生改变？商品或服务所蕴含的效用价值在系统性的价值创新后取代了价格，成为影响商品或服务需求的决定性因素。也就是说，在蓝海空间里，相比于价格，消费者更关心商品的效用价值，即需求随效用增大而增加，随效用降低而减少，两者呈同向依赖关系。在考虑边际效用递增规律的情况下，新的需求用函数表示为 $Q_d = f(MU)$，它随边际效用 MU 的不断增加而保持同步增加的趋势。如图2-2-1所示，需求曲线由向右下方倾斜变为向右上方倾斜。

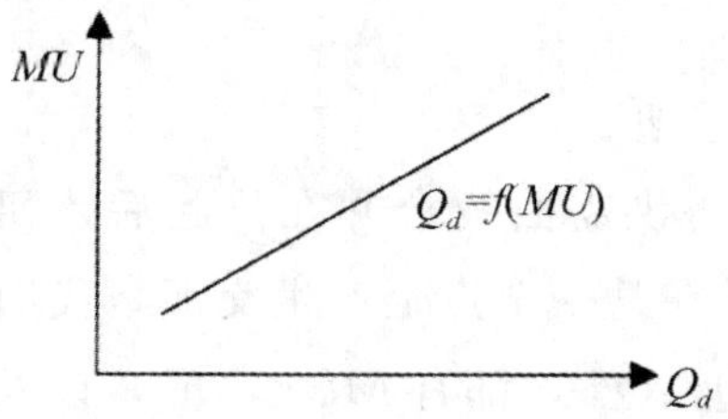

图 2-2-1　需求函数示意图

来源：王建军、吴海民：《“蓝海战略”的经济学解释》，《中国工业经济》，2007（5），93页。

（二）供给规则的改变

在竞争性市场中，受到来自市场与竞争对手共同形成的力量——价格

① 邓枭雄：《经济中的宏观与微观》，《中国外资》，2012（12），180页。

博弈的影响，企业在选择供给决策时，往往屈从于已定的游戏规则，用价格战等手段控制市场而非依赖降低成本来创造价值，这样做的弊端就是在提高了自身成本的同时也降低了企业价值。因此，用于表示供给量与价格之间同方向变动关系的供给曲线一般是朝右上方倾斜的。而通过切入没有竞争对手的新市场空间，蓝海战略重新塑造了供给规则，完全扭转了这种得不偿失的劣势局面。

企业在经过系统化的价值创新后，对竞争对手进行屏蔽，这时，影响商品或服务供给的决定性因素由竞争性的价格转变为商品或服务所包含的成本，价格再次从第一位的影响因素蜕化为次要因素并最终被成本取而代之。这就意味着，对于作为生产方的企业，价格高低的诱惑远比不上成本多少的巨大引力，即成本越低供给越多，成本越高则供给越少，两者呈反向背离关系。[①] 再考虑到边际成本递减规律的作用，新的供给用函数表示为：$Q_s = f(MC)$，它随边际成本 MC 的不断降低而呈持续扩大的趋势。如图 2-2-2 所示，供给曲线由朝右上方倾斜变为朝右下方倾斜。

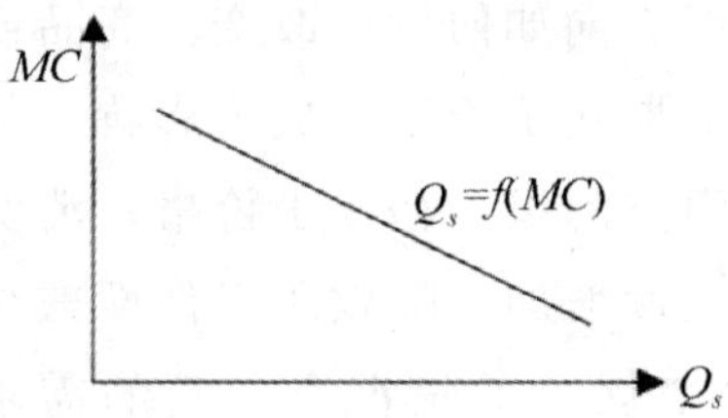

图 2-2-2　供给函数示意图

来源：王建军、吴海民：《“蓝海战略”的经济学解释》，《中国工业经济》，2007 (5)，93 页。

（三）供求规则的重塑

如图 2-2-3 所示，将供需曲线合并在一起后，朝右上递增的需求曲线和右下递减的供给曲线在某一个点上产生交汇，我们将其定为 E 点，在其左边，对于任一数量 $Q<Q^+$，都有 $MU<MC$，以及 $P<MC$ 和 $P>MU$。这意味着在任一数量水平上商品或服务的边际成本大于价格，生产者无法实现价值最大化；而消费者得到的边际效用又小于其所支付的价格，消费者同样无法实现效用最大化；且从全社会角度来看，每增加单位产量所增加的成本超过了社会得到的效用，社会福利亦未能实现最大化，资源配置持续恶化。这一情形恰好反映了传统竞争市场存在的产业数量急剧膨胀、

① 唐海军：《长尾理论经济学原理探析》，《现代管理科学》，2009 (1)，62—64 页。

价格战愈演愈烈、企业利润萎缩、客户流失、利润空间不断收窄等红海困境。

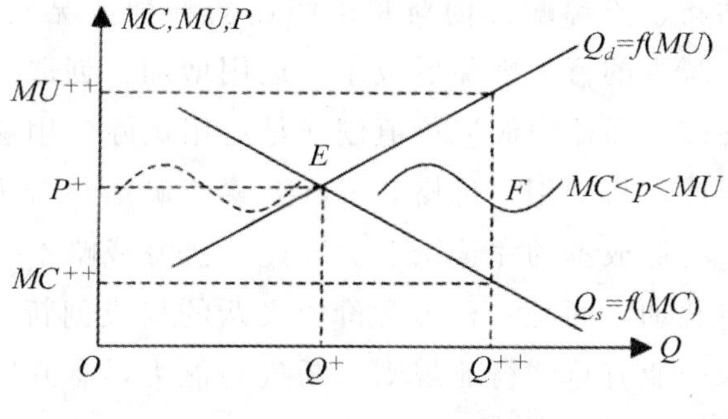

图 2-2-3　供求规则示意图

来源：王建军、吴海民：《“蓝海战略”的经济学解释》，《中国工业经济》，2007(5)，93页。

但在 E 点右边，对于任一数量 $Q>Q^+$，都有 $MU>MC$，以及 $P>MC$ 和 $P<MU$。这意味着在任一数量水平上商品或服务的价格大于边际成本，生产者剩余 $\int(P-MC)dQ$ 持续扩大，消费者得到的边际效用又大于其所支付的价格，消费者剩余 $\int(MU-P)dQ$ 不断增加；从全社会角度来看，每增加单位产量所得到的社会效用远远超过成本，社会福利亦逐渐提高，资源配置、利用日趋高效、合理。这一情形恰好反映了非竞争性空间的“蓝海胜境”——企业利润日益增长，客户逐渐增多，市场快速扩张。

因此，E 点可以被认为是由红海开始进入蓝海的临界点，在该点有：$Q_d=Q_s=Q^+$，$P=MC=MU$。随着价值创新的不断突破，在边际上每一单位 Q 的效用逐渐超越成本，MU 递增，MC 递减，价格 P 波动的自由空间也越来越广阔。理论上，蓝海空间中类似 F 点一样的均衡点的数量可以是无限的，亦即蕴含高利润的机会是无穷多的。需要指出的是，尽管在没有竞争的蓝海空间企业定价的自由度相当大，但蓝海战略决不会像垄断者一样定出掠夺消费者利益的高价，而是通过合理的战略性定价来挖掘新需求。这使得企业从一开始就尽可能降低成本，并尽可能保持低价以阻止潜在进入者。如此一来，消费者受益，企业得利，社会福利提高，形成了消费者、企业、社会都获益的多赢局面。

二、蓝海战略的价值创新

熊彼特认为，所谓创新就是要“建立一种新的生产函数”，即“生产要素的重新组合”，把一种从来没有的生产要素或生产条件引进生产体系中去，以实现对生产要素或生产条件的“新组合”。[①] 它包括产品创新、技术创新、市场创新、资源配置创新和组织创新五种情况。所谓价值创新，是指运用剔除、减少的行为来降低成本，运用增加、创造的行为来增加价值，实现价值突破。而蓝海领域价值创新是运用边际效用递增和边际成本递减两大特殊定律，将效用、价格和成本要素正确地整合为一体，实现高效用（差异化）与低成本的完美结合。因此，蓝海战略不是某一种创新或几种创新的简单叠加，而是一种蕴含价值飞跃的集成创新，是一个整合的过程。这就要求企业有重塑行业规则的勇气与能力，有开辟出一种前所未有的行业领域的魄力与担当。

（一）边际效用从递减到递增的创新

边际效用递减在传统的红海领域早已是司空见惯的规律。边际效用递减规律又被称为戈森第一定律，由德国经济学家赫尔曼·海因里希·戈森（Gossen，1810—1858）提出。这一规律揭示了在批量生产、模仿盛行的传统竞争经济活动中，简单的重复性消费很容易达到饱和，边际效用递减。但蓝海战略通过挖掘传统市场边界之外的潜在需求，针对消费者的心理需求或社会需求来改进产品或服务的质量性能，保持了差异性，为消费者营造了焕然一新的消费空间，从而不断提高消费者的效用满足程度，实现边际效用递增。如图 2-2-4 所示：

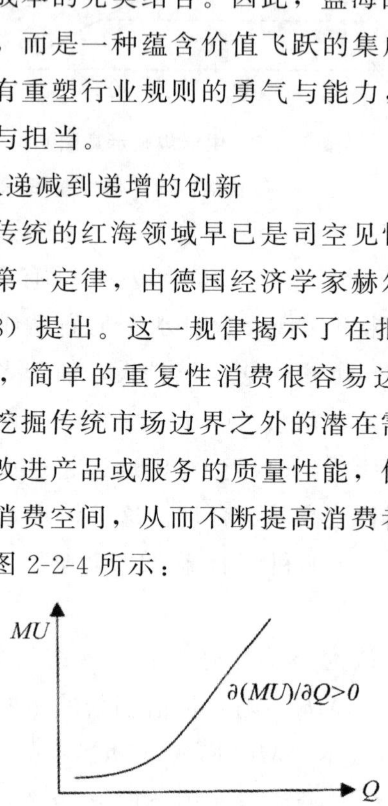

图 2-2-4　边际效用递增规律

来源：王建军、吴海民：《“蓝海战略”的经济学解释》，《中国工业经济》，2007(5)，90 页。

蓝海战略成功实现边际效用的递增，不外乎两大因素：第一，知识外溢。在超越传统产业边界的蓝海空间里，企业所推出的新产品或新服务具有较高的效用价值。这就意味着这些处在价值链的高端的产品包含更多个

---

① 杨顺：《创新与核心能力体系研究》，《西北大学学报（哲学社会科学版）》，2006(5)，61—64 页。

人知识成分，消费者会从购买和体验中获取相应的知识量。伴随消费者知识存量的增加，其对知识的理解程度会不断加深，因而对知识的需求就会随之增大；特别是拥有一定知识基础后，对掌握相关知识的需求会变得更迫切，知识的累积效应不断放大，并在生产与消费之间构成了某种复杂的、动态的、相互依存的演进关系。通过技术知识外溢，企业增强了创新能力，整个消费群体的知识价值优势得以提升，逐渐形成了企业与客户共进共赢的新经济发展格局。

第二，消费需求。蓝海战略非常重视需求方的规模经济与客户的消费体验。正反馈与正外部性是需求方规模经济的基础。从需求角度理解，正反馈是需求曲线向右上方倾斜，即消费越多需求越大，因而呈现边际效用递增。[①] 随着现代生活节奏越来越快，社会慢慢步入一种感性世界，人们对自身快乐的效用诉求变得越发强烈，体验经济悄然而生，消费者之间的效用函数互相依赖且随新的消费需求不断涌现，边际效用随消费者的效用体验增加而呈现递增。

（二）边际成本从递增到递减的创新

边际成本递增规律是以一定的生产技术条件为前提，产量不断增加直到达到某一程度之后，每增加单位产量所引起的成本增量反而会越来越大。[②] 身处红海中的任何企业，其生产都逃不脱这一规律的制约；而蓝海战略却打破了边际成本递增规律的一统局面，成功实现边际成本递减。如图 2-2-5 所示：

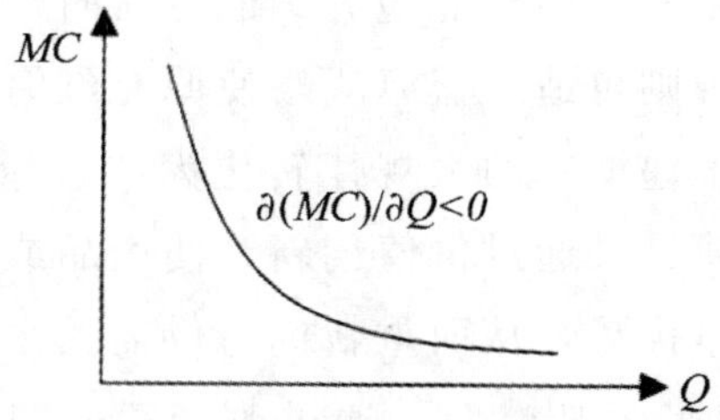

图 2-2-5　价值创新中的边际成本降低

来源：王建军、吴海民：《“蓝海战略”的经济学解释》，《中国工业经济》，2007 (5)，91 页。

第一，蓝海战略创造性地实施了价值工程。价值工程（Value Engi-

---

① 唐海军：《长尾理论经济学原理探析》，《现代管理科学》，2009 (1)，62—64 页。

② 刘琼、张钰坤：《从双向规模经济谈企业蓝海战略的实施》，《商业时代》，2009 (21)，43 页。

neering，VE）是一整套既降低成本又提高价值的有效方法，它通过有组织的活动对产品或服务进行功能分析，目的是要以最低的总成本可靠地实现产品或服务的核心功效，从而提高产品或服务的价值。[①] 与红海空间追求高成本的差异化价值相比，进入蓝海的企业不再按照同样的最优行为规则进行竞争，而是通过剔除整个供求体系中实际上并不重要的产业元素、压缩或取消某些行业竞争元素，大幅削减成本，同时实施效用创新来增加和创造用户价值，降低成本的同时又增加产品的价值效用。

第二，蓝海战略充分利用供需的范围经济[②]。就需求的角度而言，多样化消费需求也可以通过企业提供某种特定形式的产品或服务得到满足，企业为此所付出的成本远比为满足各种不同的消费需求而提供多种产品和服务所消耗的成本低。在整合各种不同的消费需求上，蓝海战略并非瞄准现有市场某一客户群体，而是面向消费大众的潜在需求，以大多数客户的共同需求为前提，将针对某一类消费偏好来细分市场的精力用于整合并重新定义自己的产品。这种“一对多”的模式大大节省了“一对一”服务的成本，在需求上体现了范围经济优势，推动边际成本不断下降。

第三，蓝海战略借助知识获得内生式增长。根据内生增长理论，规模经济效益往往是源于一般性知识，而要素的递增收益则多是通过专业化知识产生的，将这两者结合后可以使所有投入要素呈现收益递增[③]。蓝海战略开拓产业边际外的新需求，促进了新兴产业的生发，这种进步正是依赖于人类的知识性积累。因此，蓝海战略正是借助于知识的内生式增长在扩展市场和寻找需求中不断打破产业边界、催生新的产业形态。

综上所述，通过规则再造，蓝海战略使原有红海市场之中的“边际效用递减”和“边际成本递增”两大规律转化为“边际效用递增”与“边际成本递减”的特殊规律；又通过价值创新，使产品或服务同时具有了成本领先和差异化两个战略优势，从而重新创造供需关系与一个无竞争的新空间。[④] 文化企业在实施蓝海战略时，通过改变竞争规则来重塑新的供求法

① 王建军、吴海民：《“蓝海战略”的经济学解释》，《中国工业经济》，2007（5），88—95页。

② 范围经济是指在相同的投入下，由某一企业同时生产多种关联产品的成本要低于由多个不同的企业分别生产每种产品的总成本所表现出的经济。

③ 这里所说的收益递增反映在成本上就等同于边际成本递减，即每增加一单位收益所付出的成本越来越少。

④ 吴昊：《中国企业蓝海战略分析框架——创造无竞争市场空间》，《党政干部学刊》，2014（3），42—47页。

则，将“价格—需求—供给—价格”的竞争机制，改造成“效用—需求—供给—成本”的创新机制，从与竞争对手的博弈移向买方需求的价值创新，在文化企业与文化消费者之间重塑价值链。

第三节　蓝海战略的制定与实施系统

蓝海战略通过剔除和减少产业现有的一些竞争元素降低成本，通过增加和创造产业现在未注重的一些元素开创新的买方价值，逐步实现低成本与高价值的有机统一与融合。[①] 很多文化企业已经认识到蓝海的优势，如何在实践中制定与执行蓝海战略就变得尤为重要。对此，W. 钱·金和勒妮·莫博涅在《蓝海战略》一书中，通过大量实践案例的论证，提出了整套系统来制定与执行蓝海战略。本书将结合整套理论框架，对文化企业如何制定与实施蓝海战略进行介绍和分析。

一、制定与实施蓝海战略的分析工具

（一）战略布局图

战略布局图是蓝海战略的分析工具之一，囊括了企业实际商业活动中的所有要素，帮助企业在实践中诊断与分析已知市场的竞争现状，找出替代竞争战略的新模式。其基本目的在于让企业明白竞争对手的资金投入去向，产业竞争正集中在产品、服务与配送等方面的哪些元素上，以及消费者期望从市场现有的竞争性商品的选择中获得什么。在部署文化产业的战略布局图时，首先要关注战略重心是否发生偏移，是继续放在竞争对手身上，还是放在了他择市场[②]及非顾客群体上。文化企业制定战略布局图，具体分为六个步骤（如表 2-3-1）。其中，只要有一条成立，文化企业便可以顺利进入蓝海领域，对现有产品或服务进行更规范的运作，从而实现价值创新。

表 2-3-1　文化企业战略布局图六个步骤

辨识可替代性的业态	主动识别和提供与目前所处行业的产品、服务功能相同并针对同类购买群体的替代性业态

① 许婷等：《蓝海战略的价值创新内涵及案例分析》，《科学学与科学技术管理》，2007（7），54—58 页。

② 他择市场指提供的产品或服务在功能与形式等方面与原市场提供的产品均不相同，但是可以满足客户相同的需求的市场。

续表

辨识不同战略群组	通过了解客户在高低战略群组之间转换的原因和特点，将高低两个策略组的优点结合到一起，降低或消除不同战略群组的不利因素，从而创建一个新的无竞争市场
拓展新的客户群	对于某一行业，市场中有大量的客户群体，但真正购买的集中在一个或一部分群体之中。要重新定义购买群体
发掘互补、替代产品或服务中的不足	发掘企业现有互补、替代产品或服务中存在的问题或不足，化问题为机遇，通过为客户提供整体的解决方案来满足客户的需求，实现价值创新
重新考虑购买者功能性、情感性的需求	产品分为功能导向型和情感导向型，但大多数产品的功能性与情感性需求并不是割裂开的，需要重新考虑价值与情感诉求以及成本与价格的关系
塑造外部条件	分析外部环境给客户价值造成的变化，着眼于未来价值的自主调整，创造外部有利条件以实现价值创新

（二）四步动作框架

利用战略布局图对文化企业的竞争现状进行分析后，需要重构买方价值元素，塑造新的价值曲线。四步动作框架是开创蓝海战略的关键性工具，包括“剔除—减少—增加—创造”四种相互关联的可能动作（见图 2-3-1)。通过这四步行动，文化企业管理者可以增加买方收益，刺激新需求，推导出价值创新下全新的经营理念和未来成功的关键因素，进而描绘出新的战略布局

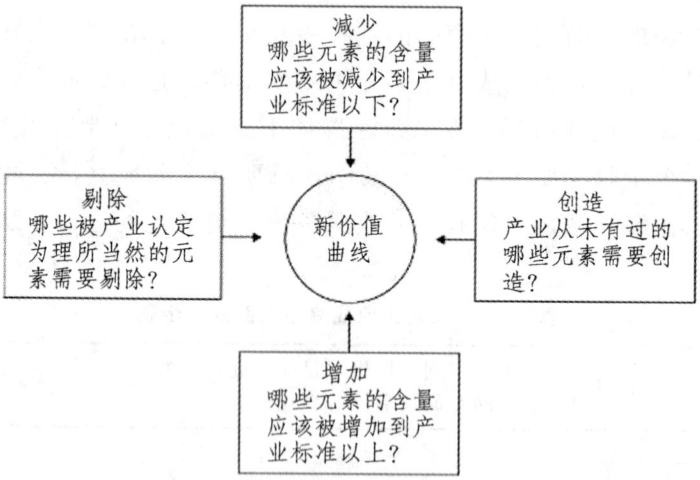

图 2-3-1　四步动作框架

来源：[韩] W. 钱・金、[美] 勒妮・莫博涅著，吉宓译：《蓝海战略：超越产业竞争 开创全新市场》，34 页，北京，商务印书馆，2005。

图和新的价值曲线。[①]

1. 由“四问”延伸出四步动作框架

问题一：哪些被产业认定为理所当然的元素需要剔除？

——促使企业剔除长期竞争攀比的元素。

问题二：哪些元素的含量应该被减少到产业标准以下？

——促使企业做出决定，减少增加成本的行为。

问题三：哪些元素的含量应该被增加到产业标准以上？

——促使企业发掘和消除产业中消费者的无奈妥协。

问题四：该产业从未有过的哪些元素需要创造？

——帮助企业创造新的买方需求，改变束缚企业的战略定价标准。

问题一和二的解决，让企业明白如何将成本降低到竞争对手之下；解决好问题三和四，则提供给企业如何提升买方价值、创造新需求的方法。通过这四个问题，企业将对如何跨越他择性产业、以全新的体验重新构建买方价值并降低自身成本的路径进行探索。其中，剔除与创造是最重要的两个动作，不仅改变竞争元素本身，还让企业摆脱现有竞争规则的桎梏。

2. “剔除—减少—增加—创造”坐标格

“剔除—减少—增加—创造”坐标格的作用在于敦促企业在规定的四步动作框架中提出问题，指出企业应该采取的相应行动。[②] 企业只需在坐标中填入行动，便可以得到立竿见影的收效。第一，促使企业同时追求高效用和低成本，打破价值与成本的权衡取舍关系；第二，及时地提醒企业不要只顾增加和创造两个方面，以免发生成本结构被抬高、产品与服务设计过头的问题；第三，易于理解的形式易于在企业上下获得高度的参与与支持；第四，在填写坐标轴的过程中，企业需要严格考量产业中的每一个竞争元素，发现隐藏其中容易被忽视的假设是否正确。

（三）战略视觉图

绘制战略布局图并非轻松的事情，W. 钱·金和勒妮·莫博涅通过十年的研究，基于开创蓝海的六条路径（详见下一小节），开发了一套条理清晰的过程，包含四个步骤。（如表 2-3-2 所示）

---

① 吴昊：《中国企业蓝海战略分析框架——创造无竞争市场空间》，《党政干部学刊》，2014（3），42—47页。

② ［韩］W. 钱·金、［美］勒妮·莫博涅著，吉宓译：《蓝海战略：超越产业竞争 开创全新市场》，53—90页，北京，商务印书馆，2005。

表 2-3-2　战略视觉化的四个步骤

1. 视觉唤醒	2. 视觉探索	3. 视觉展览会	4. 视觉沟通
◎通过绘制你的现时战略布局图，将你的业务项目与对手的进行比较。 ◎看看你的战略何处需要改变。	◎走入基层实施地探索开创蓝海的六条路径。 观察他择产品和服务的独特优势。 ◎看看你需要剔除、创造和改变哪些元素。	◎在实地观察所获感悟的基础上绘制你未来的战略布局图。 ◎听取顾客、竞争对手的顾客以及非顾客对你绘制的各种战略布局图的反馈意见。 ◎吸取反馈意见，构建最好的未来战略。	◎将战略转变之前及之后的战略轮廓印在同一张纸上，以便于比较，并把它分发给员工。 ◎只支持那些能使你公司向实现新战略迈进的项目和运营措施。

来源：［韩］W. 钱・金、［美］勒妮・莫博涅著，吉宓译：《蓝海战略：超越产业竞争开创全新市场》，96 页，北京，商务印书馆，2005。

二、制定与实施蓝海战略的六项原则

一个企业要想制定和执行蓝海战略，不仅需要由三大工具组成的分析技巧，还要结合六项原则，才能顺利地摆脱竞争，开启蓝海之旅。蓝海战略的六项原则包括：重建市场边界、注重全局而非数字、超越现有需求、遵循合理战略顺序、克服关键组织障碍、寓执行于战略。[①] 其中前四条是制定战略的原则，后两条是执行原则。

（一）制定蓝海战略阶段

1. 重建市场边界。在开创蓝海的实践中，W. 钱・金和勒妮・莫博涅发现了普适不同产业部门的六条路径框架，它们可以引领企业重建市场边界，顺利走上可行的蓝海创意世界。它们分别是：跨越他择产业[②]——集中力量提供那些促进跨产业权衡的关键元素，剔除或减少其他元素；跨越战略集团——开阔视野，明确决定消费者的消费偏好的关键影响因素；跨越买方链——挑战产业有关目标买方群体[③]的常识，重新找回被忽视掉的群体；跨越互补性产品和服务项目——跳出产业自身框架来看待产品与服

---

① ［韩］W. 钱・金、［美］勒妮・莫博涅著，吉宓译：《蓝海战略：超越产业竞争 开创全新市场》，53 页，北京，商务印书馆，2005。

② 竞争不仅在同一产业中的不同企业之间发生，也会发生在一个企业与其产业之外生产他择性产品或服务的企业之间，这种竞争往往被企业忽视。

③ 现实中的买方是由不同环节组成的链条，购买者付账但未必是使用者，这中间还可能有施加影响的第三方。这三组群体或者重合或者不同，他们对价值的定义也可能不同。企业往往会瞄准不同细分顾客群，产业则锁定同样的买方群体。

务，明确买方在选择产品与服务上的真正诉求与潜在需要；跨越针对卖方的功能与情感导向——打破产业竞争在理想与感性上对消费者灌输的定向期望，挑战现有关于功能与导向的思维定式；跨越时间——敏锐洞悉潮流如何改变消费者所获得的价值及如何影响企业的商业模式。跳出常规竞争界限看市场，可以更清楚该采取何种行动开创蓝海，这个过程往往是管理者通过条理化的程序、以全新方式将市场重新排序的过程。

2. 注重全局而非数字。降低规划风险的关键在于对全局的把握而并非罗列几个数字。这就需要运用战略视觉化的方式来绘制战略布局图，弄清楚战略轮廓和问题倾向，以更低的成本来执行。此外，从企业的角度来说，将战略视觉化也有利于各部门与中枢部门的对话，从而加深彼此的理解，促进各部门之间最佳战略实践的协作。战略视觉化前文已讲，在此不赘述，这里主要讲如何借助 PMS 方位图来使用战略布局图。

PMS 方位图，即“先驱者—迁移者—安于现状者”方位图①，见图 2-3-2。

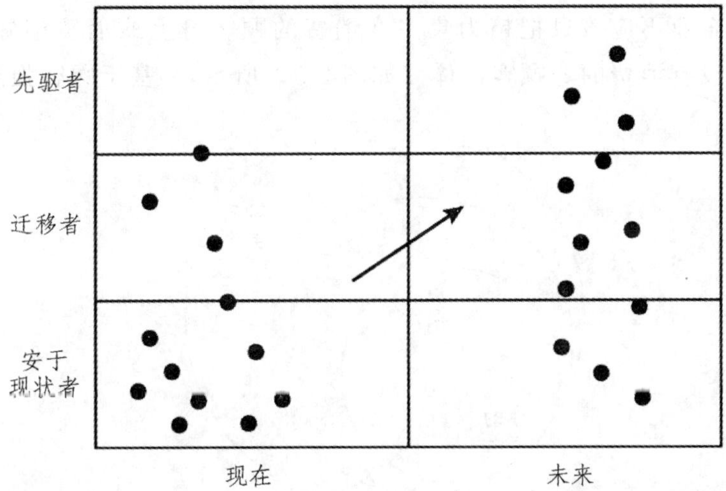

图 2-3-2　检验业务组合的增长潜力的 PMS 方位图

来源：［韩］W. 钱·金、［美］勒妮·莫博涅著，吉宓译：《蓝海战略：超越产业竞争 开创全新市场》，111 页，北京，商务印书馆，2005。

---

① 先驱者是指那些提供前所未有的价值的业务项目，受到消费者的广泛拥戴，构成了企业的蓝海战略单位，是获利增长的最大源泉，在战略布局图上呈现价格曲线与竞争者相异的状态。安于现状者是价值曲线与产业曲线在形状上基本相同的业务，属于“我也是”业务，深陷于红海中，基本无助于企业的未来增长。介于两者之间的迁移者将价值曲线的各个元素进一步发挥，以更低廉的价格向消费者提供更高效用，却不会改变价值曲线的基本形状，处于红海与蓝海之间。

在PMS方位图上，文化企业标注出现有的和计划中的业务构成，便可一目了然企业所处的境地。如此一来，管理者应该以创新为参数，向先驱者构成的业务倾斜；但在推进的同时，他们应该意识到一个现实，那就是安于现状型业务增长潜力微乎其微但是是目前赚钱的主要业务，而先驱者虽有巨大增长潜力但可能是目前花费资金最多的业务。那么，如何管理好企业的业务构成？管理者应该尽量在企业的获利增长与现金流量之间保持恰当的平衡。

3. 超越现有需求。在蓝海中，企业实现价值创新的关键一步就是通过新产品和服务统合最大的需求，降低开创新市场所涉及的规模和风险。① 这一步的实现，需要企业采取两种常规战略方式：一是只关注现有消费者；二是满足消费者的细微差异化需求。努力挽留与拓展市场中的现有消费群体是企业增加市场份额的常用途径。这就会导致更精细的市场细分，量体裁衣以求更好地满足消费偏好。其结果就是个性化的产品与服务随着竞争的激烈化出现，但目标市场变得更小了。

文化企业不应该只把精力集中在消费的顾客身上或消费偏好的差别，还要关注没有消费的非顾客群体（如图2-3-3所示），基于顾客强烈关注的

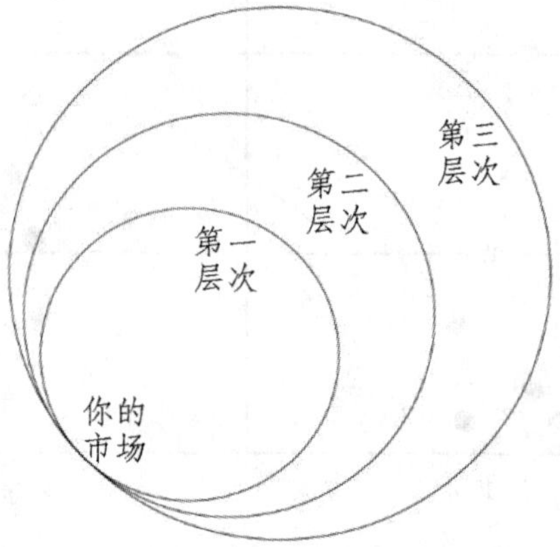

第一层次：徘徊在你的市场边界上，随时准备换船而走的“准非顾客”。
第二层次：有意回避你的市场的“拒绝型非顾客”。
第三层次：处于远离你的市场的“未探知型非顾客”。

图2-3-3　非顾客群体的三个层次

来源：［韩］W. 钱·金、［美］勒妮·莫博涅著，吉宓译：《蓝海战略：超越产业竞争 开创全新市场》，118页，北京，商务印书馆，2005。

① 肖文旺：《“蓝海战略”为中国企业提供了什么》，《经济导刊》，2007（5），65—68页。

共同点来构建自己的业务版图。也就是说，非顾客和共同点才是需要关注的重点，然后选最大的那一块，这样才能超越现有的需求规模，避免迈入假性蓝海。

4. 遵循合理战略顺序。如图 2-3-4 所示，文化企业制定可行的蓝海战略，应该遵循合理的战略顺序：(1) 买方效用。在日常的经济活动中，消费者总是希望以低廉的价格尽可能多地获取产品及服务的效用。文化企业应该把握文化消费者的体验周期，用效用杠杆测试周期内的各个环节。(2) 战略价格。现行产业的定价框架会对企业制定战略价格形成约束。文化企业将功能与形式不同但目的相同的产品或服务罗列出来，选定最合适、最大众化的价格区间。(3) 规划成本。任何企业追求的价值都是以低

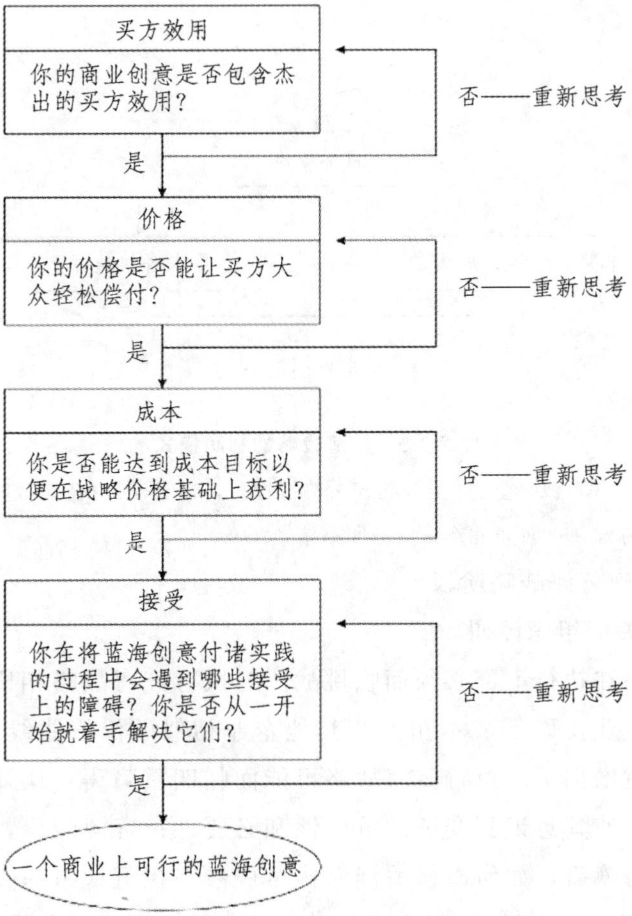

图 2-3-4　蓝海战略的合理顺序

来源：[韩] W. 钱·金、[美] 勒妮·莫博涅著，吉宓译：《蓝海战略：超越产业竞争 开创全新市场》，132 页，北京，商务印书馆，2005。

成本获取高收益。文化企业综合运用简化运营、寻找合作伙伴和改变产业定价模式这三大杠杆，从战略价格推演出所预期获得的利润率，规划目标成本。（4）接受障碍。新产品或服务初入市场时可能会遇到接受上的障碍。通过公开宣传，新的产品或服务才会被员工、合作伙伴和公众所接受。

其中，买方效用与战略价格保障创造净价值的收入，利润则在于成本的高低（见图 2-3-5）。最后接受上的障碍被解决了，才能被评估为一套行之有效的蓝海战略。

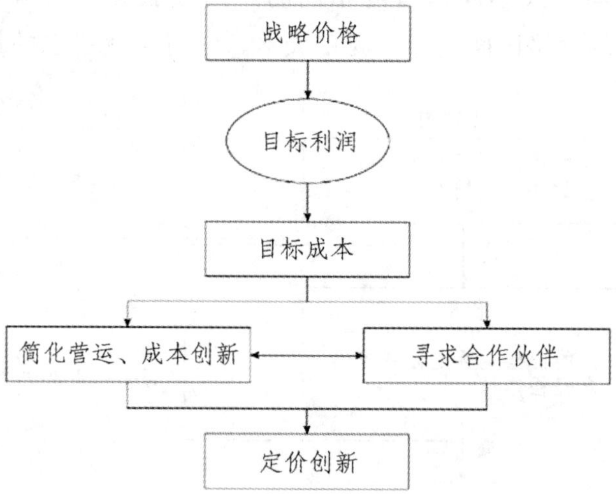

图 2-3-5 蓝海战略的利润模式

来源：［韩］W. 钱·金、［美］勒妮·莫博涅著，吉宓译：《蓝海战略：超越产业竞争 开创全新市场》，152 页，北京，商务印书馆，2005。

（二）实施蓝海战略阶段

1. 克服关键组织障碍

任何战略在执行上都必须面临挑战。与执行红海战略相比，实施蓝海战略意味着企业要以低成本扭转与其他企业相似的价值曲线，改变现状，自然难度也就增加了。执行蓝海战略可能面临四重障碍：认知障碍，即如何唤醒员工，使其意识到变革的重要性和必要性；资源障碍，执行需要更多资源；动力障碍，如何鼓舞关键人物尽快参与执行；组织障碍，人事变动带来的执行力困难。① 按照常规经验，改变越大所需的各类资源就越多，

① ［韩］W. 钱·金、［美］勒妮·莫博涅：《蓝海执行力：引爆点领导法》，《商学院》，2006（11），98 页。

周期可能就越长。但并不是没有捷径可走，引爆点领导法将推翻这些思维定式，让企业在实施蓝海战略时快速降低成本，克服四重障碍。

所谓引爆点理论，是指在任何组织中，当数量达到临界规模的人们以信心和能量感染整个组织行动起来去实现一个创意时，根本性的变化就会发生。[①] 引爆点领导法强调组织中那些对组织的表现具有超凡的影响力的人、行为或活动。运用引爆点法则执行蓝海战略，就是寻找并利用企业中具有超凡影响力的因素，达到节约资源、缩短时间的目的。

——冲破认知障碍。对数字说“不”，利用直接的负面体验，让员工们亲自看到并体验到残酷的现实，启迪人们从内部自觉推动思想转变。如直面最糟糕的问题、与不满的消费者会面。

——跨越资源障碍。将资源重新分配到热点上，从冷点调用资源，在剩余资源与所需资源间实现互通有无，[②] 实现现有资源的价值翻番。

——跨越动力障碍。不要寄希望于调动广大员工的积极性，而要寻求高度的集中，对准中央瓶[③]（kingpins），将这类人物置于鱼缸[④]（fishbowl）中，使得任务微型化[⑤]（atomize），推动企业内部自我变革。

——推倒组织障碍。对于无法回避和越过的问题，管理高层要请个谋士，借天使之力，争取更广范围、更高级别的支持者，仍可以让魔鬼闭嘴。[⑥]

2. 寓执行于战略

除了管理层，企业还包括众多一线员工。基层员工的态度和行为往往才是企业执行蓝海战略的行动基础。成功地实施蓝海战略，要创造充满信

① ［韩］W. 钱·金、［美］勒妮·莫博涅著，吉宓译：《蓝海战略：超越产业竞争 开创全新市场》，167页，北京，商务印书馆，2005。

② 热点是那些资源投入少，但在提高业绩方面具有潜力的活动；冷点则与之相反，是指资源投入高却对业绩影响甚微的活动。互通有无是指将某一个领域的剩余资源与另一个领域的剩余资源交换，填补资源上的空白。

③ 中央瓶是组织中自然的领袖，受人尊重，有一定说服力，有能力开启或阻塞伸向关键资源的通道。

④ 在管理学中，鱼缸法则是指通过透明、包含各方、公平的过程，防止管理者滥用权力，强化管理者的自我约束和自我提升。要想持久有效地调动中央瓶式人物的积极性，关键在于不断地将其行为置于聚光灯下，让人人可以看到，既可以曝光不作为的行为，也可以实现正强化效应。

⑤ 任务微型化就是管理者如何表述战略挑战，让人们相信所面对的挑战是力所能及的目标，增加战略执行的成功概率。

⑥ 谋士是政治上内行而深受人们尊敬的知情人，能准确把握谁是天使、谁是魔鬼。天使是那些最能从战略转变中获益的人；而魔鬼就是那些会有最多损失的人。

任和忠诚的企业文化，鼓舞所有成员认同与支持，并抓住战略的灵魂去执行。激发员工的执行热情，需要通过公平过程寓执行于战略，杜绝猜疑、恶意破坏等行为的发生，将风险最小化。因此，公平过程是决定执行蓝海战略能否成功的关键变量。20 世纪 70 年代中期，社会科学家约翰·蒂博和劳伦斯·沃克结合有关公正心理学的兴趣和过程的研究，创建了程序公正的概念。他们研究发现，人们不仅在意结果本身，也在意产生结果的过程是否公正。当程序公正得以实施时，人们对结果的满意度和支持度就上升。[①]

W. 钱·金和勒妮·莫博涅认为，有三个相互加强的因素来定义公平过程：邀请参与（Engagement）、解释原委（Explanation）和明确期望（Clarity of Expectation），称为公平过程的 3E 原则。邀请参与是指从参与到战略决策的员工中获取正面及反面意见，表明管理层对员工的尊重。解释原委是要向战略执行的所有利益相关者明确战略的制定缘由，明示管理者将利益相关者考虑在内。明确期望是指在战略制定后，管理者清楚地讲述新的游戏规则，让他们从一开始就知道评判工作得失的标准。这三个标准合在一起可以成为判断公平过程的标准，任意一条或两条的组合都无法实现。由此可以看出，公平过程之所以重要，就在于其对人的尊重照顾到了情感上的需求满足，以实际行动将高层管理者对基层员工在知识、才能与专长等方面的高度信任与认可直观展现，激发人们的情感力量，从而保证战略执行的稳定性。

总之，蓝海战略是实践性很强的框架和概念，只有放到实践中才能得到检验。同时，文化企业应该认识到，市场竞争是现实中的普遍存在，模仿壁垒可能在一段时间内保护企业商业模式的创新性；然而，在其他企业的跟随战略下，以战略行动为分析单位的蓝海战略最终也会被模仿。因此，随着市场或行业的成熟，企业在制定与执行蓝海战略时也要不断升级。当竞争对手的价值曲线趋向重合时，企业应该超越争夺市场份额的境界，敢于再次去寻求价值创新的新蓝海，并变得像在红海竞争中一样习以为常。

---

① ［韩］W. 钱·金、［美］勒妮·莫博涅著，吉宓译：《蓝海战略：超越产业竞争 开创全新市场》，192 页，北京，商务印书馆，2005。

第四节　蓝海战略的经典案例

案例一　小米：用互联网思维逆袭传统企业的游戏规则

（一）小米的诞生

小米公司成立于2010年4月，全名为北京小米科技有限责任公司，是一家专注于高端智能产品自主研发的移动互联网公司。小米的商标是一个“MI”形，是Mobile Internet的缩写，代表小米是一家移动互联网公司；小米的商标倒过来是一个心字，少一个点，意味着小米要让自己的用户省一点心。基于“为发烧而生”的产品理念，小米公司首创了用互联网模式开发手机操作系统、发烧友参与开发改进的模式；打造了以小米手机、MIUI系统、米聊为核心，包括系列化的小米手机产品，小米读书、小米分享、小米桌面、小米锁屏、米吧等软件产品，以及云服务、安全中心等服务产品在内的整套产品体系。

“小米”，这个一夜之间就闪亮地出现在我们面前的品牌，也是从工作室开始的品牌之路。2010年4月，一个从德信无线出走的无线业务团队，希望做一款独立的手机硬件，得到了雷军的支持，随后这个团队被更名为“小米工作室”。这就是小米公司最早的前身，制作一个完全的手机体系——“小米手机”成为他们的目标。2011年7月12日，小米创始团队正式亮相，宣布进军手机市场，揭秘旗下3款产品：MIUI、米聊、小米手机。2011年8月16日，小米手机发布会暨MIUI周年粉丝庆典在798艺术中心举行，国内首款双核3G手机——小米手机正式发布。从2011年9月5日小米手机正式开放网络预订开始，小米手机一直在缔造销售业绩的神话。根据Canalys公司公布的2014年第二季度智能手机出货量报告，小米手机在中国智能手机市场份额占14%，排名第一，首超三星，成为中国第一大手机厂商。而Strategy Analytics公司的数据则显示，2014年第二季度，小米攫取了5.1%的全球市场份额，远高于2013年同期的1.8%，成为全球第五大智能手机厂商。小米用了不到四年的时间，以极少投放广告的方式，打造了一个市场熟知的品牌，实现自身身价从2.5亿美元到百亿美元的“超级跳”，一跃成为业内与苹果相抗衡的手机制造商，这对大部分手机制造商来讲简直就是天方夜谭。

（二）小米的逆袭

在小米之前，手机市场早已是一片“红海”：苹果虽独占鳌头，但已呈式微；三星追随猛进，一路高歌；诺基亚已遏制颓势，有所返光；而HTC、中兴、华为、金立、联想等品牌，也各自切取蛋糕。对于这样的红海市场，经济学家一般的建议都是：没必要进去了。然而，小米却偏偏“逆其道而行之”，果断进入，“用互联网思维颠覆传统企业的游戏规则”，成功逆袭。这正是蓝海战略的最好例证。

第一，小米主打性价比的产品定位精准。在功能机往智能机转换的过程中，许多传统品牌失势，只有苹果、三星、HTC等价格偏高的品牌较为热门，但中高端的定位并非一般消费者所能及，这就在中低端留有很大的空间。因此，千元机市场一直是中国特别大的市场，同时也形成了庞大的山寨机市场和山寨产业。为了避免山寨化产品，又抢占这一蓝海领域，小米在产品上坚持走性价比模式、走价格优势的路线，这直接决定了它未来的市场空间和机会大小。小米将产品定位在千元机上，给自己创造了极强的产品力——高性价比，恰恰迎合了国内消费者对国产机高价位很难接受的心理，千元机的定位正好匹配其产品和品牌力。与此同时，小米专注于“一个系列，一种产品”的极致。投入少，产品好，在体验上领先一步，这就是单一产品集中精力的好处。好的品质是花钱花精力找最好的人才和机会做出来的。

第二，“铁人三项”的产品体系创新。雷军提出“铁人三项”：硬件＋软件＋互联网服务；小米不追求在其中某一项的第一，而追求三项综合得分的领先。小米的“铁人三项”中，软件是小米的最强项，其MIUI系统是目前国内业界公认最好的应用层操作系统；硬件是重要的得分项，高配低价的策略为小米聚集了大量粉丝，是小米抢占互联网入口的重要工具，也是小米现金流的重要来源；而互联网服务是小米目前的弱项，目前为止所做的尝试都还未取得突破。用户并未由于互联网服务不如人意而放弃小米，很大程度上得益于“铁人三项”模式的互补效应：用户被小米的软件、硬件吸引，因此也包容了小米互联网服务中等的表现。

小米通过在官网、微博、QQ空间、微信等渠道的一系列炒作，创造连续性话题点，借助媒体广告和新闻轰炸，为后续的饥饿营销、粉丝营销造势。通过组合营销，小米手机与竞争对手相比，性价比的优势更为明显，与之匹配的小米软件吸引顾客成为热衷的发烧友；借助互联网的运作与服务，其提供的灵活服务更具有创新性，成功开辟了这一红海产业中的蓝海领域，实现了销售额的突破与品牌的巨大影响力。

（资料来源：舒咏平《“小米”的蓝海战略》，《企业研究》2014年第10期；综合其他网络资料。）

专家点评：

雷军：我觉得互联网思维能帮助中国的传统产业转型升级，最最重要的是观念，要做优质的产品，做世界级的产品。小米智能手机成功之道在于有好的创业团队、创新及好口碑。而MIUI、小米手机和米聊则组成了一个“铁三角”，让小米智能手机与其他竞争对手区分开来。

林斌：智能手机市场竞争激烈，这一代的胜利不等于下一代会成功。对于小米来说，最大的挑战在于产品是否能够每年都推陈出新，并且保持低价。毕竟科技创新是成功的首要因素。小米成功的决定性因素是巧用电子商务零售模式，减少销售过程中的开销。

周鸿祎：我觉得小米给大家开了个好头，但现在谈不上成功。说明了一个道理：如果互联网厂商能用互联网的思路，把用户体验做到最好，做出最好性能价格比的手机，我想这一定是广大用户欢迎的。

案例二　分众传媒：新媒体新蓝海的拓荒者

（一）分众模式的诞生

分众传媒（Focus Media），中国领先的数字化媒体集团，创建于2003年，产品线覆盖商业楼宇视频媒体、卖场终端视频媒体、公寓电梯平面媒体、户外大型LED彩屏媒体、手机无线广告媒体、互联网广告平台、分众直销商务DM媒体及数据库营销渠道等多个针对特定受众并可以相互有机整合的媒体网络。分众传媒以独创的商业模式和媒体传播的分众性、生动性及强制性赢得了业界的高度认同，在中国的平面液晶广告领域几乎占领着统治地位。

自2006年底至2007年底，公司在中国前五大城市的广告时段被预订一空，业务也没有出现放缓的迹象。截至2007年底，分众传媒的触角已经伸进中国的三、四线城市，在中国各地总共安装了超过30万块液晶显示屏，在全国4000家超市和商店安装了3.87万块，由此在中国液晶电视广告市场获得垄断地位，公司业务看上去在今后数年也将持续保持快速增长。2012年8月，分众宣布开始私有化进程。

2003年，分众传媒首创中国户外视频广告联播网络，以精准的受众定位和传播效果博得消费者和广告客户的肯定。2004年底分众传媒全面推出中国卖场终端联播网，锁定快速消费品的主要购买决策人群，影响终端购物中的品牌选择和消费决策，填补了全国性终端媒体的空缺。2005年7月分众传媒成功登陆美国纳斯达克股票市场（股票代码FMCN），成为海外上市的中国纯广告传媒第一股，并以1.72亿美元的募资额创造了超过70亿美元市值，是当时纳斯达克中国上市公司龙头股。同年10月份分众传媒收购框架传媒（Framedia），进入社区平面媒体领域，这一网络成为分众数字户外媒体的重要组成部分。2006年1月，分众传媒并购中国楼宇视频媒体第二大运营商聚众传媒（Target Media），传媒网络覆盖全国100多个城市，以约98%的市场占有率进一步巩固了在这一领域的领导地位。2006年4月底，分众传媒正式推出户外LED彩屏媒体，覆盖都市中心商务区的行进路途。

（二）分众模式的蓝海战略

分众传媒仅仅用了两年半的时间，就打造出一个遍布国内100多个城市、2万栋楼宇，日覆盖3000万中高收入阶层的楼宇电视广告网络，月营收超过4000万元，成为十几年来中国新媒体市场的传奇。分众传媒不是面向客户卖广告，而是面向资本市场卖网络，这里面需要的是传统的企业没有的资本经营的眼光。它利用了人们在等待电梯时的眼球闲置、电梯内外空白、显示器积压和写字楼地下室放置服务器的机会，将电脑显示屏挂在电梯口和电梯间内，让人们在等待电梯时和乘坐电梯时不再感到无聊，向其播放广告，再向广告发布商收费。

第一，分众行销＋新型载体的新蓝海模式。“分众就是区分受众，分众传媒就是要面对一个特定的受众族群，而这个族群能够被清晰地描述和定义，这个族群恰好是某些商品或品牌的领先消费群或重度消费群。”分众传媒的CEO江南春是这样阐述他的分众理念的。随着大众行销向分众行销改变的趋势愈加明显，分众创造的楼宇电视正是把目光瞄准了传统媒体所不能充分覆盖的中高收入人群，把自己定位于面向中高收入人群的新媒体。分众传媒的核心理念就是面向一个特定的有清晰特征的族群，而这个族群恰恰是某些商品与品牌的主力或重度消费群。通过分众传媒，广告主能让广告最精准和有效地击中目标受众，并由此来达成媒体预算浪费度最低的原则和支持实际的销售增长。

第二，分众的资源战略首先是对市场占有率的强调。楼宇电视行业根本上是一个资源竞争的行业，商业楼宇是非常稀缺的不可再生的资源。由于合同都是独家的，往往谁先占据以后，其他人很难进入。分众凭借强大的资本力量，在全国各地迅速高效地占有了这项稀缺资源。分众的资源战略还体现在对高品质楼宇传媒的占有。在全球最大的不动产管理集团高力物业所提供的中国十大城市写字楼排行榜50强中，分众占据了75%以上的份额，余下来的则是任何运营商都无法进入的楼宇以及其他公司所占据的楼宇。此外，分众的高速发展离不开风险投资的积极推动、在人才聚集上的不遗余力、“直营为主、加盟为辅”的聚焦战略、规范化的服务战略等战略举措。同时，在成本和投资上，通过楼宇规模的扩张拉升电视的CPM（每千次成本）优势，不断推动其他户外电视联播网平台的开发，开创新的利润增长点。

（资料来源：述时《分众传媒营销八大战略》，《现代广告》2008年第1期；综合其他网络资料。）

专家点评：

分众通常在某些比较封闭的区域，譬如商业楼宇大堂、超市和户外广告中，成功地吸引了城市消费者的眼球。目前在媒体组合中楼宇电视被当作电视的一个组成部分或一个有效补充。位于上海的尼尔森传媒研究机构（Nielsen Media Research）的客户主任丽塔·陈（Rita Chan）认为：“在一个非常狭小的空间投放广告的概念是个很好的卖点。”她说许多公司都在寻找新的渠道来更有效地获得目标消费群体的注意力，现在还没有独立的研究来对这种新型的媒体平台进行评估。她说她们公司正在计划与上海文广新闻传媒集团（Shanghai Media Group）合作开展此类研究。“该行业确实需要一套标准来对有效性进行评估，目前我们正在为此努力，”在上海的智威汤逊广告公司（JWT）大中国区CEO汤姆·多克托罗夫（Tom Doctoroff）认为，“分众传媒扩张得太快，它所传达的广告信息也有所减弱。在封闭的环境中人们被迫收看广告，而离开这个封闭的环境越远，你所要竞争的东西也就越多，于是事情就变得越来越糟。”

案例三　太阳马戏团：我们再创了马戏

（一）马戏的重获新生

太阳马戏团是加拿大魁北克省蒙特利尔的一家娱乐公司及表演团体，也是全球最大的戏剧制作公司。其定位为“马戏艺术和街头娱乐的戏剧性组合”。凭借对传统马戏表演的颠覆性诠释，太阳马戏团以豪华并极具震撼力的舞台表现，囊括了包括艾美奖、斑比奖等在内的国际演艺界各项最高荣誉，缔造了比肩迪士尼的全球又一娱乐帝国。太阳马戏团是当今世界发展最快、收益最高、最受欢迎的文艺团体，被誉为加拿大的国宝，也是加拿大最大的文化产业出口项目。

1984 年，两位街头艺人盖-拉利贝特与吉列斯·史特-克洛伊克斯在魁北克的拜尔-圣-保罗创办了太阳马戏团。迄今为止，世界各地已经有 90 多个城市的近 4000 万人观赏过其作品。在不到 20 年的时间里，太阳马戏团的收入水平就达到了全球马戏大王玲玲马戏团（Ringling Bros. and Barnum & Bailey）通过 100 多年的努力才取得的高度。

（二）太阳马戏团的商业蓝海

太阳马戏团的成功之所以不同凡响，是因为在它进入这个市场时，按照传统观点，马戏行业已是一个不再有吸引力的“夕阳产业”，电影、电视、网络、游戏的普及蚕食着行业的生存空间。但太阳马戏团走出了一条超越传统马戏竞争的路，即运用价值工程进行低成本创新，把马戏和富于艺术感染力的舞台剧相结合。太阳马戏团剔除了在当时性价比最低的两个元素：明星和动物表演。因为马戏业的表演明星和电影明星比起来，实在不足挂齿；而动物表演不但越来越引起动物保护组织的非议，而且动物的驯养、医疗等花费使之成为马戏团最昂贵的成本。避开了在请明星艺人、名驯兽师上与对手的硬碰硬，太阳马戏团的原创剧目没有动物，也不聘用明星，而是在保留了传统马戏的小丑和经典杂技表演等关键元素之外，又从他择性产业——戏剧当中获取了创新的灵感——主题演出、富有艺术气息的音乐和舞蹈等，形成了一种有别于传统马戏和剧场演出的全新娱乐方式——用马戏表演来讲述完整的故事，重新整合了需求边界。他们的演出服装艳丽，运用灯光、音效、舞美等技术，把魔术、杂技、小丑等与舞台剧相结合，制造出一种超乎想象的奇妙效果，不仅吸引了马戏爱好者，也赢得了那些经常光顾剧院的成年观众。

这样，太阳马戏团创造了一种全新的艺术形式，将其他马戏团远远甩在身后，超越了一般意义上的竞争，享受了独有的高利润。传统马戏市场的主要顾客是儿童，但太阳马戏团并未与玲玲马戏团就市场份额竞争，而是开拓了崭新的市场空间，从此如入无人之境，彻底甩脱了竞争。它所吸引的是一群崭新的顾客：成年人、商界人士，他们愿意花费高于传统马戏表演门票几倍的价钱来享受这项前所未见的娱乐。

（资料来源：百库文库《加拿大太阳马戏团案例分析》，http://wenku.baidu.com/view/af994676fad6195f312ba6dc.html。）

专家点评：

太阳马戏团的成功在于突破了传统娱乐业的范畴。事实上，拉利贝特依然在寻找新的平台。美国马里兰大学史密斯商学院 Gupta 教授认为，当人们越来越不愿意一而再再而三地去看同样的演出时，至少在未来 20 年，太阳马戏团在新市场（中国、印度、东欧、拉丁美洲）的增长是无限的。因为太阳马戏团将马戏团的特性、剧院的特性以及音乐剧表演的特性融合在一起。盖-拉利贝特凭借远见发现了这个市场的未曾被占领的空白需求。同时，他也确保了梦想具有财务上的可执行性，把梦想变成具体的产品和服务。INSEAD 商学院教授、《蓝海战略》作者钱·金认为，太阳马戏团创造的娱乐经验，根本核心就在于同时追求差异化和低成本。太阳马戏团同时提供马戏团和剧场精华，淘汰或减少其余的一切。它提供了空前功效，创造出商业蓝海，发明了一种新的真人娱乐表演形式，而这种表演与传统马戏团和剧场都有显著不同。

案例四　雅昌集团：印刷业的华丽转型

（一）雅昌的发展历程

雅昌企业（集团）有限公司创建于 1993 年，总部位于中国深圳市南山区，以此为核心向全国辐射，拥有北京、深圳、上海三大运营基地，产品和服务遍及中国大陆、港澳台地区及美国、日本、欧洲、东南亚等海外市场。自创立以来，雅昌印制的图书已超过 4 万种，1.5 亿多册。为近 5 万名艺术家、230 多家出版社，近 100 家国内外博物馆、美术馆和纪念馆以及近 30 个国家的艺术和商业客户提供了高质量的印刷服务。2000 年，雅昌创建了“雅昌艺术网”。作为全球最大的中国艺术品门户网站，雅昌艺术网每天页面浏览量达 600 多万人次，在国际知名互联网调研机构 ChinaRank 的全球互联网排名中位于综合排名 400 名之内。雅昌艺术网已成为传播中国文化艺术的一个重要窗口。

（二）独创“印刷＋IT 技术＋文化艺术”蓝海模式

雅昌始终以振兴民族印刷事业、弘扬民族文化为己任，倡导“为人民艺术服务”的经营理念，以数字资产管理为核心，首创“传统印刷＋现代 IT 技术＋文化艺术”的雅昌商业模式，将企业的经营战略和社会责任有机结合，将中国传统印刷与现代 IT 技术和文化艺术完美结合，将为艺术家和艺术机构的服务与为大众提供艺术普及教育紧密结合起来，将传统行业打造成为以艺术品数字资产管理为核心的文化产业，构建了以艺术家个人数字资产管理系统、雅昌艺术网、艺术摄影、艺术图书装帧设计、艺术影像产品、艺术展览策划、艺术品衍生产品的经营与开发、艺术印刷等为经营内容的庞大产业体系。同时，凭借多年积累的艺术品高仿真复制技术，雅昌集团通过与博物馆、艺术馆、艺术家的合作，对中国古代书画、中国近现代书画、西方经典油画等艺术品进行高仿真复制，使深居殿堂的文化瑰宝走近寻常百姓，对当代艺术家的经典作品进行授权限量复制，满足艺术工作者、爱好者从事研究、教育、普及、收藏和欣赏的多样需求，实现了“艺术就是生活”的理念。

（资料来源：综合网络资料。）

点评：

蓝海战略在雅昌集团的成功应用给我们的启示是，面对中国印刷行业的新形势，企业必须创新，跨越传统意义上的市场边界，分析企业所处的宏观环境和内部条件，从为客户创造价值的角度发现适合自身的蓝海，从而找到新的利润增长点，为企业的长远发展奠定基础。

第三章　免费：互联网时代的赢利模式

第一节　理论基点：免费经济学

一、免费经济学概述

（一）免费经济学的含义及相关理论

免费经济学，就是指将免费商品的成本进行转移，转移到另一个商品或者后续服务上；或者将免费商品的成本极大地降低，低到趋近于零。《长尾理论》的作者克里斯·安德森（Chris Anderson）所著书《免费：商业的未来》率先提出并阐述了这一新学科。与这本伟大的著作同名的还有韩国著名经济学家罗俊皓的《免费经济学》，该书指出免费经济学的兴起由数字时代的科技进步推动。未来学家乔治·吉尔德 1990 年的《微观宇宙》是史上第一本阐述字节经济学的著作，把字节经济学的产生纳入了历史的视野。在每次产业革命中，都会有某种关键生产要素成本大幅下跌，在新产业革命中这种要素的价格几乎降到了零。正如摩尔定律所指出的那样，电脑处理器的价格平均每两年下降一半，网络带宽和存储器的价格下降的速度更快；互联网的作用就是将三者融合在一起，加速价格下降的趋势。经过工业革命，与从前的畜力和人力相比，机械提供的动力成本陡然下降，突然间，你可以让工厂 24 小时不间断地开工，源源不断地生产产品，这在工业革命之前是难以想象的。如今，最有意思的商业模式就是利用免费来赚钱。不论早晚，各家公司都要找到各种方法来利用好免费或与之竞争。

克里斯·安德森指出，互联网催生了一种前所未有的趋势，那就是免费。但凡那些与网络有联系的资源，无论是以怎样的方法，大体上都能够免费获得。在起始阶段，人们以为这只是互联网的初始打算，免费可能是短暂的，商业模式可能处于探索阶段；渐渐地会认识到，免费即“免费共享”，可以说是网络形态的本质。而很多尝试收费的产品和服务，生命周期都比较短；在网络上越来越强大的公司，又大部分都是免费服务的主要提供者。这些结果和结局，事实上都是必然的。现今，这种免费的商业模式已经成为很多产业的基石。免费商业模式吹响了现代营销者的号角，而消费者对这一变革也是积极响应。这便是免费经济学的起源。

（二）免费经济的两种模式

1. 成本转移。在克里斯·安德森看来，真正的免费经济时代直到互联网时代才算真正拉开了帷幕。过去 100 年来的免费商业模式不过是前奏，百年前吉列刀片的成功营销案例和营销思路[①]给未来的商业一个十分有价值的启示：当我们获得免费的产品的时候，其实供应商并未赔本，他们能够从习惯、耗材、服务、补给等方面获取可观的收益。事实上，吉列刀片模式，在现代经济学上早被认为是“交叉补贴”的典型代表：免费获得一个商品，但需要支付后续服务；或者免费获得 A 商品，但需要支付 B 商品的钱。

2. 成本降低。安德森及其同行所总结的免费经济学，不再是交叉补贴那么简单。它的雏形其实不是转移商品的成本或耗材的消费过程，而是通过进一步降低免费商品的成本，基本实现成本为零。从某一角度看，提供免费商品的边际成本正趋近于零。伴随科学技术的不断完善提升，即使沉淀成本还具有一定的意义，但面对海量的用户，文化商品的供应商不断使成本降低，随着用户的增加，边际成本逐渐接近零。

二、互联网免费经济的理论基础

这些看似不理性的网络经济的规律，对传统经济学产生了巨大冲击，也是认识和研究网络企业商业模式创新的钥匙并构成其理论基础。

（一）注意力经济

注意力理论是许多网络企业商业模式中采用免费这种商业模式的根据

---

① 1903 年，金·吉列仅仅卖出了 51 把剃须刀和 168 块刀片。在接下来的 20 年里，他用很低的折扣把几百万个剃须刀卖给了军队，希望士兵们在战时养成的剃须习惯能够延续；他还把大批剃须刀低价卖给银行，银行可以把它们送给新开户的客户。吉列公司的商业模式就是以很低的利润率向银行等商业伙伴出售剃须刀，这些商业伙伴往往在开展自己的产品推广时将剃须刀免费送出；而吉列公司真正的赢利点来自高利润的刀片业务。

之一。互联网文化产品提供者应通过过硬的产品吸引受众注意力，并向受众提供超出他们预期的产品，从而不断获得经济利益。在网络经济里，稀缺理论需要被提上议程，注意力经济符合网络组织、网络形态发展的基本逻辑和基本规律。稀缺理论是经济学的重要假设理论之一，这一理论使网民能够获得自身所需要的信息，并有效阐释了注意力匮乏和信息超载理论。注意力经济也经常被称为眼球经济，指在网络时代信息超载情况下注意力成为稀缺资源。

（二）锁定效应

锁定指的是用户需要付出涵盖经济、心理等方方面面的成本，才能将自己对某种产品的注意力转移到另一种差不多概念和定位的产品。如果这种转移伴随着较高的成本，则表明了这种锁定效应的影响是深刻的，锁定效应比较强。在当今互联网经济时代，锁定现象是司空见惯的，锁定容易对后出现的商业模式创新和实现产生阻碍，但是锁定效应却有利于网络文化公司商业模式的成功。

（三）微创新

在互联网经济领域，很多商业模式创新的结果其实得益于“微创新”的实行。商业模式创新要获得成功，必须最大限度地考虑受众需求，从受众心理需要出发，不断实现产品和服务的改善。微创新的实行最需要连续不断地关注用户本身，植根于用户内部，不断发现并进一步满足他们的需要，最终才能实现商业模式的创新。

（四）网络效应

很多互联网企业之所以在初创阶段难以很好地维持运转，是由于没有很好地把握自身发展与运营的规律，未好好运用网络效应，因此很多的资源被无情地消耗，在勉强维持一段时间后，很容易面临倒闭、破产、并购。网络效应对互联网文化企业商业模式产生比较强大的影响。对于很多互联网产品和服务，伴随用户数量的增多，用户的价值不断彰显，这便是网络效应。许多互联网产品和服务的发展显示出网络效应和正反馈。首先，从收入模式上看，互联网文化企业经常以免费的形式为用户提供相关文化产品和服务，在此基础上，网络效应和正反馈随着用户数量增加不断得以体现。其次，网络效应也对互联网文化企业商业模式的有效性产生影响，用户数量比较小的时候，网络效应难以产生，便难以形成成功的商业模式。

第二节　免费商业模式的构成

一、互联网产品免费的原因

首先，互联网产品具有边际成本接近零这个显著的特点。边际成本指的是新增一个用户所产生的成本。互联网产品多一个还是少一个用户，在总成本上是一样的。这在人类漫长的历史长河中，是绝无仅有的。只有互联网，可以在几乎没有压力的前提下实现用户扩张。一个网站如果拥有100万以上的用户，那么最后分摊到每个个体身上的成本是极低的，甚至能够被忽略。互联网的主要成本——带宽价格、储存设备、计算能力的价格都在逐步降低，分摊到每个用户身上几乎为零。

其次，二进制文件的复制成本也接近零，而且复制方式比较简单快捷；即使有杜绝复制的方法，可是杜绝成本相对较高，实施难度较大。从另一层次来说，只要网站出售的是比较容易复制的资源，获得付费的消费群体就变得十分困难，毕竟用户与用户之间的分享复制几乎没有任何成本。试想一下，如果企业想要获得更多的用户数量，它会怎么做？最初始的方式便是选择以免费的形式发放试用装，让消费者在免费使用过程中获得对产品的体验。尤其是，如果企业促销产品本身是零成本或者接近零成本，而且用户之间可以自由地复制，那么便可以给用户免费使用，用户之间的相互分享就可以不断使产品影响稳步扩大。事实上，互联网最有效的经营策略便是实行免费经营。当然，商业并不是天马行空的想象，通过市场的调控作用，尝试把成本为零或者接近零的商品卖一个高价，也具有一定的可能性。这就是免费模式在互联网上大行其道、无法推翻的原因。

从更深层次看，当那些促销商品在互联网上传播时，免费促销品便成了最快的流通途径。即使你不免费，你的竞争对手迟早也会免费。就如同前面所提到的，免费模式具有较强大的生命力，商家通过实行免费模式，达到最终占领市场的目的。免费模式作为一种有力的竞争武器，最先使用的群体便能轻易占领市场先机，从而赢得市场，赢得市场先机便在某种程度上等于打败了竞争对手，获得商业成功便不远了。

二、免费商业模式的客户基础

客户是商业模式中非常关键的组成部分和重要环节，离开了客户，商业模式便无法形成。网络行业里如B2C、B2B、C2C等商业模式，其实都是根据客户所进行的分类。我们可以结合客户定位、顾客分析的一些理论，总结网络企业开发客户、利用客户价值的一些方法。

（一）客户定位

影响消费者购买行为的因素分为内在因素和外在因素两类。外在因素包括家庭、参照群体、社会等级、文化、促销活动。内在因素包括消费需要、购买动机、购买认知、购买感情和消费者个性。互联网企业必须在深入了解消费者真实需求的基础上，进一步锁定自己的目标消费群体，才能为其提供最佳的产品和服务，从而逐渐形成自己稳定的客户基础。实质上就是选择企业的特定顾客群。客户定位的关键是对顾客进行细分。通过对消费者多样性和购买行为的区分，将全部的消费者群体根据不同的特征进行划分，分为不同的消费群体。企业在明确服务对象的基础上，构建稳定的顾客群体；在充分了解消费者的购买规律、购买心理的基础上，确定客户定位。

（二）顾客分析

互联网所提供的相互沟通能力大大增加了网络企业研究顾客的机会和方法。注册是最通用的方式，顾客只有进行注册才能使用互联网文化企业的产品和服务，注册数据可以用于设置网络广告费率、电子邮件列表等数据库营销服务。如今，大多数网站都可以让用户免费搜索内容，其实互联网企业能够从中得到更多非常有价值的信息，知晓网站用户经常搜索的内容，了解顾客的行为，这种"搜索监控"成为了解网民行为的重要途径。网络企业在商业模式创新中，也应该充分学习和吸收传统企业在客户模式创新上的新思想和新经验。互联网文化企业应该不断查看顾客的访问行动，关注顾客的点击情况，获取顾客行为的有效信息。网络企业还要不断探索客户关系管理方案，并逐步提升管理能力，改善商业模式。

三、免费商业模式的赢利方式

从长远看，免费是比较成熟也比较简单的经营策略，它是商家在较短时间内获得用户、占领市场的最好的选择。但是并不是所有公司都敢冒险选择免费模式，因为他们害怕对眼前的利润造成巨大的冲击，而没有认识到免费可以给公司带来不可估量的消费群体，能迅速提升产品的知名度和品牌影响力。其实，许多企业家都想通过多种方法使用户免费使用自己的产品，但是往往受生产成本的影响，真正使用免费策略还是存在很大难度。但是互联网却成功运用免费经营策略让更多的用户参与其中，零边际成本将使其获得更多的用户资源。

这便是免费商业模式赢利的魅力。那么，面对互联网免费经济的汹涌大潮，赢利的方式又是什么？一般而言，免费经济的商业模式大体来说可以分为如下几种模式：

（一）增值服务收费（Freemium）

最为平常的互联网免费商业模式是将软件、服务或内容分为几类，既有免费的部分也有收费的部分。而无论免费方式还是收费方式，其发展思路都是：只对1%的用户使用的产品和服务收费，而让99%的用户免费获得使用权限，通过1%的用户支撑整个产业顺利运转。免费版本实际上就是一种营销工具，帮助获取更广阔的资源，使更多的人能使用产品；随后，伴随用户数量的递增，为小众用户提供更高层次的功能和服务，从而成功将受众转化为付费用户。这是最常见的网络经营模式。根据免费经济理论，在免费增值模式中，免费品一般是网络软件和基础服务的部分内容，免费对象即为普通用户。该模式是媒体订阅模式的基础。这种免费模式的例子无处不在，但大多做了些巧妙的调整，使得典型的免费品与付费品之比倒了过来。一个典型的网站通常遵循1%法则，即1%的付费用户支撑起其他所有用户。①

（二）广告模式（Advertising）

免费的商品和相关的服务具有稳定而又明确的用户群体，并吸引着更多的需求，而他们正是广告所需要抵达的目标人群。广告模式赢利策略便是用户在免费使用网站的同时，接受网站所承载的各式各样的广告，而网站的盈利便是通过收取广告费而获得。目前几乎所有的视频网站都是采用这种模式获得收益。这种方式通过推动用户流量转化，能够将用户使用的流量转换成盈利的一部分。这样的例子还有很多：谷歌的文本广告按照点击率付费，亚马逊的会员广告按照交易付费，雅虎的横幅广告按照浏览量付费，这些广告模式也对电视广告、印刷广告产生了巨大的冲击。但这一切仅仅只是开始。接着兴起的是下一波广告模式，即付费的内置搜索结果、付费的信息服务清单以及对某些特定人群的第三方付费。

---

① ［美］劳伦斯·莱斯格著，王师译：《免费文化》，北京，中信出版社，2009，177—178页。

（三）交叉补贴（Cross-subsidies）

“免费的午餐”源自19世纪初美国旧金山的酒吧，在酒吧里的顾客只要乐意付费买瓶啤酒，便可以得到一份免费的午餐。其实，我们平常在生活中看到的“预存话费赠手机”活动也体现了同样的原理。看似低价战略，那些引起消费者花钱购物欲望的赠品，事实上并不是实际成本。实际上，交叉补贴的内核是：通过收费产品补贴免费产品。最具有代表性的例子就是打印机厂商以非常低的价格卖出自己的打印机，然后通过高价的耗材赚钱，用耗材来补贴打印机的成本。这样的典型事例比比皆是。在这种模式引领下，这些看似免费的商品及服务，能够推动消费群体购买捆绑式的补充消耗产品，所面向的群体是那些最终能够花钱消费的人。不管针对哪种形式的套餐或服务或商品，消费者的心理对单一服务或产品的价格都有重要影响，比成本本身影响更加深远。

（四）零边际成本模式

经济学已经阐明，假如获取、复制和传播某种产品几乎没有任何成本，那么作为无形的手的市场会以其强大的生命力对该产品的传播过程、传播效果产生主导作用，不管立法、宣传还是限制复制的技术都很难阻挡。就好像MP3音乐，复制过程如此简单，对于消费者来说又是零成本，因此它的传播无法阻挡。有的明星甚至自愿提供免费歌曲下载，从承接演出和广告代言中获取收入来源，推动自身身价提升。该模式的产品是单位发行成本极低的产品，免费的对象是所有用户。这一模式中最具标志性的代表便是在线音乐。在此情况下，音乐发行实现了零成本。无论商业模式是否已经形成，在没有约束的传播界面下，商品便是免费的。这股趋势是如此强大，以至于法律、道德规制、加密保护技术以及其他所有的盗版障碍都纷纷束手无策。①

（五）劳务交换（Labor exchange）

很多互联网文化产品鼓励用户参与到网站的建设运营过程中，但是用户要做一些有利于网站成长和发展的事情。这种方法指的是，用户获取免费服务，是通过提供自己的劳务来实现的。该模式采用劳务交换的方法不断获得盈利，也是免费经济学思想在网络经济商业模式时代的重要体现。网站和服务本身成为面向所有用户开放的免费商品，用户无须支付任何费

---

① ［美］劳伦斯·莱斯格著，王师译：《免费文化》，北京，中信出版社，2009，207—208页。

用；但是他们所投入的劳务很容易使厂商获得难以被复制和超越的能力和资源，从而在竞争中获得有利位置，处于不败之地。这是免费经济学思想在互联网市场赢利模式中的突出体现。

（六）礼品经济模式

如今，“共享”可以说逐渐演变成了一个相对成熟的经济形态。在互联网世界，免费经济之所以能够盛行的一个重要原因是，有了一定数量的免费客户，流量便能不断增加，流量又能创造价值，付费客户便会不断参与其中。在此情形下，礼品经济稳步形成。所谓礼品经济就是针对不同的客户，定制不同的广告，从而将免费礼品、互联网营销捆绑起来，针对特定人群发特定广告，并通过多种体验式途径吸引消费者产生购买行为。

第三节　免费模式的创新与未来

一、免费模式的创新

（一）免费心理学

美国华盛顿大学的尼克·萨博在免费心理学的研究方面提出了一个全新的概念叫作“心智交易成本”（mental transaction costs），通俗地说就是指思考的收费成本。通常人们认为犯懒是人之常情，这在商业领域一样适用，如果没有必要动脑子思考的话，人们往往选择不去思考。目前消费者对于免费的理解还局限于对两个价格即零价格和收费的比较。商业模式中的免费策略与消费者的心理具有很大的关联，后者具有微妙而复杂的特点。比如互联网中，有些商品仅仅收取很低的价钱也会让消费者马上停下来考虑是否继续购买。其实，从经济学的角度考虑，有些无足轻重的价钱对于消费者算不上什么，但是为什么会让消费者产生决策上的改变呢？原因就在于消费者在心理上产生了选择的成本，一旦商品是收费的，消费者就会考虑商品值不值得购买；反之如果商品是免费的，消费者就不会考虑任何因素，也就意味着消费者在做决定时会轻松很多，即没有了这个“心智交易成本”。

对于商家来说，所有收费的商品都会产生一个心智交易成本的障碍，所以免费策略能够使人们翻越这个障碍，帮助消费者更快地做出决定，使更多的人愿意尝试商家提供的产品或服务。免费的商品从表面看是放弃了直接的收入，但是能带来更多的尝试者。在实施免费策略的过程中也要留意免费的心智交易成本，因为人们一方面要担心所谓免费是否真的意味着不用掏钱，另一方面还要考虑一些非经济因素。在将心智交易成本因素充分考虑的情况下，商业模式如果能够做到免费，可以大大增加消费者的参与度，迅速扩大产品的知名度。

（二）21 世纪的免费

20 世纪发展起来的免费商业模式一经出现就得到了广泛的采用，其中最为经典的案例是国际大公司吉露牌果冻免费分发烹饪配方手册和吉列免费赠送剃须刀架等众所周知的例子。商家通过某种方式免费赠送一种商品，目的是售卖另一种商品。这种商业模式慢慢推动一场消费革命，并渐渐对未来的商业走向产生了深远的影响。

到了 21 世纪，人们正在创造一种新型的免费模式，这种免费模式最大的特点就是创造了一种字节经济，并广泛应用于与互联网有关的各行各业中。20 世纪的免费是一种推销手段，而在 21 世纪它已经成为一种全新的经济模式，它意味着当某种商品可以以电脑中字节的方式表现出来时，它的成本和价格就会不可避免地趋向于零。20 世纪的经济主要是一种原子经济，在这种原子经济中，想要得到的任何免费都需要以另一种方式付费，这也是为什么很多传统的免费看起来像是诱饵的原因所在；然而在 21 世纪的字节经济中，免费是真正存在的，基于互联网的数字化商品实现的免费能够使消费者充分地信任，并且在科技不断发展的条件下，产品和服务的成本也有着压低到接近零的能力。

二、网络商业新尝试

在以互联网为依托的商业模式中，免费策略能够以各种创新的方式表现出来，下面主要阐述“三种价格”“免费＋增值”“免费＋广告”三种方式。

（一）“三种价格”尝试

人们常说的两种价格是正价格（需要花钱购买）和零价格（不需要花钱购买）；在现在的商业实践中出现了第三种价格方式，即商家给消费者钱让其使用其产品和服务，这种方式在商业实践中已有尝试。传统的营销模式如限时折扣、购物返现等都是免费策略的变相应用，而现在比较流行的现金积分、航空公司里程积分也是利用了消费者的免费心理。消费者常常会把这些“免费”的返现和积分当成是白白得到的，尽管这些都是消费者付费而得到的回报，而消费者的心理还是会发生一定的转变，继续实行他们的消费行为。全球最大的独立音乐人唱片销售网站CD Baby的创始人德雷克·西韦尔斯把这种商业模式称为“逆转的商业模式”：就如有人购买一辆新车能够得到1000元的支票奖励，那么他们在决定购买时就会更加笃定，因为这1000元的奖励在购买者看来是白白得到的；再如洛杉矶的一些演出俱乐部已经不像从前那样给乐队付钱了，而是反过来向来俱乐部演出的乐队收费，因为这些艺人们更加看重的是表现的机会，而不是得到几张钞票，如果他们表现优异的话，就有可能像明星一样出道成为职业歌手。

（二）“免费＋增值”模式

“免费＋增值”模式也被称为Freemium模式（Free＋Premium），即利用免费的服务来吸引消费者，再由增值服务将一部分用户转化为收费用户实现赢利。这种模式是否能够成为未来商业模式的趋势的关键在于对产品和服务的商业价值进行明确的界定，即区分哪些是适合免费的产品和服务，哪些不是。首先要对不确定和充裕的资源实施免费。比如文化消费具有极大的不确定性，因为文化作品的独创性使得每一种文化产品都不相同，产品的非消耗性又使得文化的消费行为多为一次性购买行为，消费者没有经验可循，所以免费的模式能够使消费者降低潜在经济风险和决策难度。其次对确定的和稀缺的增值产品与服务进行收费。免费的目标是通过最大化战略实现人与商品的精准匹配，即促成每一个产品都能与真正需要和喜爱它们的消费者“相遇”。确定了产品的真正需求者，才能确定最愿意付费的消费者；同时基于短缺效应，人们更愿意为稀缺的资源付费，这就是所谓的“物以稀为贵”，因此，具有稀缺价值的产品和服务，才是真正能够获得超额利润的增值产品和服务。

如曾饱受网络盗版冲击的音乐唱片公司，在互联网时代越来越主动地利用数字音乐平台免费发布新单曲或新专辑制造流行，以此带动演唱会、彩铃下载等增值服务的收益。因为演唱会提供有限空间的现场视听体验，彩铃则是依托在运营商服务器上提供的个性化服务；较之充裕易得的在线数字资源，乐迷们更愿意为垄断性的稀缺增值服务付费。因而，免费音乐虽失去产品发行的直接收益，却最大限度地培育出潜在的增值付费用户。

（三）“免费＋广告”模式

经济学理论认为任何一种充裕都会制造另一种稀缺。在当今信息化的时代，信息的充裕使注意力成为最为宝贵的商业资源，这就是我们通常所说的“注意力经济”，由此产生了“免费＋广告”模式，即通过免费产品和服务吸引海量用户，进而凭借注意力资源向其他企业收取广告费以获得盈利。网络广告所具有的开放性和连接性是广告免费模式的技术前提，互联网技术使任何依托于网络的产品和服务都能成为连接多边市场的商业平台。网络广告模式有别于广播电视的免费模式，因为在互联网时代，任何一个平台型的产品和服务都是大数据的产物。大数据是互联网的核心资源，它能够真正实现用户的需求定制和广告的精准发布，不同于广播电视模式下的大范围广泛传播。

例如当前数字音乐和在线视频服务商就普遍采取“免费＋广告”模式，即吸引愿意为免费而付出时间看广告的用户，向广告厂商收费而获得比付费点播更大的收益。同时，这些在线发行商又通过海量用户使用过程中聚集的大数据资源，预测观众的喜爱与偏好，进入文化产业上游，投资并策划影视剧制作。典型的国内视频网站优酷、搜狐、乐视利用上亿用户的搜索、观看、评论日志来确定自制剧题材、情节、演员等，并利用平台用户资源进行推广宣传，创造出《万万没想到》《泡芙小姐》《屌丝男士》等十多部点播超5亿次的热剧；并通过植入营销和点播广告，获得巨额回报；这些在影视产业链末端的在线视频网站，都纷纷成立影业公司，利用大数据资源和平台营销优势，投资《盗墓笔记》《暗黑者2》等大银幕电影，获得票房成功。

第四节　免费商业模式经典案例

案例一　腾讯公司的赢利模式

（一）腾讯公司整体业务赢利模式分析

腾讯公司的业务范围广泛，总的来讲包括无线增值业务、互联网增值业务、网络广告业务等，其中每个大的业务范围内又包括几十个不同的细分产品线，赢利途径多样化。深入分析可以看出，其所有赢利途径始终都围绕着几个核心的要素。正如 Adrian J. Slywotzky 的企业要素设计理论的观点，腾讯的整体赢利模式都围绕着客户群选择、价值获取、战略控制、业务范围这四个核心要素，同时四个要素又相互联系。对于腾讯公司而言以上四个战略要素相互协调相互促进，并直接形成了稳定的利润来源。其中获利性决定客户选取，而获利性又取决于业务范围。腾讯的利润来自其几亿的互联网用户，为了稳定这些利润来源，腾讯才形成了以用户服务为依归的企业精神；为了更好地服务于用户，腾讯才进一步提出了全面布局互联网各项业务的发展思路。战略控制的决策，取决于客户是谁，以及企业有能力提供的业务范围。腾讯的全面布局互联网的决策，取决于互联网用户对服务的需求。为了满足不同年龄层面、不同生活方式的客户，腾讯提供了各种各样的产品，例如：为青少年引进了《地下城与勇士》《穿越火线》等多款网络游戏，为网购人群提供了QQ网购、拍拍网等电商平台。腾讯的赢利模式正是建立在Adrian J. Slywotzky所提出的四个战略要素之上，同时保持了各要素之间的协调性，形成了增强回路，并最终形成了稳定且快速增长的赢利。

（二）腾讯公司无线增值业务赢利模式分析

无线增值业务即移动及通信增值业务，腾讯目前的服务内容具体包括：移动聊天、移动游戏、移动语音聊天、早些年盛行的手机图片铃声下载等业务。用户使用这些服务时，通过电信运营商的平台付费，电信运营商收到费用之后再与内容提供商分成结算。一般来说，订阅产品的业务资费分为通信费和信息服务两部分。微信、手机QQ、腾讯新闻、手机QQ音乐、手机游戏等等都是腾讯移动及电信增值业务的拳头产品。其中，腾讯新闻相当于腾讯在移动端的门户网站，主要功能是提供新闻资讯、生活讯息、娱乐八卦等。手机QQ是公司专门针对移动端用户开发的免费即时通信软件，主要是为了满足用户在无线端的通信需求。用户数量是其借助的拓展移动互联网领域业务的主力，腾讯不断开拓满足原有用户和新用户需求的产品及服务。

（三）腾讯公司互联网增值业务赢利模式

腾讯互联网增值业务主要有网络游戏和社区增值服务两部分。具体业务包括电子邮箱、娱乐及资讯内容服务、聊天室、交友服务、休闲游戏及大型多用户在线游戏等。每天在这些平台上有超过1亿的活跃用户数。互联网增值业务目前是腾讯公司最为主要的赢利来源。

（四）腾讯公司网络广告业务赢利模式

根据Byron J. Finch的资源赢利模式分析，腾讯公司的网络广告业务是通过腾讯网、QQ空间、腾讯视频、微信、搜搜等渠道，利用腾讯庞大的用户群为广告商提供广告投放服务，并收取相关费用达到赢利目的。腾讯完整的产品体系使得其在腾讯网、微信、QQ、QQ空间、QQ音乐、腾讯视频和朋友网等各个载体上建立了广告位。门户网站根据用户年龄、收入、性别、消费习惯和浏览习惯等特点进行针对性投放。搜索广告方面，内部成立“广告推广联盟”，客户投放的搜索广告在搜索平台、门户网站、QQ浏览器地址栏等多个腾讯平台都可出现。腾讯在2008年北京奥运会和2010年上海世博会中成为独家媒体合作伙伴，对广告业务的拓展起了积极作用。

（资料来源：综合网络资料。）

点评：

腾讯公司在近10年使亿万用户培养了稳定的用户习惯，在不断试错中提高其产品和服务的用户体验质量，这使得腾讯与其他公司相比，面临较小的客户流失风险，最终使得公司在互联网具备了独特的竞争力，从而能获取源源不断的利润来源。

案例二　QQ音乐免费商业模式详解

QQ音乐是腾讯公司推出的数字音乐平台，其用户数突破2亿，日活跃用户数超过4000万，日同时在线用户数超过1100万，已经成为国内最受欢迎的数字音乐平台。

（一）QQ音乐商业模式分析

1. B2B广告模式。在线广告是QQ音乐的利润来源之一，也是流量到利润的直接转化渠道。这个模式国内大部分数字音乐企业都在采用。用户免费听歌、广告商付费是国内各大厂商正在积极探索的数字音乐商业模式，QQ音乐正是这一模式的主要推动者之一。投放广告的收益将为唱片厂商和音乐平台商提供应有的利润，从而建设起良性循环的商业环境。

2. B2C绿钻模式。目前QQ音乐主要为用户提供免费和付费两种音乐服务模式，免费用户可以自由试听下载标准音质音乐，但如果以付费包月的形式成为绿钻用户，则能享受高品质无损音乐的无限下载服务，而绿钻音乐服务每月仅需付费10元。除了这种针对音乐发烧友的高品质音乐服务，QQ音乐还提供了受众面更广泛的服务包，如免费的QQ空间背景音乐、更多的游戏音乐等多种周边服务，并与唱片公司合作推出歌手首唱会，为绿钻用户提供优先购买和免费抢票资格。值得借鉴的是，除了少数音乐爱好者会为高品质音乐付费，我国大部分用户并没有为数字音乐付费的习惯，而为网络游戏和网络社交付费更能让普通用户接受，因此腾讯通过推出与QQ音乐相结合的游戏（如QQ音速、节奏大师等）、社交网络背景音乐和各种绿钻特权活动来使用户对音乐付费。

3. 内部合作模式。QQ音乐是腾讯公司推出的一款产品，其发展一直依赖于腾讯公司其他产品和业务，比如其用户来源大多数为QQ用户；与此同时QQ音乐也向腾讯公司其他产品提供了音乐资源，通过这种内部合作增强了腾讯公司产品和服务的用户黏性。

（二）用户来源及分类

QQ音乐是国内用户最多的网络音乐平台，它的用户最初是基于QQ的用户群。由于有QQ庞大的用户群，QQ音乐起步时并不缺少试用人群，再加上腾讯资金实力雄厚，产品做起来之后，逐步吸引了其他音乐平台的用户，成为中国用户数量及同时在线用户数量最多的网络音乐平台。目前QQ音乐的用户分为两类：一类是普通用户，一般为对音乐品质要求不高的用户，可以享受QQ音乐的基本功能，对一般品质的音乐和广告不敏感。一类是绿钻用户，即付费用户，一般为对音乐的品质要求较高的用户，可以享受HQ（高品质）音乐和SQ（超高品质）音乐，其最大限度地保存了所有声音细节，再现音乐现场；同时，通过音乐云存储，用户可以随时随地享受“个人乐库”；此外，绿钻还可以通过设置空间背景音乐和点歌，把好音乐分享给大家；除了音乐特权，绿钻用户还享有演唱会特权、游戏特权、购物特权、身份特权。

（三）合作伙伴

QQ音乐是腾讯旗下的一款产品，其发展首先得到了腾讯公司的支持，具体表现为腾讯旗下其他产品和服务对QQ音乐的支持，如QQ空间背景音乐与QQ音乐的相辅相成、微信游戏对QQ音乐的推广等等。同时，QQ音乐也采用购买分成的方式，与索尼音乐、华纳唱片、环球唱片、滚石唱片、百代、英皇等超过100家唱片公司进行了合作，由这些唱片公司为QQ音乐提供音乐源。为了推动QQ音乐在移动互联网市场的发展，QQ音乐与各个终端设备厂商开展了合作，推出了一个名为Qplay的智能音箱解决方案，通过开放API（应用程序编程接口），支持各种终端设备无线通过音箱播放手机QQ音乐，这样就打通了QQ音乐与移动设备终端之间的通道。与此同时，QQ音乐与中国电信、中国移动、中国联通三大运营商联合推出“QQ音乐专属流量包业务”，破除了移动终端收听音乐的流量限制，这些都为QQ音乐进一步占领移动互联网市场提供了有力的保证。

（四）成本分析

1. 音乐版权成本。一般来说，QQ音乐会以广告和绿钻的收入总和为基数，按照唱片公司所占每月用户试听和下载份额与之分账。除了常规的分成方式之外，QQ音乐还会对唱片公司过去一年在曲库里的市场份额做评估，并根据过去一年的分成比例对唱片公司支付保底金。倘若遇到体量较小的唱片公司，QQ音乐则采用买断的方式，一笔购入。虽然其并未透露分成比例，但目前QQ音乐的合作模式基本已形成正向循环，利润回流到版权方，形成了良性的商业闭合。

2. 管理运营成本。QQ音乐用户数量大、曲目数量多、业务内容丰富且需求量较大，管理和运营这样一个产品的成本是非常大的，远远高于一般数字音乐网站。

（摘自姬倩《浅析QQ音乐商业模式》，《当代经济》2014年第20期。）

点评：

QQ音乐依托腾讯公司这一背景，有着得天独厚的发展基础，并且QQ音乐在用户体验、版权保护、利润分配等各个方面也做得比较好。但是从未来网络音乐的发展趋势来看，要让用户有着更加方便和舒适的体验，移动客户端的发展是非常重要的。QQ音乐已经迈出了移动客户端的第一步，但是移动客户端的竞争是异常激烈的，QQ音乐未来的发展可谓任重道远。

案例三　网络视频：免费商业模式的获利者

（一）网络视频产品的经营模式

主流的网络视频产品经营模式有两种：视频分享经营和自主经营。客观来看，两种经营模式各有优缺点。分享经营的节目来源丰富，受众参与度高，容易产生认同感，运营商只需提供管理框架，成本低，但是内容的重复度高；自主经营对节目和频道的管理具有更强的目标性和专业性，受众消费相对积极，沟通便利，受众在节目提供和管理上的参与度相对较低。

（二）网络视频的产业价值链运营模式

网络视频的产业价值链的运营模式通常是：受众、传统媒体和内容制作机构等共同提供网络视频的内容，网络服务供应商提供信息传输的渠道，网络视频运营商提供信息发布的平台，技术服务商提供必要的技术支持，最终抵达视频受众。在这个过程中，受众在某种程度上既是内容提供者，又是内容消费者；网络视频运营商的编辑部门负责搜集和管理信息内容，兼具有传统媒体编辑部门的部分功能，通过在线点播或下载的方式获取销售收入，通过播放广告获取广告收入，以实现该产业环节上的经济价值补偿。

（三）网络视频的赢利模式

我国目前的网络视频赢利模式主要有以下四种：

1. 出售内容。有些视频网站通过在线点播或下载等方式出售内容并获得利润。但是，免费播放和下载必然是网络视频经营的主要方式，从而决定了网络视频的赢利模式依然是主要依赖于广告收入进行价值补偿。

2. 广告经营。目前，网络广告是网络视频最主要的、使用最广泛的赢利模式。网络广告的形式非常多，其中，缓冲广告和贴片广告最为主要，它为网络视频运营商带来了巨大的收益，目前利润仍在不断增长。

3. 活动营销。除了传统的广告形式，利用自身的品牌影响力及网络媒体的互动特点来搞活动营销是网络视频的另一种赢利模式。现在，土豆网、优酷网、PPLive和UUSee都开始了活动营销。

4. 增值互动。增值互动是网络视频比较新的一种赢利模式，网友评论、网友投票、短信互动、虚拟物品及虚拟货币销售等都是增值互动的内容。例如，PPLive曾联合凤凰制作团队共同打造首部网络互动剧《YEAH》。这种专门为P2P网络制作的电视剧，将网友的积极性充分调动起来，取得了增加点击量、推广媒体品牌的增值效果。

（四）网络视频现有商业模式的问题分析

我国目前的网络视频商业模式主要存在以下几个方面的问题：

1. 节目内容同质化现象严重。节目内容同质化是我国网络视频运营商共同面临的大问题。尽管网络视频的节目种类繁多，但各视频网站和网络电视的内容重复度非常高，究其原因主要有三个：一是网络视频的重复跟风现象普遍存在；二是各网络运营商面对网络视频业的竞争压力，选择克隆式发展；三是各视频网站对受众上传的内容没有版权的要求。

2. 版权问题关系到网络视频商业模式的设计和运作。视频网站自建立以来，就一直受到版权问题的困扰。当原国家广电总局和原信息产业部颁布的《互联网视听节目服务管理规定》正式施行时，许多视频网站都没有拿到牌照。面对愈演愈烈的版权大战，网络视频业与版权法打擦边球并借以进行商业运营的做法还能持续多久，仍然是一个问题。

3. 缺乏较为持续和稳定的立体化赢利模式。虽然网络视频运营商已经在尝试通过广告、活动营销、增值互动等方式进行赢利，但是并不成熟。而且，网络广告效果的不确定性以及网络广告定价的复杂性使得广告主的广告投放行为相对谨慎。

（摘自张宏伟、冷霓《网络视频的商业模式研究》，《电视研究》2009年第7期。）

点评：

许多网络视频企业的经营重点还是在抢市场、抢规模，正在复制传统传媒行业粗放式的发展模式。尽管这是行业发展初期很难避免的问题，但是，要获得持续竞争优势就必须精耕细作，对自己的产品和市场进行准确合理的定位，培育新的消费者，维系忠实客户，并注重品牌经营。

第四章　众包：人人都是设计师

第一节　理论基点：开放式创新

开放式创新理念的倡导者切萨布鲁夫在接受《21世纪》的采访时曾提出："开放式创新是指在一个人才遍布各地的世界，企业要想在创新上胜人一筹，就必须利用外人的智慧。"[①] 身处知识经济时代，任何企业如果想只依靠内部的资源进行高成本的创新活动，很难适应快速发展的市场需求以及日益激烈的企业竞争。因此，"开放式创新"正在逐渐成为企业创新的主导模式。开放式创新的时代特点在于众人拾柴火焰高的智慧，众包便是在这种时代背景与发展趋势中逐渐成为继利基市场之后的重要商业模式之一，体现了外人乃至众人智慧对于企业发展创新的价值。特别是在互联网高速发展的当下，大众智慧是如何推动商业进步并引领未来商业趋势的，引起学界、商界等的广泛关注。可以说，众包不仅是一种生产分布方式，也是一种思维理念的进步，是一种新的社会文化的体现。

一、开放式创新：与他人合作

（一）开放式创新的提出

创新是企业及其他社会组织发展的源源动力。基于熊彼特创新理论的传统创新模式集中在企业内部员工的集思广益，其创新策略前提是能被控制的创新才是成功的，创新的组织边界和流程都是相对封闭的，技术创新完全依靠组织内部的自身力量来完成并在内部实施商业化，避免外溢。随着信息技术的变革和知识经济的到来，企业内部员工的知识水平不断提

① 《亨利·切萨布鲁夫：开放式创新需要社会对失败足够宽容》，《21世纪经济报道》，2011年9月4日。

升，外部市场的流动性和风险性增大；而同时，企业外部资源可用性大大提高，比如高校和科研机构研究能力提高、供应商能力增强等，企业面临的创新投入风险比以往更加复杂。这就意味着，传统的封闭式创新难以适应新的发展形势，企业走向开放式创新是一种必然。

在这样的时代背景下，受到开放源软件开发的启示，开放式创新（Open Innovation）由亨利·切萨布鲁夫（Henry Chesbrough，2003）在《开放式创新——进行技术创新并从中赢利的新规则》一书中正式提出。在书中，他对传统的封闭式创新和开放式创新做出了区分，并将开放式创新界定为"企业有目的地使用知识的流入与流出以促进内部创新，并利用该项创新拓展外部市场"[①] 的方式。根据切萨布鲁夫的观点，企业在进行创新的过程中，应该充分打通内部与外部两条市场渠道，将企业内外有价值的创新资源集中起来进行价值创造，并将一部分创造出的价值通过建立相应的内部机制对外分享。一方面，企业要更多地引进、采纳外部的技术手段与创新元素；另一方面，企业也要将内部闲置的资源通过授权、技术转移或内包的形式分享出去，将内部创意通过外部渠道实现市场化，从而引导企业进入其他市场或进行蓝海拓展。

那在开放式创新背后的现实驱动力是什么呢？也就是说，企业出于什么样的利益诉求，由传统的封闭式创新走向开放式创新？根据交易成本理论，企业为了减少经济成本、对抗机会主义，会选择公平交易、等级控制或中间治理模式。由于进行交易的支出是一种面向未来价值的投资，参与创新的所有利益相关者所关心的是预期收益是否大于交易成本。所以，企业实施开放式创新的动力在于交易价值最大化的需要，而非单纯的减少交易成本。此外，一个企业的资源可能会跨越企业组织边界，企业之间的协作和联系则在一定程度上提升企业的竞争优势。因此，企业之间通过合作建立联系，有助于获取新产品商业化所需要的互补资源，保持与最新科技的紧密联系，并让外部知识顺利转移成为内部创新活动的补充。然而，创新具有不确定性，开放式创新带来的不确定比以前更高，所以企业和政府对多种技术期权进行少量的尝试性投资，来应对这种不确定，减少创新开发带来的风险。这种投资尝试可以被视作实物期权的一种变体，在不确定性减少后，企业依此来决定是继续追加投资还是中断投资。

---

① Chesbrough H W. *Open innovation：Researching a new paradigm*. New York：Oxford University Press，2006：34—41.

（二）开放式创新的机制

开放式创新是“基于知识有目的的跨边界流动，包括由外及内、由内及外以及耦合的创新活动，采用与企业商业模式相一致的货币性或非货币性机制从而与内外部伙伴实现价值共创的分布式创新过程”①。与传统的封闭式创新相比，开放式创新是一个开放的、非线性的活动过程。企业通过开放式创新，跨越了传统的企业边界，与市场需求之间建立了桥梁，借助对外部创新资源的获取与利用，实现了对企业内外部关键知识的管理和创新的有效整合。② 企业所构建的开放式创新体系，需要引入更多来自外部的创新资源，形成以创新为驱动的多元利益相关者主体创新模式，比如众包模式。这其中的利益相关者主体比原来意义上的利益相关者更宽泛，既包括企业内部员工、供应商、经销商、合作方、平台方、竞争对手、消费者，也应该包括行业组织、科研机构、风投机构、知识产权机构等等。而消费者和创新能力强的供应商应该是最为重要的创新参与者。

作为一个复杂的创新过程，开放式创新包括组织内部资源、能力与知识体系的动态成长，也包括组织外部价值网络的动态演进和价值共创。③其创新机制在于企业对组织边界内外的知识进行探索、保留和利用。价值创造涉及包括企业在内的许多利益相关者，通常被用来解释企业内部与外部网络的成长发展过程；而价值共创则是对企业与利益相关者之间共生关系的进一步解释，侧重共生系统性的价值创造过程。这种共生关系包括共同研发、共同生产新产品或服务，也包括技术模块的知识创新。因此，开放式创新必然引起企业内部组织的变革，使现有的组织和管理模式趋向于适合开放式创新的需要，企业的组织流程、结构以及文化都实现新的变革。同时，开放式创新也会调整企业与外部利益相关者之间的合作关系，通过流入、流出及双向流动的过程，形成“竞合互动”机制，进而协调内部与外部的知识、资源、制度、流程以及关系，实现流程一体化和流程整合化的双赢局面，完成知识共创和成果共享。④

---

① 易锐、夏清华：《开放式创新的理论基点、研究维度与未来研究展望》，《湘潭大学学报（哲学社会科学版）》，2015（2），46—50页。

② 吴强：《开放式创新理论研究综述》，《商业时代》，2010（6），70—72页。

③ 易锐、夏清华：《开放式创新的理论基点、研究维度与未来研究展望》，《湘潭大学学报（哲学社会科学版）》，2015（2），46—50页。

④ 俞珊等：《开放式创新下的价值共创：理论回顾与拓展》，《重庆工商大学学报（社会科学版）》，2013（4），39—46页。

当前，互联网的爆炸式发展，不仅颠覆了世界整体的创新格局，也在赋予开放式创新全新的内涵。与互联网的高速发展相适应，开放式创新呈现出新的时代特征，对人类的创新行为产生了深刻影响，激励着新兴业态的不断涌现。文化企业应该积极引入开放式创新的理念，从更广阔的视角去完成创新资源的整合，谋求适合自身发展的开放式创新途径，提升自主创新能力和竞争优势，着力发展群体的巨大创造潜力，激活大众对文化产业的创新创意，实现企业的可持续发展。

第二节　众包的概念、特征与构成

一、众包概念的产生

托马斯·弗里德曼在《世界是平的》中大力宣扬了铲平世界的十大"推土机"，如互联网、外包、内包、社区、工作流等，其中外包是最大的一台。但是，现在另一条能获得更廉价的人力、更有价值的途径正在形成——众包（Crowd sourcing）。[①] 谷歌、亚马逊、IBM、联想、维基百科、宝洁、乐高、沃客、威客、英特尔、兰登书屋、微软、阿里巴巴、价值中国等越来越多的企业、群体和组织机构开始尝试、采用众包的商业模式。

（一）众包的产生背景

对于众包的出现，学界普遍认为其始于开放源软件的开发。Linux 操作系统的开发证明，以同样的兴趣爱好组成的群体创造出的产品，可以与微软公司等商业巨头生产的产品媲美，甚至更优秀。创办于 2001 年的"创新中心"网站是最早实施众包的公司，该企业由医药制造商礼来公司资助，经过多年发展，成为一个重要的研发供求网络平台，在化学和生物领域发挥积极作用。如波音、杜邦、宝洁这样的大型跨国公司都是其用户。通过利用"创新中心"的外部研发资源，这些公司大幅提高了自身的创新能力，节约了自身的人力成本。众包一经出现，就受到众多企业的青睐，比如 IBM、亚马逊等投入巨资，打造众包服务平台；乐高、宜家等通过消费者参与设计任务的方式，将产品创新众包出去，实现了销量与吸粉的双重效应；标志、宝马、吉利等汽车公司也纷纷开发众包模式，将产品设计等创新需求通过在线工具发布，让消费者参与其中。

---

① 张利斌等：《众包问题研究综述》，《科技进步与对策》，2012（6），154—160 页。

随着互联网的不断发展，这一从创新设计领域切入的众包模式，成为华尔街青睐的最新商业模式，并被认为有可能成为互联网时代颠覆传统企业的创新模式。众包究竟是如何产生的？一般认为，众包的产生并非偶然，而是在信息技术发展、企业创新需求、顾客消费需求和社会发展等共同作用下逐渐形成的。

第一，信息技术的发展为众包提供了技术条件。信息通信技术的大规模使用，一方面加速了知识的编码化、标准化和数字化，导致服务产品可以被分裂或者分解成小部分；另一方面，改变了信息的存储方式，更为便宜和迅速的数字化信息存储和传输方式，让世界上不同国家和地区的人们可以进行即时的数字信息和声音交流。当这一技术运用在商业领域，无论数据的价值高低，产品和服务通过信息技术被分解为多种类别，以满足不同的群体、企业和组织机构的需求；与此同时，传统的公司内部组织形式也发生了改变，作为服务提供者的企业逐渐被外部化，与消费者之间可以实现非面对面的交流和咨询。

第二，企业开展开放式创新为众包提供了内部条件。一直以来，产品设计都是在生产商主导下进行的，因而封闭式创新仅仅是企业内部个体和团队的研发能力的最大化发挥，消费者层面的创新热情与创造能力得不到重视，甚至是被无视的；但消费者主导的创新民主化趋势预示着，消费者的创新是一个不可忽视的重要力量。同时，企业的发展也需要外部智力资源的冲击与碰撞，补充受组织文化和思维定式制约的内部智力资源。特别是在当下，精益化运行对企业提出了新的要求，企业内部功能逐渐外化，因而对众包的需求势不可挡。

第三，多样化、差异化的消费需求为众包提供了市场条件。随着互联网的快速发展，体验经济、免费经济、共享经济等一些新的经济发展趋势不断冲击人们的生活，人们的消费需求也在发生巨变，由卖方市场向着买方市场演进。这一时代，多样化、差异化的消费需求正在引领企业创新形式的转变，使得传统的大规模生产方式逐渐朝着个性化定制发展。消费者的需求趋向于多样化和个性化，市场就会变得更加琐碎，企业创新的形式就更加开放。因此，多样化、差异化的消费需求不仅对企业提出了更高的要求，也为企业发展众包模式提供了市场条件。

第四，社会的发展进步为众包提供了充分的人才条件。网络的蓬勃发展，互联网用户的急速攀升，让现代人的工作方式发生了翻天覆地的变化。第37次《中国互联网络发展状况统计报告》显示，截至2015年12

月，中国网民规模达6.88亿人，互联网普及率为50.3%；手机网民规模达6.2亿人，占比提升至90.1%，无线网络覆盖明显提升，网民Wi-Fi使用率达到91.8%。[①] 网络的发展加速了职业的多元化与自由化，解放了部分外部智力资源。同时，随着教育的普及，人们知识水平不断提高、参与意识逐渐觉醒，人们渴望表达自身对于社会、技术和商业难题的智力贡献，满足自身成就感和存在感，从而让一部分网络虚拟社区进入快速发展时期。各色各样的人才不断涌现，并活跃在为企业提供问题解答的虚拟社区中。

（二）众包的概念辨析

谈到众包，克里斯·安德森在《长尾理论》一书中这样总结：它与工业时代流水线生产的精神主宰福特主义相对立，"它提供了一种假设，即人人都是创造者——艺术家、科学家、建筑师、设计师……或者他们的结合"。众包成为互联网时代探索创造性表达的新途径，让每个人都可以在多元的职业诉求中追求卓越，释放潜力。安德森甚至认为，这种潜力提供了"在工业时代提出了手工制品——互联网上大规模的个性化"的一种思路，因此具有更大的颠覆性。[②]

众包作为一个概念被提出始于2006年6月。美国《连线》杂志的记者杰夫·豪（Jeff Howe）最初给予众包的定义是"一种新的廉价劳动力资源：人们在日常生活中利用其空闲（资源）创造内容，解决问题，甚至从事公司研发"。此后他立足于公司的视角，以抽象的方式概括了众包的内涵，即"众包是指企事业单位、机构乃至个人把过去由员工执行的工作任务，以自由自愿的形式外包给非特定的社会大众群体解决或承担的做法"[③]。这一概念提出后，立刻引发了商业界和学术界的广泛关注，并伴随着实践的发展不断完善。

维基百科给众包下了一个定义："志愿者或者业余人士利用空闲时间解决问题或提出各自观点的做法，同时是由企业发起的一个系统活动。"[④]

---

① 《中国网民数量达6.88亿，半数中国人接入互联网》，http://digi.163.com/16/0122/11/BDUAEN9900162OUT.html。

② 李晓华：《"互联网+"改造传统产业的理论基础》，《经济纵横》，2016（3），57—63页。

③ 魏拴成、邬适融：《众包的产生、发展以及构建众包商业模式应遵循的路径》，《上海管理科学》，2010（1），55—58页。

④ WIKIPEDIA. "Crowdsourcing". http://wikipedia.org/wiki/Crowdsourcing.

基于互联网的特征，布拉巴姆（Brabham）认为，众包其实是“一种在线、分布式问题解决模式和生产模式”①，企业通过众包的方式在线发布问题，获得来自大众群体的解决方案并将这一知识成果归为企业所有，方案被采纳的提供者得到报酬。沙纳尔（Chanal）从开放式创新的视角，提出众包是企业通过网络设备聚集外界众多离散资源（这些资源可以是个人，也可以是团队）进行的开放式创新生产。② 斯隆（Sloane）认为，众包是对开放创新的特殊诠释，是以大众建立 Linux 操作系统的开放源理论为基础，以公开号召方式把任务外包给组织以外的大范围人的行为。③ 萨克斯顿（Saxton）认为，众包是“组织充分利用先进的网络技术促成虚拟大众完成组织具体任务的商业模式”④。

在国内，一直有观点认为，众包与中国学者刘锋在 2005 年提出的“威客”一词是同一个概念。刘锋从计算机信息技术的角度阐释了众包的含义：“通过互联网把自己的智慧、知识、能力和经验转化成实际收益的互联网新模式。”⑤ 姜奇平（2009）提出“众包是一种价值网络，强调突破企业的资本专用性边界，跨组织共享信息资源和配置实体资源；同时强调在社区网络的每一个节点上发挥草根个体的能动性与创造性”⑥。倪楠（2010）基于契约经济学的角度分析，认为“众包是一种利用组织外人士的智慧、力量和资源来完成组织特定任务，是无具体发包对象的大众委托契约”⑦。她指出这种大众承包模式的流程是，企业通过指定的网站，把特定的工作任务公示给外部受众，基于自荐者完成任务的情况给予约定的报酬。价值中国网 CEO 林勇青将众包总结为一种“网络社会的社会生产”⑧。

---

① BRABHAM D C. “Crowdsourcing as a model for problem solving: an introduction and cases”. *The International Journal of Research into New Media Technologies*, 2008, 14 (1): 75—90.

② CHANAL V, CARON-FASAN M L. “How to invent a new business model based on crowdsourcing: the crowd spirit”. *Proceeding of EURAM 2008*, 2008: 14—17.

③ SLOANE P. “The brave new world of open innovation”. *Strategic Direction*, 2011, 27 (5): 3—4.

④ SAXTON G D, KISHORE R. “Rules of crowdsourcing: models, issues, systems of control”. *Information Systems Management*, 2013 (30): 2—20.

⑤ LIN SUFEN, OUYANG ZHONGHUI, LIN FENG. “Crowdsourcing or witkey, which leads?”. *Journal of Applied Sciences*, 2013, 13 (12): 2359—2362.

⑥ 姜奇平：《〈众包〉与长尾战略 2.0 版》，《互联网周刊》，2009（10），80—81 页。

⑦ 张利斌等：《众包问题研究综述》，《科技进步与对策》，2012（6），154—160 页。

⑧ 林勇青：《众包：网络社会的社会生产》，《IT 经理世界》，2009（1），82—83 页。

综合国内外对于众包的定义，尽管视角和理论参照各有不同，但总体而言，众包的概念离不开信息技术、商业模式和知识创造三大领域。第一，诸多学者认为，众包首先是一种基于网络技术而产生的新模式，依赖于计算机的开放源理论。第二，多数学者对众包的理解和研究，都是从商业模式的角度进行，将其放在商业活动中去分析模型、结构、特征、方式等。第三，学术界也基本认同众包是一种开放式创新下的社会生产，这种模式是企业内外部整合资源后的知识结构的创新。

二、众包的本质特征与分类

众包是信息革命下逐渐主流化的组织方式，探讨的是“未来按照什么样的方式组织”。众包实际上是源于对企业创新模式的反思。长期以来，企业进行产品创新的套路无非是这样的三步：市场调查→寻找需求→设计新产品。不可否认，传统的创新方式获得的投资回报率较低甚至归零。而互联网的普及与发展，彰显了消费者创新的热情与能力，将其中蕴藏的巨大商机和价值激发了出来。在这种趋势下，以“用户创造内容”（User-Generated Content，UGC）为代表的创新民主化正在成为一种趋势。

（一）众包的本质特征

杰夫·豪认为，生产者、生产方式、生产工具和生产组织构成环绕众包系统的大环境，让众包自身作为系统表现出如下特质：众包最普遍的特性在于其异质性的多样化，它依赖众人的认知潜力和创造潜力构成集体智慧的核心，并通过过滤和整理网上的海量信息改变企业的工作方式，这既是对信息的有效整合，同时也是对资金的有效整合。姜奇平（2009）认为，众包之所以表现出在生产力上的两个先进之处，都源自互联网的发展：首先是互联网的有机互联，为众包模式的发展提供了共享的平台资源；其次是网络带来多元灵活的节点结构，为众包得以实现提供了多样化的个体。而这也成为其两个基本特点。①

1. 众包是开放性的社会生产。

林永青曾在《众包》一书的推荐序言中写道：“众包就是社会生产。”这一概括贴切地表述了众包的本质特征。众包是一种新的生产模式，将多种社会资源整合后，为企业或组织所用，来解决特定的创新问题、完成特

① 姜奇平：《〈众包〉与长尾战略2.0版》，《互联网周刊》，2009（10），80—81页。

定的工作任务。甚至，从某种意义上，众包通过互联网架设的虚拟空间，完成了全球化资源的整合与利用，实现了对实体资源的优化配置。在众包所架设的实体与虚拟相结合的空间环境中，所有的资源都是对外开放的，并通过与其他资源的不断组合与联盟，实现共赢，既可以提升自身资源的利用率，也最大限度地扩大了其他资源的价值实现形式。

除了对资源的开放式整合与配置外，众包也为个体的参与提供了开放式的成长空间。这主要体现在：一是通过有效延续社会人的业余时间，提供了人作为价值创造主体的增值空间。二是通过互联网对地域范围的无限延伸，增加社会人创作思维所触及的空间角落。三是构建无限延展的价值网络，让社会人依据不同的兴趣爱好组建成各类虚拟的学习型组织，体现了知识经济下共同学习的新特征。

2. 众包是民主性的群体创造。

众包的所有客体都受益于这种开放性的社会生产模式，他们能够依据自己的知识储备和审视视角提出相应的解决方案。这些方案也会在形成阶段受到不同的质疑、审视与修改，并形成大多数人支持和赞成的最终方案。这种形式类似于民主化的甄选机制，体现了群体创造中的民主性。这是因为，众包对资源的优化配置不是依靠行政决策、市场价格等要素来进行，而是通过资源主体的意愿。这就决定了众包在很大程度上的自主性。同时，众包是基于互联网运行的商业模式，要遵循互联网的规制约束，也就是说充分释放了互联网中人人平等的权利，而这种权利也包括了群体创造的民主参与。

所谓群体创造，即企业组织和激励不同角色的人群运用新方式互动，以充分挖掘并发挥他们潜在的创造力。其基本理念是：创新应该作为一个公共平台，积极发挥企业内部和外部不同群体的力量共同为企业创造价值。[①] 传统的创新观念认为，企业自上而下控制着创新的流程，但事实上，企业内部的知识与经验无法解决企业生存所遇到的所有问题，这就需要群体创造来帮助企业在组织内外各个层面集思广益解决问题。

此外，参与众包的客体是广大业余爱好者，他们在众包平台的互动中培养和发展自己的才华，体现了强烈的个人意愿的选择。这种参与的民主性体现在门槛低、乐于分享、传播与交流的畅通、无偿的付出、评价机制

① ［美］文卡特·托马斯瓦米、弗朗西斯·高哈特著，王虎译：《众包 2：群体创造的力量》，推荐序二，北京，中信出版社，2011。

的自发构建等特点。这种民主性的群体参与式创造主要是通过会员制的身份认同、互动式的信息表达、集体化的问题解决、多渠道的信息传播等手段和方式实现的。

3. 众包是无边界的虚拟创新空间。

企业在成长中，受到人、财、物等的局限，其运作能力终究都有一个界限，这个界限形成了企业发展的瓶颈。而众包的运营依赖于互联网创造的虚拟空间。在虚拟空间中，所有的资源可以24小时无间断地进行优化配置、整合利用。众包通过虚拟运作，实现了对资源的整合，同时打破了地域空间对原本实体经济配置资源的限制，甚至能实现对全世界资源的整合。如果依赖传统的创新，这种成本与时间的花费足以吓退任何机构和个人，成为不可能完成的任务。

众包作为一种开放性的生产方式，其产生的创新价值是巨大的。表现为：第一，众包运营所依赖的虚拟社区是一种动态性的组织结构模式，它在实现参与成员间的社会性交互中，会随着主体意识或客观约束而发生变化。第二，众包吸纳了来自全世界的智慧力量，通过网络虚拟空间将这些参与者聚集起来，借助信息技术实现互联互通，在地域上呈现出个体分布式的特点，而不局限于某一区域或某一个地理空间。第三，众包通过互联网，在挖掘大众创意、提高企业外部资源利用率上已经超越了传统的地域与组织边界，有助于开创新的虚拟创新空间，加速企业乃至社会的创新创意速度，真正演化为以虚拟为介质的社会化活动。

（二）众包的分类

众包的分类，由于视角不同和研究目的的差别，大体有以下几种：

1. 将众包本身的用途、过程等内容作为分类依据。杰夫·豪基于众包的用途将其分为：大众答疑型（集中大众智慧帮助企业解答疑难问题）、大众创造型（大众提供给企业丰富的创意、素材）、大众投票型（大众通过投票等方式来筛选、评价其产品或服务）、众筹（利用众人的力量筹资）四类。盖格（Geiger）和泽多夫（Seedorf）（2011）则按照众包的过程，从酬金分配的角度将其分为：无酬金综合式外包，如维基百科等用户免费创造内容的模式；大众评价选择式外包，如企业为获取公众设计和创新而举办的比赛；酬金综合式外包，多指利用互联网平台出售用户创造的内容并共享利益；还有针对复杂程度不同的微型任务的固定奖励金综合式外包，通常参与者都是独立的，数量也受限制。[①]

2. 将众包作为一种具体的实践形式进行的划分。刘锋基于计算机互联网的众包实践将其分为 ABCM 四类。其中，A 类（Ask witkey）知道型，如百度搜索这样的问答方式；B 类（Bid witkey）悬赏型，如中国威客网站，针对一个项目投标并争取中标产生价值的方式；C 类（C2C witkey）点对点型，通过展示自身能力与需求者之间建立点对点交易关系；M 类（Witkey map）威客地图，以地理位置、兴趣专长、联系方式、威客空间等属性的聚合形成关于人的搜索。[②] 张鹏等（2011）在总结了许多众包的实践案例后，依据对众包运营商和参与者关系结构这两个维度的研究，把众包模式分为四类：集中建议型平台（如星巴克咖啡 Starbucks Coffee）、众包创新型平台、Istockphoto 类平台、Threadless 在线 T 恤设计类平台。[③]

3. 将众包作为一种商业模式所进行的划分。余世英等（2013）对众包网络平台的运营模式进行了详细的研究，把其分为现金悬赏、招标、速配和威客地图四类。其中，现金悬赏模式是指网站通过收取服务费的形式为客户发布任务，将赏金付给胜出的参与者；招标模式是指参与者凭借大致设计好的方案和信誉等因素竞标，中标后完成任务并获得赏金；速配模式是指需求双方的一对一匹配，先抢先得，成交概率大；威客地图模式，与刘锋提出的关于人的搜索引擎的形式类似，在此是指发包方从人才储备库寻找适合的参与者来完成任务。[④] 萨克斯顿（2013）则在总结研究了 103 个英文众包网站后，将众包模式归纳为 9 种，分别是中介模式、公民创造媒体模式、软件合作开发模式、数字产品销售模式、产品设计模式、在线社会筹资模式、用户报告模式、知识基础构建模式、科学项目合作模式。[⑤]

---

① GEIGER D, SEEDORF S. "Managing the crowd: towards a taxonomy of crowdsourcing processes". *Proceedings of the 17th Americas Conference on Information Systems*. Detroit, Michigan, August 4th—7th 2011.

② 林素芬、林峰：《众包定义、模式研究发展及展望》，《科技管理研究》，2015（4），212—217 页。

③ ZHANG PENG, LU RUOYU. "On operating mechanism of crowdsourcing service innovation". *Service Systems and Service Management*: 2011 8*th International Conference on IEEE*（*ICSSSM*），2011：1—8.

④ 余世英、明均仁、熊璐：《基于威客模式的网络运营机制研究》，《情报科学》，2013（3），9—16 页。

⑤ SAXTON G D, KISHORE R. "Rules of crowdsourcing: models, issues, systems of control". *Information Systems Management*, 2013（30）：2—20.

4. 从创新的视角对众包模式进行划分。如祁明与吴莉娅（2010）把众包创新模式分为三类：基于外包的创新模式（企业将自身的创新难题交给众包平台的大众解决）；整合创新模式（以一个创新主题为核心，其他参与者单元围绕在主体周围，形成创新群落）；融合创新模式（多个独立的众包参与者单元形成动态的创新联盟来实现共同的创新目标）。① 彭玲（2013）基于实践中众包平台的运营模式不同，对众包创新创业平台经营模式进行了划分：一是按照产品的生产方式，将其分为拉动式平台和推动式平台两大类；二是按平台设计的行业范围，将其分为综合性平台和垂直性平台两大类。② 此外，还有一些学者根据众包创新活动中参与者结成的关系，把网络众包创新模式分为竞争型和合作型。③

三、众包的基础要素

（一）众包的参与主体

1. 发包方

发包方通常是指企业或者有工作任务需要解决的个人。对于发包方来说，其发布任务的途径有两种：一种是以悬赏的方式在企业官网上直接发布，吸引众多的网民来参与解决问题。这种方式避开了中介机构从而使解决问题的成本更低。还有另外一种方式，就是通过网站社区协会等中介机构，发包方与新型网络签订合约，在合约中对需要解决的问题、价格和售后服务等进行约束。④ IBM 公司就有过类似的实践，曾在 2007 年发起过一个即兴创新的头脑风暴活动，共吸引了 14 万人参与，收集了 3.7 万个创意，实现了对外部资源的充分调动。

2. 接包方

接包方就是专业人士或业余爱好者共同组成的互联网用户，在中国有一个特定的新名称，叫威客。接包方最大的特点在于不局限于专业人士，业余爱好者只要具备兴趣和能力去帮助发包方解决问题，认可发包方提出

---

① 祁明、吴莉娅：《基于威客的技术创新模式及其应用研究》，《科技管理研究》，2010（22），25—27 页。

② 彭玲：《基于众包的创新创业模式研究》，《经济与管理》，2013（9），170—173 页。

③ PANCHAL L Q，PANCHAL J H. “Modeling the effect of product architecture on mass-collaborative processes”. *Journal of Computing and Information Science in Engineering*，2011（11）：23—46.

④ 刘文华、阮值华：《众包：让消费者参与创新》，《企业管理》，2009（7），93—95 页。

的优胜规则、奖惩标准和知识产权处理方式等要求，便可通过官网或中介机构注册，实际参与到发包方的具体活动中，递交自己所构思的解决方案或设计思路，成为接包方。比如在标致汽车 2005 年举办的标致设计大赛中，一名年仅 23 岁的葡萄牙学生在全球参与的设计者中一举夺魁。

3. 中介机构

中介机构是沟通发包方和接包方的中间桥梁。作为发包方的企业或个人，可以选择自己发布任务，也可以选择与网络平台等中介机构合作。双方签订合约后，由发包方缴纳一定数额的保证金，中介平台则按照合同约束为发包方发布需要解决的任务、课题及其相关要求；与此同时，接包方可以通过平台搜索到中介代为发布的任务明细，注册后参与投标，并提出解决方案；中介负责将接包方的解决方案反馈给发包方，直到发包方对方案进行筛选并审核通过后，中介机构将根据合同约定兑现奖金给接包方。网络零售巨头亚马逊推出了提供众包服务的平台 Mechanical Turk，创新中心（InnoCentive）也是这种类型的中介机构。

（二）众包的运行流程

杰夫・豪认为，用户创造内容和 Web2.0 分别是众包式生产的资源工具和技术工具。基于此，武科维奇提出了众包流程中通用的四个阶段，即任务申请、任务初始化、任务执行和任务完成。主要步骤如下：①

1. 任务申请。第一，发包方在网站注册登记，获得网站审核发布的通行证；第二，申请众包任务，完成如任务描述、预期结果、期限、质量参数和奖励政策等内容的填写；第三，针对不同的任务，发包方还要对定义和支持机制进行完善；第四，发包方根据需求模板，开始发布任务。

2. 初始化众包申请。第一，发包方通过论坛、即时信息等，与接包方即时沟通众包进展、需求及条件等；第二，发包方完善合同谈判与知识产权管理服务；第三，发包方根据接包方的技能、关注率等，主动发掘外部资源；第四，发包方要采用专业的知识配套机制，发现用户社会关系，建设虚拟团队；第五，搭建动态知识集成平台，提供有效的搜索范围，以捕捉可供利用的用户经验。

3. 执行众包申请。首先，发包方通过简易的操作界面监控并管理多个接包方的任务执行进程；然后，发包方借助平台的移动设备接口对不同时

---

① 谭婷婷等：《众包国外研究现状》，《武汉理工大学学报（信息与管理工程版）》，2011（2），263—266 页。

空的接包方执行某一具体任务进行协同管理；此外，平台一方在技术配置上要做到允许任何人参与，并提供工具和服务。

4. 完成众包申请。首先，平台设置评分和审核服务，获取发包方与接包方的相关信息；其次，在平台上建立自动提交评价服务机制；最后，平台方建立相应的自动交付服务机制，在接包方的方案被采纳后可以自动配置众包交付进程。

（三）众包的构建规则

杰夫·豪在《众包》一书的最后总结了众包作为一种商业模式有其独特的十大游戏规则，分别是：①

1. 选择正确的模式（集体智能/大众智慧、大众创造、大众投票、大众集资）。众包的最大特点就是企业依赖来自外部的大众智慧来解决企业内部组织无法解决的问题，这完全取决于企业自身的发展实际。

2. 选择合适的大众。全球网民超过10亿，但不是所有网民都可以成为适合企业的接包方，这要根据企业的明确定位来进行筛选。

3. 提供恰当的激励。众包能否成功关键在于是否拥有活跃度与忠诚度都极高的社区组织，适当的物质与精神激励是一种尊重接包方的表达方式，这意味着对活跃度与忠诚度的长久维持。

4. 别急着炒人。社区中的任何人都可能发挥自身的能力或潜在能力，因此，要引导其发挥出自身的光与热，而不是盲目地否定其价值。

5. "沉默的大众或仁慈的独裁者"原则。众包的顺利完成需要大众和指导他们的某几个人合作完成。如果发包方不能表达正确意图，也无法获得接包方的认可。

6. 保持简单，将工作分解。以零成本的姿态随时分解任务，这样更具有吸引力，更容易促进众包的完成。

7. 牢记史特金定律。不要急于建立消费者社区而不去仔细考虑自己到底要什么以及如何去做。

8. 牢记10%：对抗史特金定律的手段。众包的内在规律其实就是1∶10∶89的数字关系，取胜的关键最终依赖于能否把最有潜力解决商业难题的人集中起来。

9. 社区总是对的。社区是比公司更能有效地组织起工作者的虚拟群体，建立社区后应该发挥群体的智慧，实现利益共享。

① 姜奇平：《〈众包〉与长尾战略2.0版》，《互联网周刊》，2009（10），80—81页。

10. 不要问大众能为你做什么，问问自己能为大众做什么。只有个体从众包的虚拟创新中得到所需的东西，众包才能更好地完成。而这种需要可能只是精神嘉奖，而不收取分文。相反，这些需求如果没有被满足，大众就没有任何参与进来的热情了。

众包商业模式是对传统商业模式的一种创新，要想发挥其在提高企业核心竞争优势上的巨大潜力，必须构建适合自身的众包商业模式，可以参照以上规则。

（四）众包的实践形式

从我国的一些典型众包案例来看，内容、资本和人力资源三个领域是分析众包产生的动力机制的主要角度。从内容方面看，众包也称“知识众包”，搜狗输入法是一个典型的知识众包案例。它采用众包的思维和形式，生成了数以万计的皮肤设计和词库。而在资本筹措领域，众包又称“众筹”，“点名时间”就是这方面的典型代表。它模仿国外众筹网站 Kickstarter，项目发起人通过视频、图片、文字介绍把自己希望实现的创意或梦想展示在网站上，并设定需要的目标金额及达成目标的天数，喜欢该项目的人可以承诺捐献一定数量的金钱，当项目在目标期限内达到了目标金额，钱才真正付出。[①]从人力资源方面来看，国内目前发展最为成熟的众包模式便是劳动力众包。“微差事”是国内创立较早的劳动力众包任务平台，帮助用户开发碎片时间的价值，通过众包帮助企业完成调研、内控以及推出精准的品牌互动。

第三节　众包的发展、创新与未来

一、从外包到众包

（一）外包的概念及与众包的共性分析

谈及众包，外包这一模式是无法避而不谈的。“外包”（outsourcing）由普拉哈拉得与哈默在 1990 年发表的《企业的核心竞争力》一文中首次提出。他们认为：“外包即资源外包，是企业整合利用其外部最优秀的专业化资源，从而达到降低成本、提高效率、充分发挥自身核心竞争力和增

---

① 林小骥、郭杨：《“点名”开始》，《中国企业家》，2012（4），101—102 页。

强企业对环境的应变能力的一种经营管理模式。”[①]

2004 年 11 月在北京召开的全球 CEO 年会上，各位企业首脑从企业管理实践的角度为外包所下的非正式定义，是“企业扬长避短，把自己不擅长的或者是要占用大量时间、人力、物力的工作委托给外部的专业公司”。[②] 其主要作用在于，解放企业对非关键业务的关注，让企业把核心业务做得更好。一般来说，企业倾向于将辅助性的工作和业务如信息技术、人力资源、财务等外包给专业公司运作，这样既可以提高企业管理的效率，增强其核心竞争力，也能有效降低企业的运营成本，提高产品品质和服务质量，强化人才集中度，提高消费者满意度。

综上所述，外包模式的兴起，是为了让企业能更好地从外部获得创新资源，从而提高自身的核心竞争优势，有所为有所不为。而相对于外包，众包是一个新兴模式，随着其在企业的实践中不断发展，很多学者认为，众包将成为外包的终结。然而，两者既有共同之处，也有一些区别，在企业的发展中遵循自身的轨迹，发挥各自的作用。两者的共同点主要是：

首先，两者都是企业应对激烈的市场竞争、降低成本与提高效率的方式。有研究显示，降低企业成本是外包的主要动力，因为外包鼓励企业有所为而有所不为，将非关键业务外包给专业公司来做，比企业自己做具有明显的成本优势；众包从联合消费者等利益相关者的角度，进一步扩大了外部资源的获取边界，这无疑对降低企业内部从事相应活动的成本十分有利。

其次，两者都是网络时代的产物，均充分利用了外部的资源弥补内部缺陷。人力资源价格的地区差异推动了外包与众包模式的产生，而互联网让空间和时间能够被忽略，打破了地域对资源的束缚，缩减了成本和时间，使得外包和众包基于资源基础与资源依赖理论从外部获取资源为其所用，完成对自身资源缺陷的弥补。通过外包与众包模式，企业在有限的内部资源无计可施的情况下，可以充分利用外部资源来解决问题，将本应该由自身完成的工作外包出去，也可以将内部难以胜任的工作众包给不特定的大众来完成，扬长避短，减少了不必要的人力与资本投入，将精力集中于擅长的关键业务领域，广泛地利用了企业外部的无限智力资源。

---

① 张晓霞：《众包与外包商业模式比较及其启示》，《商业时代》，2010（16），18—20 页。

② 马卫等：《从外包到众包的商业模式变革及启示》，《商业时代》，2008（1），13—14 页。

最后，两者的活动都在组织外部完成，不同程度地扩大了组织的边界。由于外包和众包是对企业外部资源的利用，这些活动的完成都不是在企业内部发生的，而是将外延扩大到所有的接包商或众包合作伙伴，形成了以企业为主体的虚拟组织，这个组织的边界不再局限于企业的内部。特别是众包，每个互联网网民都可能是其中的一员，因此，众包又被认为是没有组织边界的。

（二）众包与外包的差异性分析

如果在共性的基础上看待外包与众包的关系，大多数人会认为众包是对外包的进一步发挥，以个体为单位让每一个人参与到全球化时代的合作与竞争中，但实际上二者之间有着本质的不同。两者的本质区别，即"众包所体现的并不是外包中的雇佣关系，其核心是携手用户共创价值的理念，因为其产品设计已经由以生产商为主导逐渐转向以消费者为主导"①。具体差异有：

1. 从组织关系来看，外包多是组织与组织之间一对一的关系，而众包则是组织与更大范围的合作伙伴之间一对多的关系。企业将特定的业务外包给其他企业或组织后，两者之间结成密切关系；众包则是面向更多的接包方，甚至是通过互联网发布给大众用户。与外包的企业与企业之间的关系相比，众包的关系网络更宽广，表现为企业与大众之间的关系。

2. 从价值创造的角度看，外包是企业通过购买外部的活动的形式，将不具备核心竞争力的业务转移出去的过程；众包则是企业通过吸纳更多外部智力资源为我所用，与用户共创价值的过程。在外包的过程中，企业与接包方均为独立的经济实体，为各自的利益结成合作伙伴的关系；企业把非核心的、并非自身擅长的业务外包给专业公司，这样可以集中精力做好核心业务。而众包让企业可以从外部吸引更多专业或非专业的人才参与企业的创新与合作，充分发挥众人智慧为企业所用，增强企业核心竞争力。

3. 从专业化程度来看，外包体现出的是高度专业化，而众包则正好相反。外包是专业化作用下规模经济的产物，体现了社会分工的专业化与深度细化，如现在有专业的物流、财务、信息技术、人力资源、营销代理公司等都是外包的选择对象。而众包的参与者是不同专业、不同领域背景的大众，反映了个体的差异化与多样化所带来的创新潜力，让创新不局限于

---

① 马卫等：《从外包到众包的商业模式变革及启示》，《商业时代》，2008（1），13—14页。

专业知识的制约，变得更出其不意。

4. 从经济类型来看，外包是实体经济与虚拟经济的结合物，而众包则可以是完全虚拟的。通常，企业实行外包，比如制造、设计、销售或者人力、财务、技术、服务等，都需要一个实体企业或组织的承接，在地域内便有一定的内在联系，实实在在地在线下进行；而众包则可以完全虚拟进行，企业不关心这些劳动力来自哪里。利用互联网发展众包的优势就在于虚拟地完成这些活动已经成为可能，并成为未来的趋势。

5. 从应用范围和边界来看，外包的应用范围比众包更广泛，但众包几乎是无边界。企业可以将非关键领域的所有业务外包出去，而众包的业务局限性大一些，多是产品与广告设计、营销方案策划、应用技术研发等创新设计领域内的问题。当然，众包的边界可以延伸到所有互联网用户，几乎是没有边界；而外包受到实体的限制，只是将企业的边界延伸到其他组织，这种延伸还是有限的。

总之，众包与外包既有联系，又有区别。对于文化企业来说，单独采用其中一种或者二种共生的模式都可以。外包的商业模式经过十多年的长足发展，已经较为成熟；而众包作为新的商业模式，在互联网的飞速发展下，也将迎来重要的发展期。那么，众包模式到底会有怎样的发展前景？矗立在互联网时代的所有企业，所有企业家，以及创新创意的创客群体，乃至每一个互联网用户，都有责任让林林总总的众包得以实现。

二、众包的创新与未来

（一）众包的创新

1976 年希佩尔首次提出用户创新的观点以来，范围更广、交易成本更低的开放式创新机制及其对应的创新理论成为学术界竞相研究的内容。随着互联网群体在以互动性、虚拟性为主要特征的互联网平台上日益发挥重要的作用，用户创造内容从理论神坛走向实践的脚步也加快了，由此相伴而生的是集大众智慧于一体的载体性网站——众包平台一跃成为企业挖掘大众智慧、重塑企业创新模式、提升竞争优势的利器，众包模式也随之成为全球关注最广泛、参与最快捷和互联网化最快的商业创新活动。那么，众包是如何进行创新的？众包的创新主要在于技术创新与管理创新两个方面。

在技术创新层面，众包聚集了集体智慧，整合了原本孤立和闲散的社会资源，放大了这些资源的整体效应，推动了分散资源的全球化整合进程。而且，这种对资源的放大整合，是建立在非专业化基础上的优化配置，发挥了个体知识和能力的潜在价值。这在技术层面，将原有的企业内部能力分解与外化，并将外部资源整合为企业可用的内部资源，实现了外部智慧的内化。这意味着，企业的技术创新从传统的单一创新转化为集成创新，深化了创新的支撑要素，缩短了新产品和新技术进入市场的时间，从而节约了企业成本，降低了市场风险，也就变相提升了企业的竞争优势。

从管理创新来看，众包打破了地域空间和组织边界，改变了企业与个体之间的关系，对原本的客户关系管理产生了重大影响。众包的“用户参与”的核心理念促使企业与客户产生了深度的互动，逐步吸引更多的客户参与其中，降低企业的营销成本。在这种不断转化的客户身份中，客户与员工的界限模糊化，客户的角色不断改变，参与企业创新的客户甚至成为与企业共赢的合作伙伴之一，不仅有利于维护原有客户关系，也利于新客户的拓展，提高了客户忠诚度。此外，众包无疑拓展了企业的组织边界，将原有的人力资源架构进行了新的分配与优化：一方面借助外力规避自身的人力资源风险；另一方面降低了生产管理成本，即用人而不养人。

（二）众包与文化产业

众所周知，文化产业是以“知识创意型产品”的生产、非物质的无形投入产出为主的产业形态。与传统模式相比，众包模式在文化产业中的应用具有明显的优势。宗利永（2015）认为，众包所具有的网络组织创新形式正在加速知识和创意的产生，因此，文化创意产业领域的众包项目及众包商业活动在改变文化创意产业的传统服务外包和资源整合的模式，并开始在行业内形成新的业态。[①] 基于文化产业的特性与众包模式的特征，他将文化产业众包模式分为基于社会化求解机制、社会化选择机制、社会化传播机制及社会化整合机制等四种形式，并提出文化产业众包模式具有社会大众参与、分布式供给、个体声誉显性化等形态特征。

从这个角度来看，文化产业的众包模式可以通过技术手段，将低成本的智力资源大量引入，把微观个体的开放式创新引入企业创新的实践中去，进行“用户驱动创新”。伴随互联网的最新化身 Web2.0 的到来以及宽带、移动网络的飞速发展，信息双向流动的速度与效率不断提升，文化

---

① 宗利永、李元旭：《文化创意产业发展的众包模式》，《学术交流》，2015（10），164—168 页。

企业应该更多向开发志趣相投的社区主动倾斜，使企业能更容易地以众包的方式进行创新运作。因此，在文化产业领域中，众包创新将发挥更大作用，最大限度发挥网民的个性化声音，加速低门槛的开放式创新，使得创新创意要素资源集聚不受地理空间的限制，激活文化及相关产业多领域业态转型升级，为文化产业发展提供新思路，并形成一种引领市场发展的趋势。

（三）众包的未来

众包根植于平等主义的原则，以人本主义为核心，构建一种未来商业模式的新趋势。然而，先进的模式也存在发展中的弊端与问题，众包也不例外。对于企业而言，众包创新中存在一些问题，需要得到相应的关注。众包模式在整合利用资源的前提下，也会造成资源的浪费。比如众多的设计者提供了众多方案，但最终只有一个方案被选择，这就造成了其他资源的浪费。此外，众包创新模式在保障发包商和接包方的诚信方面也存在缺陷。如何在发挥众包创新激励的前提下，加强和保障众包社区内参与成员的诚信交易，成为今后研究的主要方向。同时，资本投入中的问题也一直困扰众包的发展，如R&D（研究开发）投入策略制定问题。很多学者认为企业的R&D创新风险性高，耗资巨大，政府应对企业进行相应补贴来提高企业创新能力，但这会加重政府负担；众包可以缓解这一问题，但具体采取何种形式也是目前乃至今后研究的重要内容。

随着众包实践在国内外的不断发展，一些学者也对众包的未来进行了深入的探索与研究。如文卡特·托马斯瓦米在《群体创造的力量》（*The Power of Co-Creation*）一书中，对众包理论提出补充性的建议。他认为众包的创新不应该仅仅局限在引入位于价值链末端的消费者力量，而应该看到在整条价值链上的所有利益相关者——从股东到原料供应商，都可以被整合起来，即“共同创造”模式。具体包含四个步骤：（1）确定从生产到销售整个链条中牵涉到的利益相关者；（2）了解各利益群体之间的接触和互动情况；（3）组织学习讨论小组，在小组中利益相关者可以相互分享体验，并且共同商讨提升体验的方法；（4）组织与利益相关者持续对话，共同寻找解决问题的办法。“共同创造”模式更像是对众包模式的深入创新，也是未来众包发展的一种趋势。构建这一模式，首先要注意利益相关者必须获得心理或经济价值，才能保证其对顾客服务的全身心投入；其次，要细致关注所有利益相关者的体验，搭建分享平台保证彼此之间的直接互动，才能实现价值共创。①

第四节　众包模式的经典案例

案例一　维基百科：知识众包的创始者

（一）维基百科简介

维基百科（Wikipedia）是一个强调自由内容（Copyleft）、协同编辑（Collaborative Editing）以及多语言版本的网络百科全书，该网站也以互联网作为媒介而扩展成为一项基于 Wiki 技术发展的世界性百科全书协作计划，并由非营利性质的维基媒体基金会负责相关的发展事宜。维基百科是由来自世界各地的志愿者合作编辑而成，整个计划总共收录了超过 2200 万条目，而其中又以英语维基百科以超过 404 万条目的数量排名第一。

（二）维基百科的知识众包

维基百科是一个内容自由、任何人都能参与并有多种语言的百科全书协作计划。这是互联网内容领域最拿手也最成熟的非商业化众包。维基百科迄今没有实现商业化，而是依靠众多参与者的热情来支撑——在内容和运作资金上都是。商业不但可能影响维基百科内容的客观中立，还可能唤醒参与者们的利益意识。于是在 2009 年，维基百科联合创始人吉米·威尔斯曾澄清说，维基百科并非诱使免费劳动力的众包模式，用户享受的是贡献内容的快乐。

《环球企业家》曾报道过，从 2005 年起，IBM 每年都举行一次通过内部互联网平台组织的、为期数日的“创新大激荡”活动。IBM 内部还建立了 Wiki Central 平台：当把一个创意丢到 Wiki Central 的相关门类下，全球的研发人员和同事都可围绕它提出各种致力于完善它的建议和解决方案。它直接穿透了任何一种可能阻碍创新的官僚机制，让群体智慧对商业的推动更加迅速。在 2007 年，35 万名 IBM 员工中已有 10 万人在使用 Wiki Central。

据国外媒体 Engadget 报道，维基百科在 2016 年 3 月宣布，它将与来自瑞典皇家理工学院的研究人员合作开发开放的众包式语音引擎，未来该

---

① 杨丽媛：《“众包”之后的商业模式：价值共创》，《成功营销》，2010（11），65—66 页。

在线百科全书将变得更便于有阅读困难或视觉障碍的人使用。那将会是全球首个众包式语音合成平台。维基百科估计，将有25%的用户（约1.25亿人）从该项新服务中受益，这部分用户需要或者偏爱语音形式的文本。该引擎将会针对维基百科进行优化，任何使用Media Wiki软件的网站也都将能够将其整合。跟维基百科的文本内容一样，其语音输出也将会采用众包形式，即让用户为语音合成的持续发展做贡献。

（资料来源：郝亚洲《众包的困境》，https://www.huxiu.com/article/5992/1.html；综合其他网络资料。）

专家点评：

美国东北大学博士后布莱恩·基冈（Brian Keegan）认为，维基百科已经成为重要的“众包新闻”渠道，甚至可以在重要事件发生后数小时内汇集大量信息。维基百科唤醒了商业机构们的“Wiki”意识，IBM就是以“维基化”的方式重新构建信息传播体系。

案例二　赫芬顿邮报：从读者到记者的嬗变

（一）关于《赫芬顿邮报》

《赫芬顿邮报》（*The Huffington Post*）号称“互联网第一大报”，2011年2月，美国在线以3.15亿美元收购该报。它是一家新闻与分析网站，创办于2005年。2011年1月，它的独立访问量是2800万，接近《纽约时报》《国际先驱论坛报》3000万的独立访问量，这意味着它已经跻身主流媒体。2010年它的营业额是3000万美元，在美国报业都在为广告营收跳水、发行量骤减以及读者向网络免费新闻迁徙而苦苦挣扎之时，《赫芬顿邮报》却一枝独秀。

（二）读者如何变成记者

像特斯拉的开源专利、安卓开源性平台一样，把读者变成记者，这是赫芬顿成功的法宝。《赫芬顿邮报》有上万名“公民记者”，类似传统媒体的通讯员，每时每刻都在为它提供报道。2008年美国大选，《赫芬顿邮报》将一个采访任务分给50到100名“公民记者”，每人每天用一个小时，就能完成一个记者两个月才能完成的工作量。赫芬顿称之为“分布式新闻”。“分布式”网罗了大量高质量的撰稿人，用户创造的能动性得到激发，媒体才能真正活起来。

《赫芬顿邮报》这种建立在社区基础上的内容生产的模式，值得从事内容生产的公司借鉴。它只有150名带薪工作人员，但依赖超过3000名投稿者为每一个可以想到的话题制造内容。它有超过 1.2 万名“公民记者”，这是它的“眼睛和耳朵”。它的读者也生产了网站的许多内容，每个月有多达 200 万条投稿。《赫芬顿邮报》的共同创建人乔纳·佩雷蒂（Jonah Peretti）认为新闻模式再也不是一种新闻传递的消极关系，而是“一个在生产者和消费者之间共享的事业”。

这种所谓“共享事业”是个同心圆模式：内核是网站最坚定的具有原创能力、作品质量非常高的博客作者；外面一环是公民记者，散布在美国各地；而最外的大环则是读者，在这个过程当中和网站博主发生互动。这种新的、更开放的新闻模式可以被视为一种众包模式，其中两个重要的贡献群体是博客与公民记者。

开放式平台对于媒体固有的采编形式是一种颠覆，虽然现在一些媒体也在探索用户创造信息源的建立，但还比较集中于非严肃新闻，对于像赫芬顿这样从灵魂中跳脱还是不能企及的。赫式的开放思维是否中国媒体烦恼的福音，我们又该如何借鉴，还需要好好斟酌一番，但这种开放式的内容生产已经是趋势了。

（资料来源：《关于开放式创新模式 不得不看的八个经典案例》，http://info.focus.cn/news/2015-02-04/233315.html；综合其他网络资料。）

点评：

众包新闻模式让《赫芬顿邮报》取得巨大成功和创新变革，也让其引以为豪，并被各大媒体大加赞誉和奉为新媒体经典，效仿者不断。众包模式正在变得越来越重要，而《赫芬顿邮报》成功的核心秘诀，就是尽可能增加用户的参与，把用户真正变成新闻制作过程的一部分，因为他们的力量无比强大。

案例三　乐高：分布式的共同创造

（一）乐高创意平台

乐高创意平台（LEGO IDEAS）于 2008 年在日本推出，2011 年推出全球版。在网站上，用户可以方便地注册，提交方案说明（通常提交的方案需要非常详细，包括图片、说明）。粉丝对业余设计师的新套件创意进行投票。任何获得 1 万张以上选票的创意都会进入审核阶段，然后乐高会决定哪些可以进入生产阶段。所以前期的这个方案征集也是产品上市前的用户互动、市场调研、预热工作。

（二）乐高的众包模式

乐高积极和外部合作，借助外部的研发力量缩短开发时间。至于更大幅度的开放式创新，则不得不提到“破坏规则者”这个顾客族群。当时乐高公司与MIT实验室合作开发的Mindstorm机器人玩具，一推出没多久，就被这类型的顾客公开程序代码。起初乐高公司暴跳如雷，但后来乐高公司选择开放平台，果然激发出更多更有创意的点子。

自此之后，乐高公司便利用这类型的顾客进行新点子或机会的探索，同时也成立乐高Mindstorm的交流社群，也积极和教师们共同开发课程。现在Mindstorm已经是许多学校老师教学用具，借以启发学生更多的创意。乐高、MIT和使用者社群共同形成了一个包含供应者、合作伙伴顾问、外围制造商和教授等的完整生态系。而乐高也借由利润共享、版权保护等配套措施完善了开放式创新。

乐高也建立了“design by me”的设计平台，让顾客将自己的创意上传到乐高的平台中，然后再经过顾客票选，胜出的创意可进入乐高的新产品开发中，最后进行商品化上市贩卖。“design by me”是一个利用群体智慧集结创作的平台，配合开放式创新的政策与相关的知识产权保护，让每一个人都有可能是产品设计师。乐高运用开放式的顾客共创平台，成功地缩短产品开发流程，由原来的24个月降至9个月，同时也大大提升了顾客的满意度。

（资料来源：《关于开放式创新模式 不得不看的八个经典案例》，http://info.focus.cn/news/2015-02-04/233315.html。）

点评：

乐高开放创新和利润共享模式成功应用在多个项目中。为了保证利润共享模式的顺利完成，乐高采用了知识产权保护等配套措施。通过分布式共同创造的形式，把志趣相投的各方力量汇聚起来，乐高公司是这种创新模式的典型代表。

案例四　猪八戒网：在线服务众包平台

（一）“猪八戒”的前世今生

猪八戒网是全国最大的在线服务交易平台，其服务交易品类涵盖创意设计、网站建设、网络营销、文案策划、生活服务等多个行业。猪八戒网有百万解答者正在出售服务，为企业、公共机构和个人提供定制化的解决方案，将创意、智慧、技能转化为商业价值和社会价值。2011年猪八戒网获得IDG千万级美金投资，并被评选为中国2011年度“最佳商业模式十强”企业。截止到2013年3月13日，猪八戒网站的总交易数量达到1221818项，交易金额达到了1563077618元，新增解答者的数量达到了8289375人。可以看出，猪八戒网虽还处于成长阶段，但也取得了骄人成绩，以后的发展前景广阔。

（二）猪八戒网的众包平台扩张

很多人都很好奇，猪八戒网是一个干什么的网站？其实猪八戒网是典型的众包模式交易平台。网友们有一句话说买商品上淘宝，买服务到猪八戒。可以粗略地说淘宝是卖商品的，猪八戒网是卖服务的。

目前猪八戒网平均每一分钟发起一笔交易，每一秒钟诞生一个创意，每一小时有一单来自海外。从猪八戒网交易额的迅猛增长不难看出，越来越多的客户开始倾向于省时、高效的线上交易模式。据统计，除了个人买家外，很多知名的公司、企业也开始选择在猪八戒网发布众包服务。中央电视台、中华文化促进会、微软、惠普、阿里巴巴、金山、谭木匠等知名企业和机构都曾在猪八戒网征集过设计作品，《狼图腾》《叶问2》等影视海报也是通过猪八戒网完成的。在2015年6月，猪八戒网获得26亿元巨额投资后，为了让用户赚到更多的钱、体验更好的服务，大胆推出“零佣金”政策。此政策一出受到猪八戒网威客的高度支持和好评。

猪八戒网始终围绕为中小微企业服务的战略，深耕十年，终于实现了“大数据海洋＋钻井平台”商业模式的转型，成功挖掘出围绕企业服务的八戒知识产权、八戒印刷和八戒财税，实现为企业提供全生命周期的服务。猪八戒网除了是服务交易的平台，同时还兼具了工作平台、教育平台以及金融平台的价值，使得猪八戒网成长为一个天然的企业孵化器。基于此，猪八戒网运用自身平台的海量数据、创意智库、企业客户以及供应链的成熟资源，迎着“大众创业、万众创新”的东风，提出百城双创战略，打造“八戒城市”项目，从线上走向线下，从重庆走向全国，为创业者服务，为中小微企业服务。

业内人士普遍认为，接下来，猪八戒网将在国内创意、设计、知识产权、财税、众包等领域的信息化建设方面发挥出更加重要的平台作用。2016年，“八戒城市”将与120座城市进行洽谈，挑选35座城市进行落地，同时还将落地线下实体园区，成为线上线下相结合的超级孵化器，全方位服务地方企业创业者。

线上交易的便捷性及多选择性是吸引客户选择网上交易的关键。比如淘宝就是一个成功的在线商品交易的典型，它早已成为千万级的大平台；

我们可以想象，众包服务交易也将出现一个千万级的大平台。猪八戒网赶上了好时候，现在正是大众创新、万众创业掀起浪潮时，猪八戒网将成为千万人才智慧创业的乐园。

（资料来源：《众包模式再显“威力”，猪八戒网的机会来了》，http://mt.sohu.com/20150706/n416249699.shtml。）

第五章　连锁经营：商业基因的复制与扩张

连锁经营以多业态、多行业、多空间姿态在世界范围内迅速发展并取得了普遍成功。作为一种广为流行、较为成功的商业模式，连锁经营凭借其规模经济、风险分担、快速复制等优势，被誉为“商业界的又一次革命性的创新”[①]。在市场经济发达的国家，连锁经营的销售额比例在零售、餐饮、服务等行业中已超30％。连锁经营是一种有效降低不确定性的组织设计，通过降低交易费用从而实现了对市场调节机制的替代，从产权角度刺激了各行为主体的积极性，解决了流通领域追求规模经济的特殊性问题。[②]因此，从经济学角度而言，与非连锁经营的企业相比，连锁经营的规模效益与竞争优势更为突出。

第一节　理论基点：规模经济的解放

一、规模经济及其理论

（一）规模经济理论的产生与发展

作为规模经济理论的创始人，亚当·斯密在《国民财富的性质和原因的研究》中指出：“劳动生产上最大的增进，以及运用劳动时所表现的更大的熟练、技巧和判断力，似乎都是分工的结果。”[③] 亚当·斯密的观点充分肯定了分工在技术进步与经济发展中的重要作用，同时，由于分工建立

---

① 徐月、田建春：《连锁经营理论研究综述》，《合作经济与科技》，2010（8），92—94页。

② 郑文全：《连锁经营的竞争力：经济学的分析》，《财经问题研究》，2002（8），75—78页。

③ ［英］亚当·斯密著，郭大力、王亚南译：《国民财富的性质和原因的研究》上卷，5页，北京，商务印书馆，1972。

在一定规模的批量生产基础之上，所以这一观点成为对规模经济的一种古典解释。然而，学界普遍认为，真正意义上的规模经济理论起源于美国，以艾尔弗雷德·马歇尔为代表的一批经济学家揭示了大批量生产的规模性经济，不断充实和发展了规模经济的相关理论。

马歇尔在《经济学原理》一书中提出，工业上的专业化分工是对购销、技术、管理工作的进一步划分，清楚地体现了大规模生产的利益。同时，马歇尔论述了规模经济形成的两种途径，即依赖于个别企业对资源的充分有效利用、组织和经营效率的提高而形成的“内部规模经济”和依赖于多个企业之间因合理的分工与联合、合理的地区布局等所形成的“外部规模经济”。通过进一步研究，马歇尔还指出了规模经济报酬随生产规模扩大、从递增到不变再到递减的变化规律。此外，马歇尔在研究中发现“大规模”带来了对市场价格机制有破坏作用的垄断问题，证实了规模经济与竞争之间存在矛盾关系。这一被后人称为“马歇尔冲突”的论断充分说明企业扩大规模不能没有节制，否则其所建立的垄断组织将导致市场失去完全竞争的活力。①

随着经济学界对规模经济研究的深入，传统规模经济理论得到进一步补充，如：英国经济学家罗宾逊和美国经济学家张伯伦基于“马歇尔冲突”提出了垄断竞争的理论主张；保罗·A. 萨缪尔森认为，大规模生产的经济性是企业组织生产的最强有力的因素；哈维·莱本斯坦提出了效率理论，认为大企业病是企业发展规模经济的内在制约；美国学者科斯、钱德勒等人有关交易成本理论的研究，成为现代企业规模经济理论的重要发展。

（二）连锁经营对规模经济的解放

规模经济是指生产或经销单一产品的单一经营单位因规模扩大而降低生产或经销的单位成本的经济。② 规模经济是描述企业在生产过程中平均成本下降特征的一个指标。根据产业经济学原理，大规模生产将把固定成本分摊到众多单位产品上；企业的平均成本随产出的增加而下降时，规模经济便会推动平均成本趋向于边际成本。随着企业生产经营规模的扩大，企业净收益呈现增加的趋势，这就是规模效益。在市场经济条件下，企业经济行为的目的是实现利润最大化。因此，对任何企业来说，追求规模经济是一种与生俱来的内在驱动，而这一内在驱动的根本目的在于实现企业

① 张日波：《重读“马歇尔冲突”——经济思想史视角的梳理》，《浙江社会科学》，2013（2），24—31页。

② 戴骥、葛琼：《规模经济问题的文献综述》，《经济师》，2009（1），52—53页。

的规模效益。

根据马歇尔的规模经济理论，受到边际报酬递减规律的影响，企业对规模效益的追求大致要经历收益的递增、不变和递减三个阶段。在最后的收益递减阶段，随着企业规模的扩大，总收益增加的倍数小于生产成本增加的倍数。为了有效避免递减阶段的收益缩水，在企业的生产规模扩大到第二阶段——收益不变时，如果市场的需求量继续增加，生产企业往往通过建立分厂的途径来扩大产量。[①] 而在现实中，商业经营要想获取规模效益，通常采取两条途径：(1) 单体卖场规模的扩大（如传统的大型商场），但其规模受到人口、交通等条件和自身服务水平的制约；(2) 群体经营规模的扩大，即通过广泛布点、组合经营、分散销售等实现规模经营的现代经营方式，连锁经营是其中的典型形式。[②]

在现代工业化大生产条件下，产品生产呈现批量化、同质化趋势；然而，随着城乡居民可支配收入不断增多，消费需求却呈现出明显的个性化、分散化趋势。传统的单体卖场经营模式制约了企业进一步规模化发展，其与消费分散性之间产生了难以调和的矛盾。因此，消费需求分散对企业的销售活动和经营策略提出了新的挑战，企业必须以新的商业模式来解决规模经济与消费需求分散化的矛盾。通过扩大群体规模进行广布点、多组合、分散式的连锁经营模式，充分适应了消费需求的分散化和多样化，解决了规模经济与消费需求分散化之间的矛盾。与此同时，从企业组织创新的角度来看，作为一个庞大的营销系统，连锁模式并没有打破大企业、大集团公司的性质，而是通过组织创新，实现“总部集中管理、连锁店分散销售”的经营体系，采取统一的形式将分散经营的小规模商业组织进行联合重组，更好地实现了分散与集中的有机组合。[③]

连锁经营模式将现代化工业大生产的组织原则应用于商品流通领域，提高了企业内部组织的协调运作能力，节约了企业的生产成本，大大加快了商品周转率，大幅提升了企业的销售量，给流通组织带来了巨大的规模效益，解放了流通领域内的规模经济。连锁模式对规模经济的解放，突出体现在产销一体化和批零一体化的环节，将企业与外部协作的关系转化为企业内部协作的关系，将外部市场交易“内化”为大企业或企业集团的组织结构关系。这实际上是企业与市场两种调节方式在流通领域的互补。

---

① 郑文全：《连锁经营的竞争力：经济学的分析》，《财经问题研究》，2002（8），75—78页。

② 眭蔚：《连锁经营优势的经济学理论分析》，《商场现代化》，2007（7），194—196页。

③ 眭蔚：《连锁经营优势的经济学理论分析》，《商场现代化》，2007（7），194—196页。

二、连锁经营模式相关理论[①]

作为市场经济条件下被普遍采用的商业模式之一，连锁经营是规模经济原理在流通领域中的创新尝试和成功应用。此外，连锁的巨大竞争力优势还表现在其实现了企业对市场作用的替代，降低了信息与决策的不确定性，并从专业化角度对分工进行了更为标准化的设计，有效利用了产权理论进行组织激励设计。

（一）交易费用理论的大胆实践

美国经济学家科斯最早提出交易费用理论。他认为，市场机制和企业组织机制可以相互替代，两者都有成本。当市场完成的交易行为比由企业进行的交易行为所耗费的成本低时，这种交易行为将由市场调节；当企业成功实现成本压缩后，成本较低的企业内交易将会代替成本较高的市场交易，这种行为也会内化到企业内部。因此，节约交易费用也成为企业与市场机制互相替代的根本原因。[②]

从经营特点上概括，连锁模式将采购与销售两个环节的职能进行了分割，采取总部集中进货配送、分店专职零售分销的方式，有机统一了企业内部的采购、批发、配送、零售等流通体系中的各环节，从而降低了企业的交易费用，将外部市场交易内部化。连锁模式的运营，在一定程度上说明了企业最佳规模并非单纯的扩大，而在于市场交易成本与企业组织成本的均衡点上。

（二）信息经济理论的实际运用

根据信息经济学理论，人们在经济生活中总是基于一定量的信息做出决策；掌握的信息越多，做出的决策就越准确，在所涉及的经济活动中会取得越大的效益。这种状态就是人们通常所说的“充分信息导致最优决策”。但作为生产要素的信息并不是免费的，具有稀缺与不充分的特点，这就决定了搜寻信息会产生成本，而成本会迫使消费者在信息不对称的情况下做决策。为了避免不对称带来的不确定性，尽量保证决策的相对准确，决策者便会为搜集信息买单。

在工业化大生产背景下，企业根据对市场购买力的主观判断来进行的

---

① 本小节主要参考李刚：《商业连锁经营理论的经济学分析》，《山东商业职业技术学院学报》，2002（3）；眭蔚：《连锁经营优势的经济学理论分析》，《商场现代化》，2007（7），194—196页。

② 李厚廷：《企业替代市场的制度意蕴》，《社会科学战线》，2004（4），78—82页。

生产行为是一种预测性的行为，潜藏诸多不确定性，从而对流通系统产生过分依赖。而采取连锁模式的企业，在企业与消费者间搭建了桥梁：各个连锁分店直接接触消费人群，获取消费需求的前沿信息，经由企业信息管理系统将这些分散在各地的需求信息及时反馈给总部，总部则根据这些数据进行供销对接和订货分配，缩短了流通与销售领域的信息搜集与传递时间，强化了市场经济条件下生产的可预见性与计划性。连锁模式在对消费需求的把握和对运作程序的控制中，通过信息收集使得预测性生产朝着订购性生产转变，将整个流通过程简化为一种可控制的技术密集活动，从而有效降低预测性生产和内部经营活动的不确定性。

彼得·德鲁克曾断言："在发达的市场经济中，经济权利正迅速从制造商向经销商和零售商转移。这种权力是信息带来的。"① 在连锁模式的企业中，分店与总部的直接联系以及 EOS（电子订货系统）、POS（销售点系统）等现代技术的应用，让信息传输简单快捷并且精准迅速，为总部决策提供了充足的信息量，实现了"高效率消费者反应"（ECR，Efficient Consumer Response），使得连锁企业掌握了经营主动权。

（三）专业分工理论的标准化体现

亚当·斯密认为，劳动生产率的提高实现了国民财富的积累，而劳动生产率的提高正是分工不断专业化的结果：首先，专业分工将劳动者个人精力集中于某种或某几种规范操作上，提高了劳动技巧的熟练程度；其次，专业分工将劳动者固定于某一岗位，节约了因频繁变换工作和重新学习技能而浪费的时间；最后，专业分工让企业的生产流程由繁变简，更有利于机器化大生产对手工作坊式生产的替代。

在连锁经营模式中，企业根据其组织结构、管理战略和所涉及的经营活动，制定了一套详细、明确和多层次的内部专业分工标准。一般来说，总部、门店和配送中心构成了连锁企业的三大组织机构，每个组织机构内部再进一步细化职能。作为企业管理核心的总部，担负着为整个企业组织的发展进行决策与监督的职能，其内部还应该细化为财务监管、供销指导、网点开拓、市场调研、商品开发、推广宣传、人事培训及物业管理等基本职能；各门店是连锁企业伸入市场的基层组织，在总部的规范管理下承担日常销售业务；配送中心是连锁企业的物流中枢，以商品采集、库存

---

① 转引自眭蔚：《连锁经营优势的经济学理论分析》，《商场现代化》，2007（7），194—196 页。

保管、物流配送、包装加工等职能为主。此外，还有岗位分工的专业化，这是更为深化的分工，协调岗位合作、量化劳动成绩，以实现人力资源要素的最佳配置。

通过标准化的职能分配与管理运行，连锁企业可以维持预期的经营活动，并构建反复操作的控制流程，有利于企业在经营的某一环节中形成超过竞争对手的运作能力和经营特色，从而发挥专业分工的竞争优势，保证企业经营与管理的一致性与持续性。

（四）产权理论的正向激励设计

在《经济史中的结构与变迁》一书中，美国经济学家诺斯提出，有效率的生产组织需要在制度上做出安排和确立产权，以便对人的经济活动造成一种激励效应，根据对交易费用大小的权衡使私人收益接近社会收益。基于产权对经营行为主体的正向激励，连锁模式让企业成为一种高效运行的组织形式。

连锁经营模式有正规连锁、特许连锁和自由连锁三种。通过不同的产权制度安排，基于差异化的监督成本，这三种形式控制企业的方式截然不同，产生的激励也有所不同。正规连锁产权归属同一所有者，集中度高；特许连锁由被特许人自己控制和所有，自主权和剩余索取权较为充分；自由连锁是各加盟店为独立法人的产权形式，互助互利关系让各分店拥有较高的内部效率。这三种产权安排形式，从不同的方面发挥了各自的优势。不同规模的企业可以根据市场需求和自身优势选择一种或几种的组合，实现连锁经营。产权设计上的灵活性，保证了连锁企业能够不受地域空间的约束，最大限度地激活了企业内部的发展活力，在流通领域实现了规模经济的扩张与解放。[①]

第二节　连锁经营模式的竞争优势

一、连锁经营商业模式概述

（一）连锁经营的发展历程与概念界定

连锁经营最早产生于19世纪末的美国，20世纪60年代以来在发达的

① 郑文全：《连锁经营的竞争力：经济学的分析》，《财经问题研究》，2002（8），75—78页。

资本主义国家得到广泛发展。随着网络信息技术、应用电子技术的快速发展，连锁经营模式的发展也进入空前繁荣阶段。根据时间划分，连锁经营模式的发展大致分为三个阶段（参见表 5-2-1）：

表 5-2-1　连锁经营模式的发展阶段

时间范围	发展阶段	标志性事件
19 世纪末至 20 世纪初	萌芽崛起期	世界上第一家直营连锁经营商店诞生，并不断发展壮大，引来英、法、日等国众多企业的关注与模仿
20 世纪 60 年代至 70 年代	高速成长期	以“胜家”为代表的生产企业采用特许经营形式对产品进行销售，取得了巨大成功并推动特许经营的广泛发展
20 世纪 80 年代至今	稳定发展期	在美国出现了第一家自愿连锁组织，统一管理、联合采购、统一分销、相对独立的模式成为众多中小企业与大型连锁企业竞争的手段

尽管连锁经营发展历程久远，但经济学与管理学对于连锁经营的概念却一直没有统一的界定。目前，学术界较为通行的概念主要有三个：

1. 国际特许经营协会（International Franchise Association，IFA）给出的定义：连锁是总公司与加盟店二者之间的持续契约关系。契约总公司必须提供一项独特的商业特权，并加上人员训练、组织结构、经营管理以及商品供销的协助；而加盟店也需付出相应的报酬。IFA 的一位前理事曾对这一定义做了一个补充，他指出连锁加盟是一种经济简便的经商之道，经由一种商品服务以及行销方法，以最小的投资风险和最大的机会获取成功，但是相应地必须放弃若干的自由与选择如商业决策等。①

2. 我国原国内贸易部 1997 年制定公布的《连锁店经营管理规范意见》中的定义：连锁店是指经营同类商品、使用同一商号的若干门店，在同一总部的管理下，采取统一采购或授予特许权等方式，实现规模效益的经营组织形式。②

3. 我国原国家内贸局 2000 年发布的国家行业标准（SB/T10333—2000）《连锁超级市场、便利店管理通用要求术语规范》中的定义：连锁经营是指企业经营若干同行业或同业态的店铺，以同一商号、统一管理或授予特许经营权方式组织起来，共享规模效益的一种经营组织形式。③

从上述概念界定上来看，国际特许经营协会侧重从总部与加盟店之间

① 郭冬乐：《关于发展连锁经营的几个问题》，《当代经济科学》，1995（5），21—27 页。

② 李涛：《我国连锁经营的现状和对策》，《商业研究》，2002（3），101—103 页。

③ 刘志远：《发达国家连锁经营的发展趋势及其启示》，《财经研究》，1997（5），36—40 页。

的关系来阐释，而国内行业标准给出的定义则侧重于从工商管理的执法角度给连锁店做出界定。尽管侧重点不同，但对连锁经营的理解存在普遍的共识：（1）连锁经营由若干企业或网点构成，组织形式外化为连锁店；（2）连锁经营是形象标识、商品服务、经营管理与核心价值四个方面的高度统一。

有学者尝试将连锁经营界定为一种商业组织形式和经营制度，具体是指“经营同类商品或服务的若干个企业，以一定的形式组成一个联合体，在整体规划下进行专业化分工，并在分工基础上实施集中化管理，把独立的经营活动组合成整体的规模经营，从而实现规模效益”①。

（二）连锁经营模式的本质特征

连锁经营模式整合协调分散在各地的单体店铺组织，并对所有连锁店采取统一的经营管理，实现经营上的高度统一。因此，连锁经营模式的本质特征在于，企业的商业基因可以借助连锁的形式持续复制，从而对分店和总部分别进行不同程度的规模扩张。为了快速复制商业基因形成规模经济优势，企业需要形成一套如同流水线作业的管理标准，对企业内部组织进行流程化提炼。这种流程化的统一标准主要体现在三个方面：识别系统、经营管理与规模复制。

1. 企业识别系统的内外统一。企业识别系统包括理念识别、行为识别和视觉识别三部分，共同服务于企业核心价值体系。在连锁经营模式中，经营理念、精神文化和价值观念高度统一是企业识别系统建设的方向和企业经营的最终目标。诸如商标、招牌、颜色、装饰、吉祥物、工装、展陈设计等形象标识的统一从外部直接体现企业的核心价值体系。内在核心理念与外在表现形式的统一，有利于连锁经营企业的品牌推广和对外宣传，有利于在消费者群体中建立标准化、规范化、特色化和品牌化经营的信任机制，也有利于企业内部的规范管理与文化建设。

2. 企业经营管理的协调一致。连锁经营是一个庞大的系统工程，内部组织机构要协调一致。总部在经营范围、商品质量、服务规范、商品定价、管理方式、激励体制等方面制定统一的标准；各分店在提供同种类商品的基础上具体执行销售任务，创造商品组合的最佳形式；配送中心负责采购和销售的物流配送和库存检验等工作。整个企业组织实行统一采购、定期盘点、集中配送、检验监督等制度，并对员工的服务规程、岗位培

① 赵尔烈：《连锁经营的定义、分类和基本特征》，《财贸研究》，1996（2），3—8页。

训、晋升体制进行规范化管理，为消费者提供最佳的服务体验。此外，为了保证企业经营战略的高度一致，连锁经营企业会采取专业化、集中化管理，制定统一的运营守则，给各分店具体执行，确保各项管理标准的精准落实。

3. 企业规模复制的可持续性。作为世界范围内较为流行和成功的商业模式，连锁经营既是对营销模式的创新，也是对企业管理模式的探索，构成了一个庞大的企业内部管理系统。在统一的识别系统与管理模式下，连锁经营模式保持持久生命力的最本质特征在于其通过不断复制，实现商业基因的无限扩展和持续弥散。这充分显示了该模式的竞争优势。然而，每个连锁企业的优势所在并不相同，或是自有品牌优势，或是产品或服务技术优势，或是渠道通路的优势，或是强大的物流配送优势，或者是自上而下的培训流程优势。从这个角度来分析，连锁经营模式带给企业的竞争能力和发展路径也是存在一定差异性的。

二、连锁经营模式的竞争优势

梳理目前连锁经营模式在不同行业的实践和相关研究成果后，可以发现，脱胎于近代工业化管理思路的连锁经营模式，以大工业的管理思路与运营模式，对现代商业组织内部各环节进行流程化设计和标准化规范，其在任何企业组织中皆可得到应用，但在管理细节、信息技术等方面表现出个别差异。因而，连锁经营是一个生命力强且系统化的商业模式，竞争优势明显，在当下也仍然被很多企业沿用并不断深化发展。

（一）品牌成长优势

对于企业来说，品牌是其产品战略的主要课题，是企业竞争力的直接表现，其影响力和推动力支撑着企业的规模扩张与发展。消费者对于品牌的认可度和忠诚度，间接决定了企业的实际收益和市场份额。在日常生活中，消费者耳熟能详的连锁企业，往往与其品牌知名度挂钩，传递品牌价值与产品或服务理念。诸如星巴克、必胜客、沃尔玛、家乐福、华润万家、谭木匠、万达影城、迪士尼乐园、华侨城等知名连锁品牌，这些品牌的成功都是通过连锁经营，并不断融合新的商业模式来实现的。因此，连锁经营在零售、餐饮、娱乐、演艺等诸多领域的存在，已经是现代人习以为常的商业模式和生活方式。

在一定程度上，连锁经营的最大优势就是品牌。第一，连锁经营有利于企业采取品牌发展战略，形成覆盖面更大的销售体系，促使企业增加整体获利的机会，以规模效应激发企业开展品牌战略的强烈动机。第二，连锁经营有助于企业建设品牌形象工程。分店的VI（视觉识别）和SI（店铺识别）构成的视觉识别体系，以及消费者的口碑传播，让不同市场区域的消费者反复接受视觉冲击和广告造势的影响，以事件营销达到宣传推广品牌形象的目的。第三，连锁经营有利于提高消费者的品牌忠诚度，在外部信息不对称的消费环境下潜移默化地干预消费者的消费选择偏好和消费依赖心理，以跨地域的终端消费模式拓展消费渠道和培育消费习惯。第四，连锁经营有利于形成高品位的品牌文化，为企业搭建包括属性、利益、价值、文化、个性和使用者六大元素在内的特色符号标识系统，起到传播企业文化和凸显品牌魅力的作用。

（二）成本控制优势

连锁经营促使小规模的单体企业组织形成规模庞大的企业集团，从内部与外部规模经济两个层面降低了企业的经营成本。在内部规模经济上，连锁经营通过专用资产使用率的提高和管理费用的均摊等途径，让企业节约了原本用于运输、存储环节的大量成本，实现单位产品成本下降；在外部规模经济上，连锁经营采取集中采购获取低折扣，强化了价格谈判的能力，让企业节省了原本用于采购原材料和产品上的巨大成本。具体优势表现在以下两个方面：第一，连锁经营扁平化发展的商品渠道，直接进货、联购批发等形式，不仅减少了各级代理、批发等供应商的交易环节，还形成了相对稳定的供应销售渠道，从而降低了采购产品和扩展渠道的成本；第二，连锁经营对物流、运输、信息、管理等系统的科技创新与应用，以及产地直供、专营配送等形式，构建了外部专业分工明确的产业生态系统，大大降低了流通费用。

（三）规模扩张优势

连锁经营基于商业基因的复制来实现扩张，当这个复制的体系积累到某个阶段，企业的人力、资金、管理架构和经验积累等标准化体系趋于健全，扩张的实现便只是时间问题。连锁经营的扩张优势具体表现为：第一，连锁经营有利于开拓域外市场。连锁是一种知识资产的授权、一种经营理念的传播，加盟者的范围不局限于国内，没有贸易保护、关税壁垒、政府批准等投资障碍，更有利于国际市场的拓展。第二，连锁经营有利于扩张销售网络。连锁有三种产权类型，其中，直营连锁在分店设立中只需要前期投入一定比例的资金，就能够以已经成熟的品牌形象、管理模式、信息技术和人才优势等快速实现复制，达到销售网络扩张的目的；特许经营在这一方面的优势更突出，在不占用任何投资的情况下，便可以迅速复制扩张，真正实现了低成本、低风险和高效率的扩张目的。

（四）管理高效优势

与单体经营组织相比，连锁经营注重“标准化、简单化、专业化”的发展，强调以现代化的流程与机制对企业进行体系化与信息化的管理。从管理的职能来讲，连锁企业在执行管理标准、实施管理规范中的反应与能力要比非连锁企业更具有优势，运转速度快，人为干预少，效率更高。此外，在企业内部组织结构中，连锁经营注重员工培训，其培训内容和框架更细化、更成体系、更具执行力。这些都是非连锁企业所不能比拟的优势。具体而言，第一，连锁经营分工更为专业化，管理体系更加健全。具体包括管理流程的专业化、采购体系的专业化、物流配送的专业化、信息系统的专业化和销售业务的专业化五个方面。第二，连锁经营依靠完善的培训体系支撑品牌建设和规模扩张。每个连锁企业都会根据企业核心价值理念构建一套行之有效的培训体系，包括业务内容上的服务礼仪、商品陈设、卫生管理、库存检验、督导结算、营销技巧等，员工晋升体系中的岗前培训、交叉培训、进阶培训、晋升培训、高端外训等，时间分配上的周训、月度培训、季度培训、年度培训等。当员工进阶到管理层之后，将面临更复杂的、更多课程的全方面系统培训，实现人才的复制，为企业发展提供强大的智力保障。

第三节　连锁经营模式的产权形式

一、三大连锁类型及其异同点

根据连锁企业经营权和所有权的集中程度不同，连锁经营可以分为直营连锁、自愿连锁、特许连锁三种类型。三者之间存在一些共同点，主要是：在组织结构上均由总部和多个分店构成，运用现代化工业大生产原理，实现商业经营活动的标准化、专业化和集中化，在总部与分店之间建立专业化分工与合作关系，采取总部统一管理与分店分散经营相结合的管理方式，各分店的经营内容由总部统一管理调配并经营同类商品或服务。当然，直营连锁、特许连锁和自愿连锁这三种形式也存在一定差异，详见表 5-3-1。

表 5-3-1 直营连锁、特许连锁与自愿连锁的差异

类型 差别	直营连锁	特许经营	自愿连锁
所有权和经营权结合程度	总部拥有连锁分店的资产所有权和经营权，分店利润按总部要求上缴，分店经理为公司雇员	受许人资产独立于特许人，特许人根据特许经营合同对受许人提供培训、指导和监督	连锁分店资产所有权、经营权均归连锁分店自己所有，经营中仅受总部的指导与服务
法律关系	公司内部管理的隶属关系	以知识产权转让为核心、规定了双方基本权利与义务的契约关系	互利的合作关系
分店地位	不是独立的企业	独立企业法人	同特许经营，自主性强
运作方式	完全的统一运作	以知识产权的有偿转让为纽带的商业联盟	商业合作

尽管存在一些差异，但在现实中，某些特许经营企业根据事业发展需求，会在一个经营体系中采取特许与直营混合的模式。这是因为：第一，根据企业发展进程来看，直营连锁是最先发展的形式，利于企业品牌形象的构建和知识产权价值的积累；随着经营管理经验的不断充实、管理模式和理念的成熟，采取特许经营模式将不占用企业内部资本，以知识产权价值招徕加盟者，从而实现规模扩张。第二，特许经营这一产权形式的建立与发展，也需要授权企业保留一部分称为"旗舰店"的直营店来专门指导加盟店经营，期间也会出现加盟店转为直营店的情况。因此，一个连锁企业中三种产权形式完全可以同时存在，要视企业发展的具体战略规划和经济实力来选择。

二、直营连锁与自愿连锁

（一）直营连锁

直营连锁，又被称为正规连锁，是对同属于某个品牌的多个店铺实行高度统一的经营，总部对各店铺拥有全部所有权和经营权，包括人、财、物及商流、物流、信息流等方面的统一管理。[①] 1997 年，我国原国内贸易部制定公布的《连锁店经营管理规范意见》中将连锁店称为直营连锁，美

① 眭蔚：《连锁经营优势的经济学理论分析》，《商场现代化》，2007（7），194—196 页。

国则多以联号商店、公司连锁称呼。在欧美国家，一般要求直营连锁的分店数目须在11个以上，而我国则规定为10个以上。

一般来说，直营连锁是通过大资本吞并或兼并、独资或控股的形式来进行规模扩张的。因此，雄厚的资本实力和大规模的采购销售模式，让直营企业有很强的竞争实力，并且具有一定的行业垄断性质。直营连锁的主要特点在于所有权和经营权属于总部统一资本所有，这也是其与其他两种形式相区别的重要特征。因此，连锁经营模式建立之初，多数企业都采用直营连锁的形式发展，直到规模扩大才会转向加盟的形式。

（二）自愿连锁

自愿连锁，也有国家称为自由连锁、志同连锁、任意连锁等。不同国家对自愿连锁的界定有很大不同，如美国商务部将其界定为："由批发企业组织的独立零售集团，即所谓以批发企业为主导型的任意连锁经营集团，成员零售店经营的商品全部或大部分从该批发企业进货。作为对等条件，该批发企业必须向零售企业提供规定的服务。"① 日本通产省则给出这样的描述："分散在各地的众多的零售商，既维持各自的独立性，又缔结着永久性的连锁关系，使商品进货及其他事业共同化，以达到共享规模利益的目的。"② 我国的《连锁店经营管理规范意见》（1997年版）中对自愿连锁的解释是："自由连锁公司的门店均为独立法人，各自的资产所有权关系不变，在总部指导下共同经营。"③ 自愿连锁分为两种类型：(1) 由众多的加盟店出资设立总部，以零售为主导的自由连锁经营模式；(2) 批发商为总部吸收中小零售店加盟，以批发为主导并向各加盟店提供有偿服务的自由连锁集团。

自愿连锁的最大特点是在各加盟分店单个资本所有权保留的基础上的联合商业形式，总部与加盟店之间是一种协商与服务的关系，采用集中采购和配送、统一使用信息及广告宣传、统一制定营销战略的形式。各加盟店除了拥有独立核算的财务权、自主人事权之外，在经营品种、经营形式和经营策略上也有很大的自主选择权；但在利润分配方面，加盟店自负盈亏，并要按照合同约定，将一定比例的销售利润上交给总部作为加盟费和指导费，然后总部根据利润分成返还给各个加盟店。

---

① 周颖：《美国批发企业主导型自由连锁于我国之启示》，《江苏商论》，2008 (1)，30—31页。

② 赵尔烈：《连锁经营的定义、分类和基本特征》，《财贸研究》，1996 (2)，3—8页。

③ 李荣庆：《国内自愿连锁研究综述》，《企业研究》，2010 (8)，9—10页。

三、特许连锁

特许连锁模式发端于美国，经过一个多世纪的发展，在国外已经比较成熟和完善，成为世界上零售业、饮食业、服务业广泛采用的经营组织形式。随着知识经济的到来和知识产权保护意识的不断增强，以知识产权的转让为核心的特许经营受到更多关注与青睐，特别是在以文化资本为纽带的文化产业领域。

（一）特许连锁经营的概念与特点

特许连锁经营也叫特许加盟。国际特许经营协会（IFA）给出的定义如下：特许经营是特许人和被特许人之间的契约关系；特许人对被特许人经营的领域进行经营诀窍培训，特许人有义务提供或保持持续的支持；被特许人的经营是在由特许人所有和控制下的一个共同品牌、经营模式和过程之下进行的，并且被特许人从自己的资源中对其业务进行投资。[①] 我国制定的《商业特许经营管理办法（试行）》中对特许连锁经营的定义是：特许人将自己所拥有的商标（包括服务商标）、商号、产品、专利和专有技术、经营模式等以特许经营合同的形式授予被特许人使用，被特许人按合同规定，在特许人统一的业务模式下从事经营活动，并向特许人支付相应的费用。[②]

与其他连锁模式相比，特许连锁有四个基本特点：第一，在品牌、商标、服务、理念、专利、战略和经营模式等方面，特许人拥有所有权；第二，被特许人通过合同或契约的形式由特许人授权使用上述权利；第三，特许连锁合同中明确规定了双方的法律关系，并以控制条款指导被特许人的经营活动；第四，根据合同约定，被特许人要向特许人支付知识产权使用费及其他规定的费用。可见，特许连锁的所有权归各加盟店独立拥有，经营权高度集中于总部，总部与分店之间不存在委托—代理关系，实现了两权分离，拥有更加突出的产权制度优势。

（二）特许连锁经营的主要类型

依据不同的划分标准，特许连锁模式也有不同的发展类型。

根据不同的特许经营标的物，特许经营可以分为商品商标型和经营模

---

① 高昆：《浅谈特许经营优势及在我国的应用与发展》，《社会科学动态》，2000（12），81—83页。

② 任雪青：《特许经营基本法律问题探析》，《法学论坛》，2002（4），56—62页。

式型两种类型，参见表 5-3-2。

表 5-3-2 商品商标型和经营模式型特许连锁

类　型	授权内容	主要特征	典型代表
商品商标型特许经营（许可证或执照）	对特许商品或商标进行商业开发的权利	一般包括两种类型：一是制造商授予零售商特许经营权；二是制造商授予批发商特许经营权	胜家
经营模式型特许经营	整个商业模式的经营权	特许人提供培训、指导、监督和支持，受许人支付特许权使用的相关费用	肯德基

根据特许权的授予方式不同，特许经营还可以分为六大类，见表 5-3-3：

表 5-3-3 特许经营分类

基本类型	主要内容
单体特许经营	特许人直接与单个受许人签订合约，允许其在特定地点经营一个特许经营连锁分店
多单元特许经营	特许人授予单个受许人开设多个连锁分店的权利
代理特许经营	特许人授权特许经营代理商为特许人招募加盟商
分级特许经营	被授权加盟店在指定地区转让特许权、开展特许经营
区域开发特许经营	地区开发商被授权在规定区域、规定时间内开设规定数量的特许经营连锁分店
组合特许经营	在同一连锁分店中，把多种特许经营业务组合在一起

（三）文化产业领域的特许连锁模式

1. 文化特许

文化特许是指某一电影或电视节目、音乐节目取得成功后，可以授权其他企业开发反映该节目中的人物形象或特定道具的相关产品。① 简言之，文化特许模式是以文字、音乐、图像等文化产品为对象进行商业化连锁经营的形式。一些大型文体会展活动也可以发展特许经营模式，比如奥运会、世界杯、环湖赛等。与传统特许连锁相比，文化特许经营的载体主要是文化节目或文化体育活动；其经营模式是被授权人可以自己选择开发的产品与采取的宣传推广方式，自主性较强。

文化特许逐渐成为现代市场经济中文化产业发展的新的增长点。一些

① 姜达洋：《文化特许：一种新型的特许经营方式》，《连锁与特许：管理工程师》，2008（2），76—77 页。

文化企业积极发展文化特许，收取特许经营费，实现了规模效益最大化；同时，文化特许让更多的被授权人借力发力，有效利用文化品牌的强大市场竞争力和影响力来扩大自身的竞争优势，实现双赢发展。

2. 艺术授权

艺术授权又称艺术作品许可，是指：授权者将自己所拥有或代理的作品或艺术品等以合同的形式授予被授权者使用；被授权者按合同规定从事经营活动（通常是生产、销售某种产品或者提供某种服务），并向授权者支付相应的费用——权利金；同时授权者给予创作等方面的指导与协助。[①] 艺术授权主要从艺术品的形象与其他产品的结合的角度切入实现产品授权，包括物质授权和数字授权两种方式。[②] 通过新介质与新技术手段的应用，从艺术品到相关衍生品的二次开发使得艺术品产业发展具有了更多的可能性。

艺术授权将特许经营模式与艺术品产业的独特性相结合，以文化消费反作用于文化遗产保护与开发工作，放大了知识产权在艺术品消费市场的法律保障功能，延伸了艺术家、授权商、制造商、销售商等艺术产业链条，最大限度地发挥了文化艺术品的内容价值，让艺术品市场呈现出多次重复消费的鲜明特征。

3. 民俗文化特许连锁

民俗文化是人类生产生活中创造出来的文化形式，具有传承性、地方性和知识性等特点。民俗文化资源中可以用于产业化开发的部分，是我国区域特色文化产业发展的重点文化资源之一。然而，由于具有明显的区域分布、消费分散的特点，民俗文化产业化存在商业化程度低、流通渠道单一、缺乏现代营销手段支撑等问题，难以形成规模效益和品牌优势。随着现代市场经济的快速发展，民俗文化产业面临资源、市场、人才、科技等方面的困难，发展举步维艰，具体门类业态不断缩水衰退，整个产业链条生态系统破坏严重。

采取板块化和网状化的连锁经营模式，不仅可以克服民俗文化产业在时空分布中传承与分散的矛盾，推进生产与经营的一体化、个性化和本地化模式，提高生产效益和技术水平；也能较好地弥补消费不集中和猎奇化

---

① 苏怡和：《艺术授权产业的政策、法规与模式——基于大陆和台湾的比较研究》，《广告大观（理论版）》，2012（3），97—108页。

② 简燕宽：《艺术授权的消费模式解析：文化产业的启示》，《中国文化报》，2014年4月11日。

的发展短板，实现生产要素的快速整合，缩短运营周期，同时满足社会共性化的文化品位消费需求与个性化的文化消费需求。对民俗文化产业的发展来说，应该创新创意设计理念，强化版权保护意识，在餐饮、旅游和非物质文化遗产项目等产业领域采用文化特许连锁模式，深化民俗文化产业的品牌保护和产品特色，从而实现市场的蓝海开拓。

4. 旅游主题化连锁

旅游主题化连锁并不是一个新的连锁形式，在国外已经有相当成熟的发展模式，如迪士尼乐园、美国国家公园特许经营等我们耳熟能详的形式。国外主题公园连锁经营呈现出以下特点：第一，在情境设计上，主要通过故事或创意的主题化来吸引游客；第二，在投资规模上，投资额巨大避免了同质化竞争，连锁经营数量有限；第三，在运营理念上，资本运作是其重要手段，主要通过收购来实现规模增长、品牌扩张和竞争力增强；第四，在发展业态上，不局限于单一业态，实行连锁业态多样化，扩大品牌效应和规模效益；第五，在经营类型上，直营连锁是最常见的经营类型，这种模式的优点在于能够充分利用资金和人才两大资源要素，对企业内部各成员进行直接领导和统一管理，也有少许品牌采取直营连锁与特许经营的混合模式。

随着主题化连锁模式的不断发展，我国的主题公园连锁模式有了较大的突破，如深圳方特、广州长隆等。有关资料显示，我国目前有各种类型、样式和主旨的主题公园3000多个，形成了以华侨城、宋城集团、华强集团、长隆集团、港中旅集团为主要代表的中国主题公园连锁经营集团。①

与主题化连锁类型近似，在一些非主题公园、地方特色浓郁的景区中，旅游景区购物连锁经营模式也具有很大的发展潜力。该模式基于旅游购物消费需求的可预期性，对产品开发、经营战略、市场需求和品牌设计等环节进行有效监控，推进旅游商品信息、供销、物流等方面的统筹管理，可以间接促进经营规范，提高旅游企业的整体运营水平，实现旅游企业的健康发展。

5. 社区文化连锁超市

社区文化连锁超市是指坐落于城镇居民社区内，面向社区居民，以连

---

① 岳劲松：《中国主题公园连锁经营的五种价值实现方式》，《科技与企业》，2013(6)，8—9页。

锁经营的形式提供形式多样的文化产品和服务的零售卖场。[1] 其以传统文化业态的店面如新华书店为样板，实行多业态、连锁化经营的方式，带动社区文化消费新发展。这一新型连锁形式具有两大优势：第一，有助于加快构建公共文化服务体系，形成多元化的基层公共文化服务平台和文化消费平台；第二，借助龙头企业的品牌优势，推动传统文化企业和项目的创新发展路径。

对采用这一模式的文化企业而言，社区文化连锁超市可以完善企业的网点布局，更好地从点到线到面地拓展市场空间和市场份额；同时，社区文化连锁超市不局限于单一的经营品类，采取品种多元化、业态多样化的经营思路，为文化企业探索一条新的商业模式提供参考依据。此外，连锁超市可以从一定程度上分流部分富裕员工，有效缓解企业面临的人工成本压力等现实问题。在具体经营上，社区文化连锁超市应秉承连锁化、标准化和便捷化的原则，坚持“统一标识、统一服务标准、统一商品标价、统一售后服务”的四个统一，形成商业基因快速复制的商业模式，积极拓展营销网点，推进连锁超市品牌化发展，为当地社区居民提供符合当地文化消费需求的基础服务。

第四节　连锁经营模式的经典案例

案例一　古根海姆博物馆：世界唯一连锁经营的艺术场馆

（一）连锁博物馆的诞生

古根海姆博物馆是现在世界上最著名、最顶尖的艺术博物馆，是所罗门·R. 古根海姆（Solomon R. Guggenheim）基金会旗下所有博物馆的总称，也是世界上唯一的以连锁方式经营的艺术场馆。古根海姆基金会成立于 1937 年，古根海姆博物馆起源于 1959 年设立于美国纽约中央公园旁的美术馆，是世界上最早在博物馆业引入和运用“文化产业”概念并在事业上获得巨大成功的博物馆。其中，最著名的古根海姆博物馆为美国纽约古根海姆博物馆和西班牙毕尔巴鄂古根海姆博物馆。发展到今天，古根海姆已是世界上首屈一指的跨国文化投资集团，这种成功的运作方式被世人称为“古根海姆模式”。

---

① 王红津：《关于建设“社区文化超市”的构想》，《经营管理者》，2013（12），327 页。

（二）古根海姆模式

第一，古根海姆模式不断地在世界各地以连锁性经营建立分馆，将博物馆的触角伸向世界多元化领域。通过商业化的操作，投资艺术品市场，换取高额的回报，将自身的资源与国外展开交流，取得最大的效能。同时，积极与商业、媒体结合，引起全球文艺界的刮目相看。目前除了纽约原馆之外，在美国拉斯维加斯、德国柏林、意大利威尼斯、西班牙毕尔巴鄂等地的分馆都引起世界的瞩目，可以说古根海姆博物馆已经坐上了世界明星博物馆的宝座。同时在立陶宛和中国香港两处也在筹措修建古根海姆博物馆。

第二，从艺术品与市场角度来思考，古根海姆基金会进行连锁式经营直接有利于流通，使得有限的资源获得了利益最大化；而从受益者角度，我们观众就可以增加看到世界顶级艺术品的机会。因此，最显眼的好处就是，博物馆之间拥有了彼此的藏品，降低了展览和研究的成本，可供观众欣赏到的作品成倍增加。古根海姆博物馆的国际品牌、文化经典、成功运作赢得国际财团和金融、运输、媒体巨头的兴趣和参与，甚至形成一些固定的赞助群体，这些群体也在赞助中保持和提高自己的知名度。

（资料来源：董冠芳《现代艺术超级连锁店——古根海姆博物馆》，《湖北经济学院学报（人文社会科学版）》，2009 年第 10 期。）

点评：

古根海姆博物馆站在世界文化的高度提出自己的发展战略，打造国际文化品牌。其经营方式与商场上的连锁店的管理模式相仿，因此被戏谑为麦当劳·古根海姆。但毋庸置疑，正是这样的运营模式为所罗门·R. 古根海姆基金会创造了令世人瞩目的经济效益，同时将古根海姆博物馆引入了海外扩张与合作的发展阶段，也为全球化条件下其他国家的博物馆发展提供了全新的经验和可能性。

案例二　诚品书屋：连锁书店的复合发展

（一）诚品书屋的创新之路

诚品书屋在台湾家喻户晓，秉承“人文、艺术、创意、生活”的初衷，从 1989 年打造台北仁爱路圆环的第一家店开始，成功创立了以文化创意为核心的复合式经营模式。创建之初，诚品将书店作为品牌核心，采用的是直营连锁的方式，保证产权一体化；各成员店以资本为纽带，均由同一个投资主体投资开办分店。随着规模的扩大，经营范围不断拓展，推出画廊、出版、展演活动、艺文空间和课程、文创商品、捷运站、医院、学校等各类型经营品类，并进一步扩充到商场开发经营和专业物流中心建置等方面。如今的诚品建立起持续优化的运营系统，作为一家持续创新的企业，具有更高的市场敏感性、系统协调性、产品前瞻性、研发持续性，其多元化经营方式更突出其协同能力。

（二）诚品书屋的连锁复合经营模式

1. 多元化。多业态集合较明显，采用的模式就是吸引人群、打造氛围、做有意识的文化引流，向多元化的经营模式延伸。做书店本身可能利润率不高，吴清友也经历了十几年的亏损，甚至不惜以副业来维护主业经营和运转；但是它所培养起来的认同其价值观的人群却保留下来，成为忠实消费者，进一步影响了更多的人群，使得诚品进一步向其他业态延伸，成为以书店经营为主导的物质销售和文化贩卖的综合品牌，随着品牌发展，价值链不断延伸。

2. 连锁化。经营的多样化、管理的规范化、服务的标准化不断得以提升。诚品并没有完全相同的两家连锁店，这是他成功的原因之一。文化产业的复制与工业产品的复制不是同一方式，文化产业复制强调文化消费心理的共同性，这是简单的店面装修标准化以及服务流程标准化所不能替代的；它更灵动，会以消费者的心理需求为导向，但是与纯粹的文化消费不一样，它的基本属性始终是一种经济行为，它会去寻找最合适的突破口，寻找经济的增长点。

3. 融合化。追逐更新的市场需求，保持业态的不断创新，业态聚集效应显著。在诚品书屋，以书屋实体店为一个点，借某些品类延伸出新的经营项目和产品，进而发展为一种复合的业态模式。在很多书店面临网上书店、电子书等新流通渠道、新产品冲击纷纷倒闭时——包括全球知名的博德斯书店在内——诚品在某种程度上反而得到了人们的追捧，原因在于诚品并不仅仅是书店，还在为消费者提供一个可供体验却难以复制的氛围，通过各种有指向性的活动比如画展、演奏会、演讲、座谈等增加顾客的黏性。

（资料来源：吴俊英《浅析诚品书屋的连锁复合经营模式》，《绵阳师范学院学报》2015 年第 12 期。）

点评：

诚品已经不再只是一个单纯的书店形象，它成为文化产业的一种标志性产品，成为业界的标杆。在许多新生品牌身上都能发现诚品经营模式的影子，甚至大陆某些品牌被冠以“大陆诚品”的标签。比如方所书店，在它的经营过程中，可以见到诚品经营过程中采用的方式，如跨界销售——在书店中融合了多种形态，包括服装、烹饪、园艺等，满足消费者多样化的需求，同时也引导大家奉行新的生活方式及理念。同时诚品植根于推广阅读、激发创意、深耕文化、提升心灵的理念，不断努力创造出既具本地特色又具国际视野的文化景观。诚品以独特的诚品经验，开创出独具人文创意且具执行绩效的发展策略，带来更为精致、多元且更具国际视野的文化生活，成为华人市场上最具影响力的文创品牌。

案例三　万达电影院线：文娱产业的连锁之路

（一）万达院线的发展历程

万达电影院线股份有限公司是一家自主投资建设及运营管理影院的电影院线公司。万达院线借助国内电影市场蓬勃发展的契机，在较短的时间内迅速打造了“万达院线”“万达电影城”品牌，成为行业龙头并拥有较高的市场声誉。截至2014年6月30日，万达院线在全国80多个城市拥有已开业影院150家，拥有1315块银幕，均采取一流的规划设计，配备领先的放映工艺技术，提供高品质的观影服务。2010年和2012年，万达院线两次获得CINEASIA（亚太电影博览会）颁发的“年度放映商”大奖，该奖项是院线行业在亚洲地区的最高荣誉，万达院线成为该展会历史上第一家两次荣获该项荣誉的院线公司；2012年，荣获由工信部消费品工业司颁发的2012年C-BPS连锁电影院行业第一品牌，并被《综艺》杂志评选为2012年“年度贡献院线”，品牌价值得到广泛认同。

（二）标准化、可复制的连锁布局模式

凭借在院线建设运营方面的经验优势，万达院线专业团队在影院项目投资建设与经营管理各个环节建立了一系列标准，形成了标准化、可复制的投资建设模式。基于公司的连锁经营能力，万达院线得以在业务规模不断扩张的同时，品牌形象和赢利能力也得到同步提升，从而实现公司的可持续发展。

1. 万达院线通过影院经营管理实践确立了以资产联结方式投资建设并运营下属自有影院的经营策略，为加强对下属影院的经营管理，建立统一的运营标准和管控体系。通过建立影片发行决策委员会，每月对院线将引进的下月影片进行评估，包括确定排影策略、引进的商务策略，并投票淘汰低质片源，保证引进影片的质量和决策的客观公正性。科学排片将极大提升院线电影发行、影院电影放映业务赢利能力。

2. 配合连锁经营开发网络、移动终端项目，通过不断的用户体验升级，致力于为用户提供更加便捷、更加优质的服务。万达开发了网站，提供在线购票、积分兑换等会员服务，以及互动分享、综合性支付平台等功能；万达电影手机客户端以及WAP网站同步上线，用户可以随时随地轻松购票。2013年，公司被中国科学院《互联网周刊》和中国社科院信息化研究中心评为“文化产业电子商务建设示范单位”，是全国院线唯一获此荣誉的企业。

（摘自韩晋《万达院线：独具优势的连锁电影院线龙头》，http://news.hongzhoukan.com/15/0123/yhw171701.html。）

点评：

万达集团董事长王健林曾表示，万达2014年的文化产业总收入将达到200亿元，成为中国最大的文化企业；万达将在5年内使文化产业年收入翻一番，超过400亿元，进入全球文化产业的前50强。万达院线秉承可持续发展的科学经营理念，依托快速的跨区域扩张能力、超强的连锁经营能力、持续的创新经营能力、领先的放映工艺技术、高品质的观影服务、强大的电子商务平台、业内领先的品牌影响力及优秀的企业文化，构筑企业核心竞争力，未来发展空间广阔。万达收购美国AMC院线是中国娱乐事业向美国好莱坞以及北美洲整体电影发行市场迈出的最大一步，万达也成为中国第一家进入美国电影发行院线的公司。

案例四　新东方教育连锁：中国合伙人

（一）新东方的发展历程

新东方教育科技集团由1993年成立的北京新东方学校发展壮大而来，作为中国教育培训领域的领头羊，其培训课程、培训人次和学习中心保有量三项均居全国第一。新东方的业务体系以英语及其他外语培训为核心，涵盖中国、美国和英联邦国家的主要入学考试、能力考试，以及国内中小学教育全科培训课程。同时，新东方在基础教育、职业教育、教育研发、出国咨询、文化产业等方面亦取得骄人业绩。新东方教育科技集团于2006年9月在美国纽约证券交易所成功上市，成为中国大陆首家在美国上市的教育培训机构。截至2014年5月31日，新东方已经在全国50座城市设立了56所学校、31家书店以及703家学习中心，累计面授学员近2000万人次。

（二）教育培训的连锁模式

在教育产业化思维下，连锁经营成为新东方做大规模的路径。而连锁经营的成功扩张，得益于新东方在教材和服务上的标准化。教育提供的服务是无形产品，其中有很多不可控的因素，如果不能使之标准化并且有效地快速复制，那么连锁经营必将陷入困境。在教育培训领域，标准化主要体现在内容标准化和商业模式标准化两个方面。

内容标准化相对简单。在培训内容上，新东方除早期推出的托福、GRE等业务外，又先后向考研英语、四六级、职业认证、IT认证等产品拓展，表面上看相关性不大，但这些培训项目都有一个共性：都可以通过考试结果来验证培训效果。一切以通过考试为目标，使得培训具备标准化的基础。新东方推出的标准教材和教案，首推俞敏洪编写的《GRE词汇精选》。新东方还陆续编写出版了《新托福考试综合教程》《新托福考试官方指南》等教材。另外，新东方还撰写了《新概念英语标准教案》《雅思写作标准教案》《考研模板标准教案》等教案。标准化的教材和教案，不仅提升了新东方的教学水平，也为新教师的快速成长提供了有利的条件。另外，针对不同老师不同教学风格的客观现实，新东方强调教学技能的标准化。为此，新东方从剑桥ESOL考试中心引进六级师资培训体系，只有通过第一级培训的教师，才能成为符合新东方标准的教师，从而传达出相似的新东方味道。

商业模式的标准化更为重要。与多数教育企业连锁经营采取“直营＋加盟”形式不同，新东方旗下分校均为直营店。在俞敏洪看来，直营连锁虽然对扩张速度有所抑制，但更容易控制风险，更容易实现规模扩张与师资力量之间的匹配，同时教学质量可以得到有效控制。连锁经营的理想状态是能够将成功模式不断复制。为此，新东方将运营标准化作为切入点，把集团总部建成一个统一的统筹管理中心，把下属的分校建成统一标识、统一管理、统一业务流程、统一服务标准、统一对外宣传的连锁式分校。为了复制总部商业模式的精髓，新东方在总部与分校之间打造了一套IT系统。在该系统下，总部能将管理延伸到分校的每一位老师、每一间教室、每一堂课，而分校又能够分享总部的后台支持，这让新东方的业务复制变得高效而有序。

（选自周祎琪等：《新东方连锁企业经营管理案例分析》，http：//wenku. baidu. com/view/cecac30af12d2af90242e63c. html。）

点评：

新东方是国内第一家上市的教育培训公司，就整个行业来说，对其他外语教育培训机构可能会有较大冲击，但是对IT培训、职业培训等与新东方定位不一样的教育培训机构却会产生良性的影响。同时，新东方最大的核心竞争力就是团队，有一个特别良好的团队，而且极其稳定。大家都特别喜欢来做培训，因为它能给大家带来崇高感、荣誉感和社会地位。延伸业务链、建设师资团队、标准化连锁经营是新东方在混沌市场中脱颖而出的关键，而这也构成了国内教育培训企业有效商业模式的基本范式。

第六章　数字化：基于互联网的产品内容

第一节　理论基点：长尾理论

随着互联网技术、数字技术的高速发展，文化产业领域的形态和传播方式都发生着深刻的变革，文化产业的数字内容正是在这样的背景下产生的，它高度融合了数字技术与文化内容。在我国，随着互联网和数字化的应用和普及，数字内容的实践和研究至今已有十几年。同其他国家相比，我国文化产业的数字内容在技术基础、内容价值、传播平台和渠道等方面都能与世界的发展同步，并且基于我国庞大的用户基础和对数字化建设的高度重视，文化产业的数字内容发展势头迅猛。本章先从基于互联网的长尾经济理论讲起，阐述数字化的文化产业的发展。

一、长尾经济：数字化下全新商业理念的出现

（一）长尾经济的发现

21世纪初，计算机和网络技术在各个领域得到了空前的发展，信息的数字化使商业模式摆脱了时间和空间的限制，使人们在任何时间、任何地点都可以方便地实现交流，完成各种商业活动。与此同时，社会生产力的发展，物质品种的不断丰富，使消费者的多样化需求有了满足的可能性，人们可以以较低的成本关注到之前接触不到的商品。尤其是在数字化图书音像销售领域，有一些冷门的商品也会有一定的销量，仍然有一些消费者会关注和购买这些非热门的商品，长尾理论由此产生。

长尾经济概念由美国《连线》杂志前任主编克里斯·安德森（Chris Anderson）在2004年最早提出，当时是用来描述亚马逊和Netflix之类网站的商业模式。在亚马逊网络书店的图书销售中，有将近25%的销售来自排名10万之后的书籍，并且这些冷门书籍的销售速度正在高速增长，专

家预计未来可达到整体销售市场的一半。据此安德森认为，在流通渠道足够大的情况下，需求量或销售量不太大的商品汇聚起来共同占据的市场份额足以和那些热卖商品所占据的市场份额不相上下，有时甚至超过热卖商品，这就是所谓长尾理论，如图 6-1-1 所示，需求量较大的头部所占份额和需求量较小、数量众多的尾部所占份额相当。

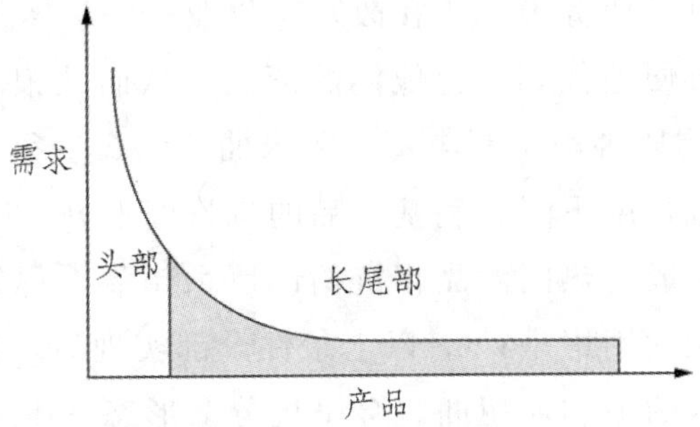

图 6-1-1　长尾理论图

在长尾理论统计现象的背后，安德森提出了四个假设：丰裕经济假设、多样性经济假设、文化经济假设和小批量定制假设，并且提出了一个一般化的分析框架，如表 6-1-1 所示。

表 6-1-1　长尾理论的假设前提

经济假设	丰裕经济、多样性经济、文化经济和小批量定制
新生产者	生产工具普及、廉价生产
新营销	传播工具普及、低成本营销
利基①市场	品种丰富性、低搜索成本和样本推销
供需连接	低搜索成本、口碑、畅销榜、博客等

来源：杨连峰《长尾理论的经济分析》，《生态经济》2010 年 12 期，29 页。

（二）长尾理论下全新商业模式的内涵

按照长尾理论，商业和文化的未来是那条代表冷门商品的长尾，而不能仅仅放在那个代表畅销商品的头部。对于企业来说，99％的产品都有机会销售出去，尤其是在数字化的商业时代，企业更加不能忽视所谓的冷门商品。在互联网上，消费者在面对无限可能的选择时，真正想要的商品和取得商品的渠道都发生了翻天覆地的变化，所以无数多的所谓冷门商品汇

① 利基（niche）用来形容针对性、专业性很强的细分产品和市场，这个市场很小、被垄断者忽略、需求没有得到满足，且符合企业的优势，企业及时进入后极有可能获利。

聚起来，就有可能得到比畅销商品更为巨大的利基市场[①]，一种崭新的商业模式也随之诞生。

安德森认为长尾理论下商业模式包含六个不可或缺的条件：1. 利基商品远远多于热门商品，同时，随着新技术的应用，利基商品所占比例将以平方级的速度提高；2. 随着互联网技术的高速发展，获得利基商品的成本正在显著降低，电子商务模式正在改写零售业；3. 一系列技术和工具的发明使消费者能够方便地找到适合他们的商品，从而从根本上改变和满足消费者的需求；4. 物质种类不断丰富，需求曲线将会变得扁平化，总体趋势将变为热门商品流行度下降、利基商品的流行度上升；5. 数量庞大的利基商品聚合起来会形成与热门商品相抗衡的巨大市场，尽管没有一个单独的利基商品会实现大的销售量；6. 以上条件全部实现后，传统的需求曲线便不受各种供给因素的限制而扭曲，会呈现分散形态。[②]

（三）长尾理论对传统商业理论的影响

长尾理论提出后受到了各方专家学者的广泛关注，但意见不一。王海岳[③]认为无限扩大的长尾是不切实际的，故长尾理论有武断的成分；他认为经济文化的重心仍然在主流产品上，只是“头”和“尾”可以动态地互换。彭兰、陈婧[④]认为，长尾经济启发了企业生产满足小众消费的产品和服务，但不足之处也较为明显，如长尾理论颠覆二八法则[⑤]，使企业没有集中精力于自身的核心竞争力上，不能同时兼顾“头”和“尾”，从长远来看，利润会出现下降；同时，长尾理论并没有系统地为企业制定切实可行的基本战略。姜奇平[⑥]强调需求方规模经济的作用，他联系迪克西特的经济理论提出范围经济与长尾的连接，这是一个特别的视角。唐海军对长尾经济原理做出一般性总结，提出一个四维分析图，他的总结比较侧重营销角度，但基本上没有超出安德森和姜奇平的范围。

长尾理论对传统商业理论的影响突出表现在以下几个方面：

---

① [美] 克里斯·安德森著，乔江涛译：《长尾理论》，10—12页，北京，中信出版社，2006。

② 晓刚：《何为长尾理论》，《上海经济》，2007（9），80页。

③ 王海岳：《武断的假设：对长尾理论的逻辑批判》，《生产力研究》，2008（4），1—4页。

④ 彭兰、陈婧：《长尾理论述评》，《决策信息（下半月刊）》，2008（4），26页。

⑤ 二八法则又名80∶20定律、帕列托法则、巴莱特定律、最省力法则、不平衡原则等，被广泛应用于社会学及企业管理学等，在管理学上指通常一个企业80%的利润来自它20%的项目。

⑥ 姜奇平：《迪克西特与长尾理论》，《互联网周刊》，2007（21），90—91页。

1. 利基市场优势。利基是企业创造利润的基础，长尾理论中的经济充分具备了利基的优势：在长尾理论中利基产品的数量远远多于畅销商品，能够提供给消费者无限多的选择，满足消费者的个性化需求。在市场中，利基产品的成本会显著下降，消费者有适当的途径找到他们感兴趣的利基产品，利基产品的流行度会相应上升，数不胜数的利基产品会形成一个与热门市场相竞争和抗衡的大市场。

2. 长尾理论打破“二八法则”。长尾理论的提出颠覆了传统经济学中的“二八法则”，即20%的产品赚取了80%的利润。在安德森看来，传统的二八法则是一种通用的经验思维模式，也是人们通常所接受的教育，在这种思维模式的引导下，消费者往往受热点驱动，导致商业企业认为某些非热点的商品根本赚不到钱。长尾理论的出现打破了传统的二八法则，它认为非热点的商品同样具有经济价值，并且可以和热点商品享有同等的地位。所以依托于互联网经济提出的长尾理论，一出现就成为商业界的热门话题。

3. 让消费者参与生产。消费者的需求和满意度是企业的生存之本。在当今消费者需求多样化的形势下，充分利用长尾效用、发挥长尾优势是企业提高消费者满意度的重要途径。真正了解消费者需求的主体只有消费者自身，所以企业要想精准地了解消费者的需求就要让消费者参与到设计和生产中去，共同构建产品长尾优势，充分发挥长尾的价值。

4. 单一的传播途径不适合所有的消费者。长尾理论的条件中提到一系列技术和工具的发明使消费者能够方便地找到适合他们的商品，从而从根本上改变和满足需求。长尾中99%的产品都有市场价值，只要企业能够提供有效的途径将产品推送给消费者或引起消费者的关注。所以在构建企业的长尾产品时，企业要尽其所能地让消费者知道和了解产品。在互联网经济时代，消费者的购物方式发生了极大的变化，接收产品信息的渠道大大增加，这就意味着企业在现代化的市场环境中仅仅依靠原有的产品宣传渠道是远远不够的，要整合各种渠道资源才能在市场中赢得竞争力。

5. 单一产品不适合所有消费者。在传统的思维模式下，多数企业都把大部分的精力投入到畅销商品中，并且力求打造出一个所有消费者都满意的商品，以给企业带来巨大经济效益。但是在新的市场环境下，消费者由共同兴趣转向个别兴趣，当消费者有了无限的选择机会后，在购买产品时就越发趋向于产品是否能满足他们的个别兴趣。

（四）长尾理论的商业应用启示

1. 不断扩大主流产品区域。长尾理论的宗旨是提高企业对所忽视的80%产品的重视程度。针对不同的产品，长尾理论运用的基础并不相同。因此，要引导企业根据自身实际状况，合理定义产品的长尾，并以新的技术和方法扩大主流产品区域，转换企业的长尾市场区域为常规经营领域，赢得更多的利润。

2. 实现对顾客需求的引导。互联网经济下的顾客需求具有多样化和个性化的特点。根据长尾理论，在市场中提供的所有商品要实现不同的分类定位，这样才能有效地吸引消费者。满足消费者的需求意味着提供给他们更多的选择空间，同时也要降低消费者的选择成本，所以商业企业要探索一种快捷有效的方法，加深长尾对消费者的吸引力。

3. 建立互动的营销中心。共享、免费和个性化是互联网经济的精髓。互联网经济提供了一种新的营销方式，这种营销方式要本着互联网经济的精髓来开展，给消费者创造一种宽松的网络平台，改变传统的商家和消费者之间的关系，以互动为宗旨建立以消费者为主导地位的友好的营销中心，激发消费者的参与兴趣和热情，为长尾市场的产生创造条件。

4. 搜索引擎营销。长尾经济理论较为适用于目前比较流行的搜索引擎营销。搜索引擎中的少数关键词或是通用关键词能够为网站带来大半的访问量，但是那些搜索人数不多的关键词在长尾经济下也能创造出大量的访问量。互联网用户的搜索习惯往往是通过多个关键词组合来进行检索，这些多词汇的组合就是长尾的主要组成部分。所以，在利用搜索引擎进行网络营销时，要对关键词的长尾部分进行充分的关注和监控。

二、数字化：长尾经济下的内容创新

把信息处理为数字化是计算机和互联网技术的一个重要特征。所谓数字化就是利用数字、数据代替多元化的信息，使之变为一系列二进制代码，统一在计算机系统内进行处理，建立起适当的数字化模型。将数字化技术纳入长尾经济框架中具有重要的研究意义。在计算机和互联网高速发展的时代，数字化意味着基于互联网创造的庞大的品类内容市场和数量内容市场。小市场在经济体中形成多品种市场存在较大难度，大市场则为多品种市场的形成提供基础条件。在庞大的市场环境下，消费者需求逐渐多元化，产生了多样性的经济并传递到生产领域形成了小批量定制，基本框架如图 6-1-2：

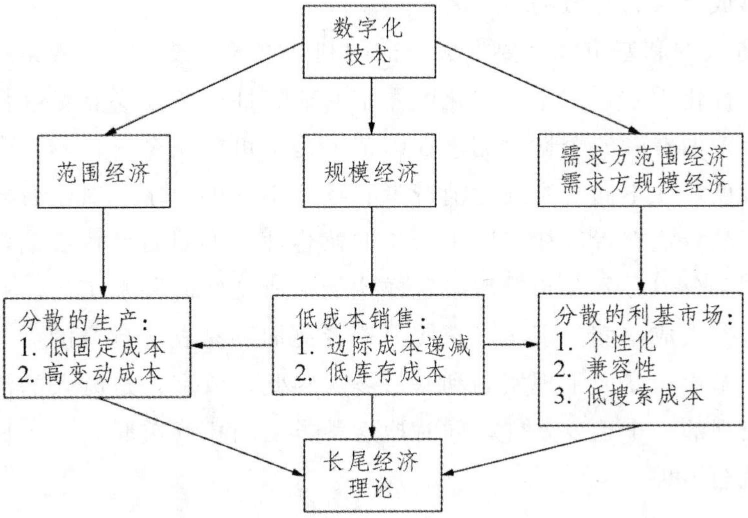

图 6-1-2 数字化长尾经济分析框架

来源：杨连峰《长尾理论的经济分析》,《生态经济》2010 年 12 期，29 页。

首先，就需求市场来说，如今，消费者往往容易从他人的评论或者自己搜索信息找到自己感兴趣的相似和相关消费品种。数字化时代的信息成本大大降低，数字化存在范围经济效应和规模经济效应的双重效应。其次，在数字化技术的条件下，产品的批量生产实际上转移到了销售领域，网络生产的规模经济效应被转移到销售领域。在互联网上，实体经济中的库存和营销费用以固定成本的形式出现，产生营销的规模经济效应。最后，传统的生产方式中生产品种单一且数量大，属于“大规模定制”，这是出于降低成本的考虑；在数字化技术下，新技术和新知识可以迅速传播，成本迅速降低，从而为小批量定制创造了生存空间。

1. 分散生产：安德森的长尾理论继承了马克思对于劳动阶段的划分法，从政治、经济和文化的角度出发来看待生产。他强调了生产工具的普及，认为在创意产业中人们是从被动的生产转向主动的且不计回报的生产。在当今的市场环境下，小批量定制假设还要强调分散的生产市场自身的特点。目前现代大企业的生产理念也在不断地向精益生产和敏捷制造等小批量定制的方向发展，但是还没有形成长尾经济。

2. 低成本销售：低成本的销售是在数字化技术下互联网经济的一个特点，它包含两个方面：一是生产的边际成本递减，直到几乎接近零；二是几乎没有库存成本。低成本销售可以使分散的生产者集中力量注重小批量定制，来满足消费者的多样化和个性化的需求，发展自身的核心竞争力，有利于形成庞大、分散的生产者市场。

3. 分散的利基市场：要形成分散的利基市场要具备三个要素：一是消费者的个性化需求；二是个性化的需求有兼容性；三是要有足够低的搜索成本。每个消费者的个性化需求在细节上是不可能完全一样的；个性化有很多种维度，在不同的维度上消费者有程度不同的要求。对于音乐、书籍等文化产品，消费者往往有博采众长的兼容性，不同的消费者偏好这些产品的不同部分但并不互相排斥，这样才能汇成良好的利基市场。数字化技术还使低搜索成本变为现实，它使消费者更加容易表达自身的需求，使得潜在的利基市场变成了现实的利基市场。因此，数字化是庞大的消费者需求市场出现的一个重要条件，同时搜索种类之间相互关联，一个良好的利基市场就会出现。

第二节　数字化文化产业的发展机制

一、数字化与文化产业发展的互促关系

随着科技的高速发展，数字化技术不断应用到社会各个领域，文化产业也在数字化技术的引领下发生着各种形态的变革；同时，文化产业的成长也使得数字化技术得以更好地实现，促进了技术支撑和创新能力的发展。

（一）数字化技术推动文化产业发展成长

依托于互联网络的数字化技术使文化产业的发展有了技术基础，其发展速度也决定了文化产业的成长速度，使文化产业不再停滞在平面规模上的创新，而是通过数字化的技术手段，不断促成产业升级更新，实现文化产业质的飞跃，从实质上加速文化产业的成长。

根据马斯洛需求层次理论，在商品经济范畴下，人们对于精神的需求往往是在满足物质需求之后。所以科学技术通常是先作用于物质产品的发明创造，当物质需求方面得到满足之后，人们才进一步要满足精神生活方面的需求；此时的科学技术便开始由物质方面的研究转向精神方面即文化产品的研究，同它推动物质生活一样作用于文化发展，成为文化产业发展的重要推动力量。数字化的文化产业是一种技术型的产业，是文化产业通过数字化的技术创新实现的，其涉及的领域包括资源型文化产业和能力型文化产业，是靠数字化的高新技术支撑的新兴文化业态。数字化对于文化

产业创新发展的重要意义不言而喻。随着互联网的普及，各种数字化技术创新不断应用在文化产业之中，不仅大大改变了文化产业的生产方式和传播方式，还极大丰富了文化产品，催生出产业的新形态。

从数字化文化产业的自身定义上讲，其产生、成长就离不开数字技术的创新。数字技术催生了文化产业新形态的形成，并将进一步推动其持续向前发展。文化产品像其他商业产品一样，有产品的生命周期，随着产品在市场中的饱和、成熟，必将走向衰老和灭亡，从而被另一种新的文化产品所替代。所以在文化企业的成长过程中，必须不断地进行技术上的创新，而依托于互联网的数字化技术创新正是一种时代潮流。文化企业要顺应时代趋势，才能成为竞争的胜利者，反之，就会被市场所淘汰，沉没于历史长河中。

近年来，随着数字化技术、网络技术的不断成熟，动漫产业、数字出版业、网游产业等全新的文化业态异军突起。它们通过自身的技术创新，迈开大步向前发展，不但实现了全电脑无纸化的工作流程，有效节约了成本和时间，还促成建立了集群化的网络平台，大大提高了企业的竞争力。

（二）文化产业发展助推数字化技术创新

数字化技术是文化产业成长和产品革新的重要力量，同时，数字化作为一种现代新兴技术只有在产业发展的基础上才能转化成财富。所以，文化产业的发展成长使数字化技术得到了实现，也为数字化技术的发展提供了强大的动力和源泉。从文化企业层面上讲，其发展情况和发展动机对于技术创新有着非常重要的影响。文化企业的创新是为了追求企业利润和提升自身的竞争力，当文化企业在目标的驱使下不断追求利润时，就会有来自竞争方面的市场压力，企业自然会通过技术创新来提高效率，改进企业内部的生产方式，完善和革新企业生产的文化产品，实现利润和竞争力的提升。

二、数字化推动文化产业发展的机制

数字化技术同时作用于生产要素以及生产方式。基于系统论的观点，把技术要素作用后产生的生产要素称为新要素，产生形成的生产方式称为新组合，对技术要素影响生产要素和生产方式进行逻辑解释（如图 6-2-1），存在四种情况：第一，生产方式不变，由要素创新形成的组合方式。由于技术要素对文化产业的生产方式的影响是客观存在的，此种情况在此不做研究。第二，要素不变，进行生产方式创新。在文化产业中体现在数字技术提升传统文化产业方面。第三，在原有要素不变的情况下补充新要素，进行生产方式创新。在文化产业中体现在数字化技术推动不同文化子产业及相关产业间的融合。第四，完全采用新的要素和新的生产方式，在文化产业中体现在数字化技术创造的全新文化产业。

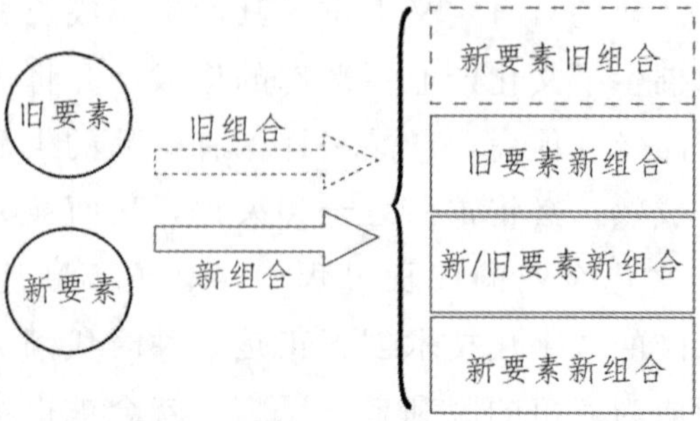

图 6-2-1 数字化技术影响“生产要素的组合”示意图

来源：周姣《技术创新推动文化产业新业态发展研究》，湖南大学 2013 年硕士学位论文，21 页。

（一）数字化提升传统文化产业的机制

传统文化产业是一种成熟的文化产业，当数字化技术对其进行改造，就会转变为新的产业，同样会经历产业的形成、成长和成熟期。

在产业形成期，文化产品的创新是产业成长过程的重要推动力量。此阶段的数字化技术应用大多针对产品的创新，能够促进传统文化产品的多样化并使传统文化产业功能升级。产业的形成期是技术和产业的初创阶段，技术方式和市场的不可预测性往往使企业处于较大的风险中，故要探索数字化技术和传统文化产业的契合点。

在产业成长期，利用数字化的技术创新来提升传统的文化产业。传统产业多为事业型，其承担的市场压力相比单纯的商业企业少很多，企业相对缺少居安思危的进取精神。经过数字化技术改造后产业进入成长期，意味着与技术创新的结合得到初步成功，但不能就此结束，还要经历一个逐步完善的过程。传统文化产业中那种刻板保守和缺少创意的特点会阻碍产业的发展，所以在数字化技术的引导下，传统的文化产业内部组织结构必须进行调整来适应新的变化。

在产业成熟期，数字化的技术创新和传统文化产业的关系已趋于成熟，多数的主导设计已经完成，文化产品多为标准化的产品，文化企业要保持优势地位就必须从节约成本和提高质量上下功夫。所以数字化技术的创新多出现在改变企业的工艺流程上，是为了更好地控制成本和提升质量。

（二）数字化推动文化子产业及相关产业间融合的机制

在产业萌芽阶段，文化产业涉及意识形态，在融合过程中要考虑国家对传播的控制，多方的标准和技术的融合是萌芽阶段的关键。互联网条件下的数字化技术可以有效控制标准和技术的整合，对于产业间的无缝衔接有助推作用。

在产业成长期，各个子产业和相关产业已经跨过了技术和标准的门槛，赢利模式成为融合后需要考虑的主要问题。互联网信息的免费模式要在数字化的技术下进行重新探索，同时利益分配也是融合后企业需解决的关键问题。

在产业成熟期，数字化技术要服务于产品内容的创新，数字化技术助推了文化子产业及相关产业间的融合，同时也是对传播渠道的一次整合。但是文化产业的内容是产业发展的重心，所以数字化技术要更多地服务于文化产业内容的创新，为内容的载体、表现形式和技术提供支持。

（三）数字化推动创造全新文化产业机制

在产业形成期，数字化要承担着一个产业从无到有的技术支撑。在这一过程中，任何一个灵感和创意都将改变整个行业，数字化的特点更加能够激发人们的想象。在虚拟的空间下，人们可以通过共享的海量信息自由发挥创造能力。所以在形成期，创新的理念比技术更为重要。

在产业的成长期，成熟的设计思想成为产业的重要准则，使市场的不确定性减少。在这个阶段，大规模生产成为可能，但是数字化的技术是日新月异的，它要求文化产业要在产品和工艺上不断更新，只有这样才能紧跟市场变化的步伐。

在产业成熟期，数字化技术的促进作用日趋成熟，用于生产的各种硬件设备也逐步专门化和自动化，文化产业的企业呈现出越来越大的刚性，产品和工艺的创新有所放缓，数字化的技术更多地应用于提高生产效率、降低成本等方面。

三、数字化推动文化产业发展的方式

21 世纪是科技高速发展的时代，数字化技术是高新科技一个重要的组成部分。在数字化技术下，0、1 两个基本单元构成了整个信息世界，0 和 1 的组合可以代表任何的文字、图像等多媒体信息，使得信息内容在符号的表达上实现了同一性，为信息的传播、复制等提供了现实的便捷性。在数字化技术的引领下，信息内容的整合也得到了进一步的提高，为信息的高效交互搭建了技术桥梁。

（一）数字化推动传统文化产业升级发展

1. 传统文化作品的数字化改造

数字技术在各个领域中的渗透使各行各业都建立起与数字层面的关联，数字化的虚拟世界和现实世界出现了融合的趋势，在传统的文化行业也是如此。能够直观展现在人们面前的往往是前人遗留的文化作品，包括有形的文化遗产和无形的非物质文化遗产两大类。传统的文化作品是历史上人类智慧的结晶，也是历史进程的见证，它们蕴含了特定的时空和经济背景下的精神和创作，具有历史的唯一性；但因为年代久远、保存不当等原因，许多文化作品已不适合人们观摩，有的甚至面临失传的危险。而新的数字化技术可以延续传统文化作品的生命，让它们所蕴含的文化价值进一步发扬光大，继续为人们的文化精神生活创造价值。

数字媒体技术具有强大的实用优势，对于传统文化作品的发扬、利用都有着极大的作用。将传统的文化作品数字化后，在原始风貌和解释上仍然保留着最初的形态，但是作品经过数字加工后本身已经发生了变化。数字化媒体技术的应用使这种变化不是一种曲解，而是一种技术上的重构，能够保证数字化后的传统作品具有较高的文化价值。

数字化技术对传统文化作品改造后，各种数字博物馆、数字图书馆等新兴产物由此诞生，它们将成为数字文化作品的展示平台。数字技术的优势使传统文化产业的传播突破了时间、空间的限制，使人们可以身临其境地感受传统文化的魅力，深刻领会传统文化的内涵，获得更加丰富和充实的文化享受，进一步推动全社会文化资源的共享。

2. 传统文化产业产品结构的优化

文化产品的属性决定了文化价值是文化产业的核心部分，对文化产品的再生产从本质上讲就是对文化价值的再生产，或者说是对文化价值的载体进行形式上的创新，从而形成新的文化产品。文化产品的结构优化是通过调整初级、中级和最终文化产品的比重，充分将产品中的文化价值转化为经济价值，获得经济效益。

数字化技术一般可以通过两种方式优化传统文化产业的产品结构。第一，提升初级传统文化作品的价值及改进作品文化价值再加工的方式。数字技术为传统的文化产业赋予了丰富的表现形式。为了使传统的文化作品更加饱满，运用数字化的技术可以使其融入更多的灵感、创意等；同时数字技术为传统文化产业的再生产提供了空间，能够更加全面地诠释传统文化产品的内涵。第二，数字化技术丰富了传统文化产品的载体。各种数字化的终端设备取代了以往的有形载体，它们多样化、便携化的特点更加容易被大众接受。

（二）数字化推动文化子产业及相关产业融合发展

1. 媒体产业间的融合

在传统的传输技术下，服务内容之间是相互分离的；数字化的特点使得各种服务内容能够在一个整合的技术平台上运作，为媒介的融合提供了可能性，为各类媒介产业的融合提供了技术上的支持，突出表现在传统媒体与新媒体融合趋势和三网融合趋势。

传统媒体和新媒体之间最大的区别在于传播方式的不同，数字化技术能够在大型平台上实现不同传播手段的融合，从而实现媒体之间内容和资源的共享，推行全方位、立体化的传播方式。随着电视、手机、网络的趋近，广播电视网络、移动通信网络和计算机网络融合趋势愈发明显。三网的融合使电视节目资源、即时信息服务和互联网的海量资源得到了有效的整合，实现了功能上的相互补充；三网业务的整合也会衍生出更多、更丰富的增值服务，进一步满足人们对于文化的需求。

2. 文化产业与相关产业的融合

文化产业与相关产业包括旅游产业、建筑产业等融合，不仅能够增加相关产业的文化价值含量，还能延伸文化产业链，最终提升产业附加值。文化产业与相关产业原本相互独立，互联网的出现让文化产业和相关产业边界模糊，基于产业的单元化和模块化，对文化产业和相关产业的主要价值活动的优劣进行分辨识别；通过数字化技术，不断改进原有的技术和流程，消除产业间的壁垒，将产业间的核心价值进行重组和创新，形成新的文化产业形态。如图 6-2-2，在整个过程中，数字化的技术为融合提供了强大的技术基础。

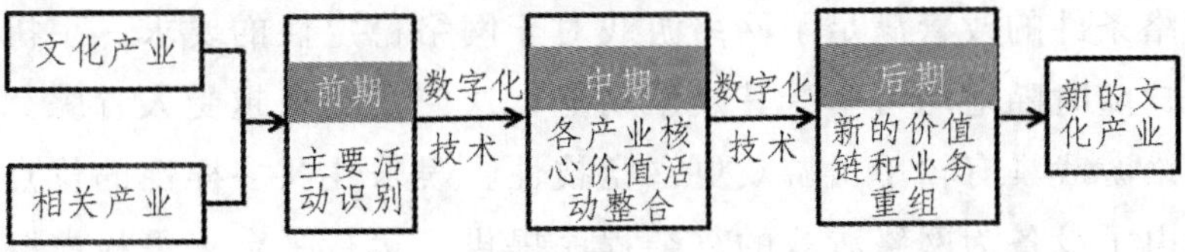

图 6-2-2 文化产业与相关产业的融合过程

来源：周姣《技术创新推动文化产业新业态发展研究》，湖南大学 2013 年硕士学位论文，32 页。

这一发展趋势中较为典型的就是文化产业与旅游产业的融合，利用数字化的技术将历史文物、民俗礼仪等文化资源融入旅游资源的开发中，形成数字化、信息化的新型旅游产业。此外还有文化产业与体育产业的融合，利用数字化技术来打造高附加值的体育产品及相关衍生品，依托于数字化平台推广体育品牌和平台、宣传竞技文化和健身文化等。

（三）数字化打造全新文化产业

数字化技术应用于文化产业中会产生新的文化产业。在互联网中比较流行的网络游戏、网络广告、软件服务等文化产品，就是借助数字化的技术与文化资源的衔接而形成的。同时，数字化技术不断优化文化产业结构，使其不断向高级方向发展。

1. 孵化体验式文化消费

数字技术让虚拟空间与现实空间的边界越来越模糊，数字化技术的兴起和应用为消费者提供了更多类型的文化产品，各种特效的运用、逼真的设计都显示出明显的数字化体验特征。未来的消费者无须出门就可以利用数字化技术游遍世界名胜，技术的创新使得这种感受更加逼真、如临其境。除此之外，体验式文化演出、体验式文化展览等也都将颠覆传统概念中舞台剧的表演形式，充分利用多媒体数字技术，开创出全方位的体验之旅。数字化的内容成为当今文化产业的一个重要特征。这种以互联网为依托的内容文化产业以创新为动力，将各种文化内容资源与数字化的信息手段相融合，重铸成新的文化产业生产和消费方式，产生了不同于传统方式的产业群落，发掘了新的消费人群，创造出前所未有的社会价值。数字化的文化产业的未来不可限量。

2. 打造全新文化消费终端

数字化技术使得文化产品、服务实现了数字化存储与传播，也让文化的消费方式发生了改变。以手机网络游戏为例，伴随移动互联网络条件的不断改善以及手机智能化的不断升级，网络游戏不断繁荣。一方面，移动互联网络条件的改善满足了网络游戏对于网络稳定性的要求。手机网络游戏让用户随时随地均可享受其娱乐功能，这使其越来越受人青睐。另一方面，网络游戏具有较单机游戏更富竞技性、娱乐性及多样性的优点，而智能化的电子设备为网络游戏的复杂程序提供了运行平台；平板电脑、大屏智能手机等新文化消费数字终端的普遍应用，将衍生出更多类似手机网游的全新文化产品。

第三节　数字化文化产业的发展趋势

（一）数字化：文化产业创新的基础

数字化是将不可量化的文字、图片、音频、视频等多媒体信息通过转换，生成可以量化的模型。这种可以度量的数据模型具有传统文化产业载体所无法比拟的优势，它可以将大量的文化内容资源进行保存、扩展、传播、复制，实现重复的利用且没有任何的耗损。在信息化的时代，数字化是文化产业顺应时代潮流、开拓创新的技术基础，它也必将成为文化产业发展的必然趋势。数字化的文化产品能够将大量烦琐庞杂的文化信息通过数字化模型进行加工、转化，将其变成信息化的数据，完成循环展示和传承创造的过程。数字化的文化内容可以覆盖包括文化和媒体等产业的各个领域的产品，无需有形的载体就可以实现阅读、传播等功能。随着网络技术的不断发展，互联网、电信网络和广播电视三网融合成为趋势，数字化技术成为融合技术的关键基础，在这种形势下应运而生的数字内容产业①将成为文化产业创新的方向。

（二）知识化：文化产业发展的新精神

数字化的文化产业作为现代知识经济的重要组成部分，充分显示了它在当今经济一体化发展过程中的巨大影响力。它依托强大的信息化技术，创造着传统农业、工业社会所无法比拟的辉煌成就和社会价值，成为现代知识经济的新的增长点。从社会资源的结构来看，数字化的文化产业改变了工业经济中把物质财富作为衡量个体价值的标准的传统认识模式，建立起以精神财富的占有为基础的新型分配制度。根据智力劳动的贡献法则，以个体智力能量的付出来衡量价值的标准比工业时代的物质衡量标准具有更为广阔的应用前景，同时前者也会获得较高的社会回报，这种回报体现在经济收益和精神满足等方面。

个人的创意和智力资源是信息化文化产业的精神内核，同时也是经济价值增长的源泉。个体和组织掌握的知识是数字化文化产业发展的重要因素。数字化文化产业的迅速增长并不用借助过多的外在物质力量，计算机和互联网的低成本和普及应用足以满足文化产业发展的物质基础；物质因

① 数字内容产业是将信息资源作为劳动对象，提供给消费者文化相关产品和服务。其核心——内容，是对各种产品和服务的概括，它的传播通常是通过电影、电视、报纸、互联网和各种终端设备等介质。

素在推动数字化文化产业发展和价值实现的过程中，仅仅是作为一个载体或是催化剂来辅助文化产业的推进，而文化产业的设计、生产、传播、消费乃至再创造都是紧紧围绕着文化和创意来实现的。所以，数字化的文化产业是一种高固定成本、低边际成本的知识密集型产业，它以文化和智力为资源和内容。由于社会分工和专业化的不断发展以及创新能力的不断提升，数字化的文化产业成为一个以知识化为新精神的高附加值行业。

（三）个性化：文化产业发展的原动力

长尾经济理论的观点认为我们所倚重的文化和经济的重心正在发生着加速的变化，从传统的需求曲线头部的少数畅销产品转向曲线尾部的大量的小市场，而且面向特定的受众群体的产品和服务可以和头部的畅销产品具有不相上下的经济价值。通过长尾理论我们可以解释数字化文化产业的本质属性：现代化的文化产业不再进行传统的规模化生产，也不是对文化产品做简单重复的复制，而是提供了一种个性化、定制化的更高层次的产品和服务。所以现在的数字化的文化产业也有了更高的目标，即满足个体个性化的文化需求和文化认知，在设计规划文化产品时个体需求的差异化成为文化产业发展中必须考量的重要因素。

纵观文化产业的发展历程，传统的发展观念下消费者的选择是极为有限的，他们往往没有相对自主的选择权，更不用说个性化的定制机会。随着科技的不断发展、大众文化产业的兴起和繁荣，对待文化的理念从批判、理性思考再到实际的应用，个性化的需求不断迸发，大众文化的繁荣得到了不断的认可和肯定，并逐渐成为和主流文化不相上下的经济力量。文化产品的资源和传播渠道日益丰富，消费者的选择也越来越广，满足个性化需求的大众文化成为一股强劲的力量迅速加入到 4 社会经济生活中，成为数字化的文化产业发展的原动力，不断促进文化产业的多元化发展。

（四）创意、创新：文化产业发展的新引擎

彼得·德鲁克认为，创新是一种利用资源创造财富的能力，创新创造的财富使人们的生产生活不断发生着新的变化。文化产业本身就是一种创造性的文化创新活动，文化的本质反映着人们对于未知境界的探索和创造，必须有不断的创意、创新才能满足人们的这种需求。数字化的文化产业作为一种新兴产业，与文化、经济、技术等有着密切的关系，与多领域都有着高度的融合、渗透和影响、辐射，在此过程中催生出许多新兴产业和关联行业，从而带动社会的全方位、多元化的发展，从根本上提升了人们的精神和文化的素养，满足了人们对文化不同层次的需求。一向被认为文化资源贫瘠的美国，在文化领域能够结合本国实际的发展现状，深入研究和分析文化产业的现实问题，扬长避短，发挥技术上的强大优势，以好莱坞为经典代表，注重把满足世界人民的好奇心作为需求和动力，通过不断的创意、创新激活市场，创造出惊人的经济价值。

当今社会，文化产业已经渗透到了人们日常生活的方方面面，其所涉及的领域也越来越广，文化产业同时向着主流市场和长尾领域发展。根据长尾理论的观点，长尾市场中小众产品的汇聚将会产生更为巨大的市场力量，而在长尾市场中要想获得大于主流市场的丰厚利润，必须依靠创意、创新的力量。因为文化的创意生产需要更为开放自由的空间，在长尾市场中往往能够拥有比传统市场更为优秀的创意；同时长尾市场中的创造者数量巨大，其产生的激烈竞争会促进创造者的灵感，并进一步促进创意、创新的持续，保证文化产业发展的动力。

（五）平台化：长尾市场的新领域

长尾经济理论的生产机制是从传统的专业化分工转为新型的多样化的生产，在单位时间内生产更多的单一产品，就能不断地提高生产效率。对于生产者来说，在长尾曲线中头部和尾部最大的区别就是工作重心的不同：越靠近头部就意味着越靠近专业领域，越受利益的驱使；越靠近尾部，就意味着越靠近业余爱好者领地，越受名誉的驱使。在互联网时代，时间和空间的限制被消除，人们的生活方式发生了极大的变化，时间的碎片化特征凸显，在零散时间提供的文化内容成为文化生产的重要领域。大众文化消费的便捷、文化选择的多元，使消费者一个简单的想法和需求都有可能为生产者提供灵感和动力，而消费者也不再是被动地接受主流市场的热门产品，而是主动参与长尾产品的生产。

要实现生产者和消费者的最佳交互需要有一个免费的中介平台，在这个平台中实现消费者和生产者的沟通。近几年文化产业各个领域的高速发展推动着长尾市场平台的建设。文化产业平台有创意平台和互联网平台两种。创意平台一般具有产品发布、创意交流、产权交易等多种功能，对于消费者来说，创意平台拥有数量庞大的文化产品，能够满足其多样化的需求、提升其消费体验；互联网平台一般是各自领域的行业巨头，拥有大量的注册用户和领先的技术实力，能够大大增加平台对用户的黏性和吸引力。

（六）包容性：文化产业发展的新变化

有人称文化产业为“巨人”，这源于文化产业的巨大包容性。文化的包容性是不同国家间包容性的文化形式，不同国家和地区的文化生活在一定的历史文化环境和社会现实中可以共存、共同发展，这也是文化多样性的重要表征。包容和尊重文化多样性是发展文化的内在要求和传承民族文化的基本前提，更是世界多元文化和谐共存与共同发展的必然要求。文化包容性的精髓在于不同类型、不同地域、不同条件、不同地位的文化享有同等发展的机会，既保持各民族文化差异和平等竞争的权利，又维护文化互动交流、自由创造的权利，这也是衡量文化产业包容性发展目标的基本准则。

随着数字化技术的飞速发展和全球化进程的不断推进，文化的强大冲击力及其与信息网络跨界联姻，加速了经济与文化的互动融合，使文化产业的生产领域和拓展空间呈现出前所未有的放射性状态。文化的广义性决定了文化产品内涵的多义性和边界的不确定性，由此拓展了以知识和信息为资本的生产空间。就产业运作方式和发展模式而言，文化产业最大限度地实现了经济与文化的互动性和互补性，既包容了以经济资本和物质资本为运营方式的传统产业，又扩大了以数字资本、文化资本和智力资本为运营方式的新兴产业。从某种程度上讲，数字化的文化产业不仅扩大了文化的发展空间，也深刻影响了现代生活的基本格局，从而提高了人们的生活质量。

（七）全球化：文化产业发展的大方向

经济全球化深刻地影响着文化的发展，使文化产业的消费方式日益呈现出全球性的特征。全球化作为当今世界发展的一种重要特征，涉及经济、政治、文化和社会生活的各个领域，是当今世界覆盖面最广、影响最大、渗透最深的社会现象；全球化作为当代经验的一部分已成为人们的共识，尽管在事实认定和价值评判上存在诸多分歧。在持续增长的商品贸易、文化交流和人才流动的发展趋势下，人类生活的各个领域正在变得更为紧密、距离更短、差异性日渐消弭，全球化的世界正在成为一个“地球村”。

经济全球化对文化的辐射效应表现在多个方面：不同的文化体和多层次的文化内容以现代传媒为传播平台进行全方位的交流和互动，不同文化体之间相似性不断增加，色彩鲜明的民族文化的差异性不断减少，文化认同与价值认同在文化融合与文化冲突共存的发展过程中越来越有超越本土化的趋势。特别是随着信息技术和互联网的发展普及，这种跨民族、跨地区、跨国度的文化交流与融合所带来的文化趋同性会表现得越来越突出。

数字化符号、图像、文字、设计、声音等文化产品具有全球的流动性，全球化已经赋予文化产业一种全新的存在形式，一度作为表征的文化开始统治经济和日常生活。

第四节 文化产业数字化创新案例

案例一 文化遗产日《遇见大运河》惊艳国家大剧院

这是一次演出，也是一次献礼和致敬；这是一个圆满的句号，也是一个崭新的起点；这是艺术的魅力，更是文化传播的力量！

2016年6月11日，舞蹈剧《遇见大运河》应邀登上国家大剧院的舞台。这一天是我国第11个“文化遗产日”，《遇见大运河》在这一天惊艳亮相，无疑是以一种独特的方式纪念中国大运河成功申遗两周年，并向所有人类文化遗产致敬。该剧11日、12日连演两晚，至此国内巡演96场完美收官，同时该剧宣告开启世界巡演之旅，将走向更远的舞台。

（一）用现代化的舞台艺术，走进最高艺术殿堂

对一部文艺作品来说，历经3年采风、创作，2年演出、打磨、传播，这5年的充分准备，最终是要圆一个梦：登上中国最高的艺术殿堂。《遇见大运河》的这个梦实现了。在北京国家大剧院，观众把掌声毫无保留地献给了杭州歌剧舞剧院带来的《遇见大运河》。一次又一次，掌声热烈，人们的掌声中带着感动、震撼和思考。令人震撼的数字化舞台技术展现出大运河昔日的繁荣，唤起了人们对美好历史的记忆；千年运河的一滴水和男主角的相知相恋，让人联想到人与自然的美好关系；当运河水披上破衣烂衫，有观众在叹息甚至轻轻抽泣；当美妙的数字化舞台展现出运河重焕生机的急遽群舞，观众又为其中蕴含的力量而震撼鼓掌。

（二）用有力的行动，保护和传承文化遗产

适值G20峰会在杭州召开前夕，《遇见大运河》在国家大剧院的舞台上展示了杭州的文化软实力和城市魅力，展示了杭州人喜迎八方宾客的热情姿态。同样是在国家大剧院，《遇见大运河》举行了隆重的发布会，“发现文化遗产之美，从北京走向世界”是发布会的主题。剧组全体演员们身穿“运河蓝”T恤，在编导崔巍的带领下郑重宣誓：保护中国大运河，是我们每一个人义不容辞的责任与使命。

从创作之初起，这就不只是一场场简单的演出，而是充满使命感的文

化遗产传播行动。剧组沿着中国大运河沿线6省2市（江苏、安徽、浙江、河南、山东、河北、天津、北京）巡演2年，行程50000公里，那抹来自杭州的“运河蓝”留在了很多人心中。年轻的大学生看了演出，知道了运河的故事；年轻的船长看了演出，联合船队共同保护运河；一路演，一路走，《遇见大运河》在传播保护运河、保护环境、保护文化遗产的道路上遇见了越来越多的同路人。

《遇见大运河》以“互联网＋”的方式，联合注重文化遗产传播的新锐媒体“二更”，开启自己的世界巡演之旅。2017年，该剧还将赴法国参加中法文化节，向联合国教科文组织演出。同时，该剧已获得亚、非、欧多个运河文化深厚国家的邀请。

（摘自《杭州日报》2016年6月12日。）

点评：

这是一场充满使命感的传统文化遗产的传播活动，将中国大运河中承载的故事、精神、力量以现代化的舞台技术重新呈现在人们的面前，更加深刻地诠释了传统文化的价值；用现代化的艺术手段赋予了大运河新的灵魂，让人们在艺术中产生更加强烈的共鸣，并在艺术的震撼中激发新的力量。

案例二　在线票务生态：从“猫眼”窥探赢利和博弈之困

假如在两年前，一家估值83.33亿元、全年净利润仅为2.38万元的公司被上市公司收购了，股民们大概会认为这家上市公司的老板疯了，然而如今这样的事就真实发生在资本市场中，那就是光线传媒收购了在线电影票务平台“猫眼电影”57.4%股权，并且还有不少声音指出猫眼的估值相对较低。在线电影票务平台这一产业链，已经走在了资本追逐的风口上，马云、马化腾、王健林等超级资本巨鳄都先后布局了在线电影票务。目前“淘票票”“微影时代”估值均超过百亿，可见进军这一领域的大佬们不在少数，在线电影票务产业已经成为不可忽视的互联网热门行业。

不过，在热闹背后往往还是需要多一份清醒，尽管这个行业备受恩宠，但行业风光背后同样存在着两大潜在的困局：第一，仍然是互联网企业共同面临的挑战：烧钱过后如何赚钱？它们的赢利模式尚未被清晰探明；第二，拥有排片话语权的院线若结盟对在线票务平台进行制约，此前就存在的院线与电商两方的利益博弈是否会变得更加尖锐？

（一）估值83亿去年仅赚2万多，猫眼烧钱背后暗藏赚钱难题不知道光线传媒总裁王长田内心经过了多少反复的思索，最终决定跟另外一个姓王的男人——美团网CEO王兴牵手。在宣布收购猫眼股权后的投资者交流会上，王长田说："这是我做的最大的一个决定。"23.83亿元现金+1.76亿股的光线传媒股票，王长田以这样巨大的金额，获得了"猫眼电影"这家在线电影票务平台57.4%股权。与此同时，猫眼这家国内占比最大的在线票务平台的财务数据也得到披露：去年净利润仅为2.38万元。这一数据既在情理之中，又在情理之外。近两年爆发式增长的在线票务产业，与其他互联网细分市场一样，激烈的补贴大战成为推动产业发展的最大动力。但光靠补贴并非长久之计，若融资不再持续，对于这些估值已经在某种程度上透支了想象的在线票务平台，如何赚钱便成为一个亟待解决的难题。

王长田如今拿到手上的这只"猫眼"，尽管是一家大家都艳羡的行业领头企业，但其赢利能力很差的现状也真实摆在眼前。猫眼的前身是美团网旗下的电影业务，成立于2012年。2015年7月，猫眼电影成为美团旗下全资子公司猫眼文化传媒有限公司。2016年6月，王长田宣布控股猫眼，成为其第一大股东。王长田在投资者交流会上表示："利用新猫眼的平台，跟光线进行合作，有可能改变中国电影的格局。我们要在中国未来的电影市场、娱乐内容市场上成为领导者。这笔收购使得我们的目标大大向前迈进。"

不过，尽管王长田满怀希望，但光线传媒是一家上市公司，对于一切以收益率说话的资本市场而言，猫眼短期内似乎并不能为王长田赚到钱。在光线传媒公告中，猫眼2015年度以及2016年1—3月的营业收入一项并未披露数据；而从净利润来看，2015年猫眼实现净利润2.38万元，2016年一季度净利润8.08万元。从这些数据与其超过80亿元的估值来看，并购并不能增厚光线传媒的业绩。但光线看重的显然不仅仅是赢利，更多的是抢占了在线票务平台这一重要的资源。外界并不意外的一个事实是，猫眼、微影时代、淘票票等几家在线电影票务平台目前均未进入持续赢利的状态，仍然处于抢占用户的阶段；而在线电影票务平台之所以能够发展得如此迅猛，背后一个最核心的原因也来源于疯狂烧钱。

（二）烧钱短期内不会结束

过去两年中，各大在线票务平台通过票价补贴这一烧钱方式，迅速扩大在线票务市场份额。以2015年春节贺岁档为例，仅仅在大年初一那天，猫眼、微影时代、百度糯米、格瓦拉等就推出了9.9元至19.9元不等的特价票；大众点评网全国半数以上的电影场次都可以享受9.9元票价，一半场次可以给用户30元以上的补贴优惠。易观智库数据显示，2013年在线票务收入规模为48.64亿元，不到其他票务收入169.10亿元的三分之一；但经过两年的发展，2015年在线票务收入就已经达到了317.60亿元，而当年其他票务收入仅为123.10亿元；预计2016年在线票务收入将进一步增长，达到472亿元。

艺恩研究总监付亚龙向记者表示，票价补贴主要包括两方面，一方面是售票平台自己进行补贴，一方面是发行方进行补贴。票价补贴对提升在线票务用户数、影响整体观影习惯等方面都有非常大的促进作用。与此同时，电影产业发展较快、越来越多的观众接受了互联网的便捷性，也是在线票务发展迅速的原因。

目前市场已经形成了微影时代、猫眼、百度糯米、淘票票等几家独大的局面，尽管烧钱的程度较此前有明显克制，但这种模式短期内仍然没有改变。科技文化领域知名投资人曹海涛表示，目前各大在线票务平台都在打价格战，这也类似于各大外卖平台的模式，通过烧钱、贴钱来获取用户，这个模式短期内是不大会改变的。

（三）没有清晰的赢利模式

在线票务平台尽管备受资本追捧，但一个现实问题仍然摆在它们面前，“赔钱赚吆喝、烧钱圈市场”的做法始终不能长期持续下去，这种商业模式最终的可行性取决于在补贴停止时会发生什么，探索出一条赚钱模式显然迫在眉睫。

易观智库分析师黄国峰向记者表示，目前在线票务平台确实没有成熟、清晰的赢利模式，尽管目前这些平台的发展轨迹是非常多的，但没有足以支撑财务收入的大的来源，在这样的情况下还是会赔钱、贴钱，经营这些在线票务平台公司的成本还是来自融资。因此，在线票务平台还要去探索一些新的赢利模式。未来可能有一些大的收入来自电影项目的投融资，也可能会有一些投资性收入，例如华谊兄弟收购银汉科技等公司股权。在线票务平台投资收入也是个可以期待的点。与此同时，黄国峰还认为，目前四大在线票务巨头已经诞生，这个行业的发展路径跟其他互联网领域应该类似，最后可能就只剩下一两家巨头，而且可能还会出现“相爱相杀”的阶段。

曹海涛则表示，纵观互联网公司的发展路径，像京东是做电子产品起家的，已经将近十年了，都还没赢利，但是现在已经打造出了京东生态圈，包括物流、金融等，从独立购物公司变成了生态圈体系；而美团、大众点评等吃喝玩一体化的网站现在还没转变为生态圈，还在吸引融资，还在努力往生态圈方向走。未来在线票务平台也需要一个过程，需要逐渐将市场消费习惯和行为进行整合，包括与第三方平台、发行公司、演艺公司等合作，整合之后转变目前的模式，避免继续烧钱。

（四）影院和电商"相爱相杀"博弈是否依然延续

光线传媒控股猫眼电影，被外界看作是光线传媒总裁王长田"10年来最正确的决定"，因为2015年猫眼电影的在线电影售票市场份额超过30%，位列行业第一。而在线电影票务已成为业界生态的一个明显表现，据艺恩的市场研究报告，2015年中国有57.5%的电影票在线上完成购买。由于资本的注入，具有电影产业链上游资源的公司与在线票务平台联姻，有利于在线票务获取更多精准用户，而这些用户本来可能是影院的会员。在线票务强势发展，影院却一直拥有排片的话语权，也许两者的"相爱相杀"并不会马上消停；而若影院结盟，会不会让两者的利益博弈在未来变得更加尖锐？

例如，星美影业一度全部关闭猫眼电影的售票端口，星美控股总裁郑吉崇表示，终止合作的一个重要原因是星美希望重建自己的会员体系。随后，百度以1.5亿港元入股星美控股，双方达成票务独家合作等协议，并推出"星美百度联名卡"，共同拓展会员。据星美方面表示，双方合作后，当年端午小长假在线选座增长超过30%，并且"五一"前后的活动为星美带来了3万多名新会员。

影院并不想因为在线票务的崛起损失自己的会员，而在线票务兴起的初期，其使用低价补贴方式扩大用户基数，培养消费习惯，却冲击了影院多年苦心经营的会员制，两者难免"相爱相杀"。这一点还体现在院线排片的博弈上。此前，影院排片的主要依据是市场对影片的反应或者经验感觉，而如今排片的主要依据却是各个电商平台的预售结果。用电商的话语体系来说这叫"指导排片"；而用院线和影院的话语体系来说这叫"倒逼排片"，意思是票已经在电商平台上卖出，影院不排片不行。像万达这样的人力财力统一管理的直营院线，旗下所有影院统一排片，受在线票务的影响比较小，但那些中小加盟院线，就会比较被动。

（五）龙头院线也有自己的算盘

拥有互联网基因的在线票务在抓取用户、精准营销方面具备自身优势。据2015年华谊兄弟研究院发布的国庆档观众调研，有67.21%的人选择微票儿、猫眼、淘宝电影等在线票务平台购票，而选择院线自有APP（客户端软件）购票的仅有5.04%。但院线并没有放弃对自主运营平台的重视，强势的院线也希望能够将用户稳固地控制在自己手中。在这方面，旗下影院全部是自营的万达院线是行业现象级代表。作为行业龙头，万达影院会员增长速度快。据其2015年年报，相比2014年2600万会员数，截至2015年底，万达影院的会员数已突破5000万；且与国内人均1.6次的观影平均数据相比，万达影院会员的数据为6次。对如此大数量的会员进行更有价值的营销，已是万达的重要目标之一。

万达院线董事、总经理曾茂军透露，万达提出“影城2.0”概念，电影院将不仅是看电影的地方，还可以吃饭、开会、看艺术展。如果你是VIP厅的观众，还可以直接通过座位上的点餐器点餐，工作人员会直接送来。互动，是这个概念的最大特点。电商是很好的销售渠道，但万达也有自己的市场份额和会员优势，所以万达也投入了大量精力做自己的在线购票系统和APP。万达的自有平台万达电影网，在与猫眼、格瓦拉这样的在线票务平台竞争中具备自己的独特优势，加上万达对会员的精准营销等手段，并不担心与在线票务平台角力时丧失会员资源。但毕竟，万达是院线行业的强势公司，在与在线票务平台的谈判中会占据优势，在线票务更多的是帮助万达沉淀用户，而不是形成某种利益博弈；而目前在行业内，像万达这么强势的院线并不多。

（六）点评

数字化技术的发展、互联网资本的介入，让传统院线的会员体系受到冲击，票价往往成为院线、片方和售票平台三方博弈的结果。在这场博弈中，一旦传统价格体系受到破坏，院线必定会利用自身在电影产业链的排片话语权来自卫。易观国际分析师黄国峰认为：“从长远看，院线和在线票务平台仍希望共赢，具有互联网基因的售票平台在用户运营、业务发展方面有一定优势，可以帮助影院沉淀会员、优化流程，彼此存在一定的合作基础。”可见，在数字化技术与传统文化产业结合过程中如何兼顾各个主体的利益，仍是一个值得思考的问题。

（摘自搜狐网，http://it.sohu.com/20160608/n453492265.shtml。）

案例三　华谊创星：粉丝经济的先行者、IP产品化的实践者

华谊创星是以多屏整合运营及粉丝生态运营为主业的新兴互联网娱乐服务企业，成立于2012年7月，曾负责华谊兄弟传媒集团各条业务线新

媒体领域的IP（知识产权）管理、粉丝经济生态搭建、新媒体营销矩阵经营、泛娱乐人才库储备等工作。

从最初的明星经纪，到影视制作，再到现在的粉丝经济战略，这个发展轨迹体现了华谊创星母公司华谊兄弟在娱乐行业敏锐的前瞻性。他们是国内最先做粉丝经济的一批团队，在互联网经济时代率先运用数字化的技术手段，整合资源、经验和入口优势，从华谊的娱乐资源出发，打通了整个娱乐生态。在数字化日新月异的时代，谁抢占技术和创意的先机，谁就有最大的把握成功。华谊创星成功的关键在于长期专注于精细化运营，运用数字化的手段，将明星、粉丝、IP养成和新媒体融合在一起，进而将娱乐资源更多元地运营起来。

（一）致力于实现娱乐资源的多元化运营

华谊创星的目标是打造国内最大的粉丝经济生态圈，构建以粉丝用户为核心、明星艺人和内容IP为基础的“娱乐+”生态，提供连接多屏终端的内容产品及相关服务，以及线上线下全方位的粉丝经济娱乐服务。从粉丝互动平台，到PGC（Professionally-generated Content，专业生产内容），到互联网IP的孵化、开发与运营，基于粉丝经济这一商业模式，在互联网这个大环境中，将娱乐资源更多元地运营起来。

作为一家以开发粉丝经济为核心理念的互联网娱乐公司，华谊创星的几大主营业务都是围绕粉丝经济这个理念构建的。华谊创星有自己的互联网IP开发制作团队负责制造内容；PGC团队负责开发渠道；互动娱乐团队负责研发产品、运营平台。此外，华谊创星还有专门团队进行资源的拓展与开发。这些团队形成了一个互补的闭环，有效地把互联网上的粉丝群体聚合起来，去制造目标群体想看的内容，也驱动着他们去影响娱乐圈。

粉丝经济在国内兴起已有数年，但是真正把粉丝经济做成产业链的企业少之又少，大多数的企业对粉丝经济的认识简单地停留在赚粉丝钱的层面上。粉丝经济是一种商业模式，也是互联网娱乐时代提纲挈领的理念。粉丝经济是让明星、粉丝形成良性的互动，不仅仅是通过粉丝与明星的互动提升艺人、影视剧等IP的影响与价值，更重要的是共同提升整个娱乐产业的商业化标准。

（二）运用数字化技术进行精细化运营

华谊创星的亮点在于精细化运营。华谊创星旗下的“星影联盟”曾用20个月的时间将用户数做到1.5亿，靠的也是精细化运营。“星影联盟”采用的是社群化的运营模式，所有的粉丝都有明确的组织架构和管理，同时还依托 QQ 群完成点对点的沟通。其中“星影联盟”的“明星兴趣部落”就实现了对海量的粉丝团体进行专业的管理和引导性的运营，以确保粉丝的组织性和有序性，这是精细化运营的基础，也是一个很高的门槛。

在运营层面，要让明星与粉丝在对等的位置上互相影响、良性互动；在内容层面，粉丝经济背后的粉丝行为大数据成为艺人经纪以及影视剧行业重要的参考依据；在形式（产品）层面，粉丝是消费的制造者，粉丝之间的互动盘活了更多商业上的可能性，改变了过去你演我看的被动局面，让粉丝从前端就参与到娱乐内容及产业之中并且在后端消费它。

（三）用“互联网＋”的思路运营 IP

“娱乐互联网＋”和 IP 是业界热点，华谊创星在做粉丝经济时一直坚持这样一个思路，即“好的入口＋粉丝社群化运营＋优质 IP 产品化＋大数据分析＋内容精细化运营”。把粉丝经济盘活，再拓展到不同的平台，形成一个互补的矩阵，然后让一个个 IP 在这个矩阵中流转，这是华谊创星在这几年互联网与娱乐飞速融合的背景下摸索出的一套行之有效的商业思路。

“星影联盟”就是华谊创星在娱乐业与互联网的融合方面所做的尝试，由腾讯提供技术，华谊创星负责 IP 运营。华谊创星从初期就非常低调地积累、孵化和养成 IP。同时从一开始华谊创星就放眼整个娱乐产业，秉承融合全娱乐的理念，这也是其控股公司对华谊创星提出的期望。2014 到 2015 年，华谊创星积累了很多 IP，包括影视剧、综艺和艺人，甚至拓展到了艺人的语音、字体等等。然后通过和腾讯的合作，把这些 IP 变成了 QQ 上的产品，将上亿的互联网用户与娱乐资源打通，将社交用户转变为娱乐产品的消费者。

“星影联盟”是一个粉丝经济产品，它内嵌在 QQ 中，成为一套非常完整且独特的产品体系。它一方面与 QQ 各大模块无缝兼容，同时又独立运营，有效地将明星、粉丝、IP 等融合在一起，成为一个粉丝经济品牌。

（摘自新华网，http://news.xinhuanet.com/fashion/2016-06/08/c_129047266.htm。）

第七章　整合：1+1>2 效应

商业模式的创新始终与市场经济发展同步。现代商业模式较之传统的基于单独企业组织和单一产业价值链层面的商业模式，更加重视产业链整合、产业集群、产业融合的趋势与效应。初始阶段的商业模式实质上将企业组织处理成一个孤立的黑匣子或“原子型企业”；[①] 伴随价值链理论的广泛应用，商业模式的研究开始将视野拓展至产业价值链与企业盈利关系中，但始终未将市场、环境、利益等因素纳入关系范畴，弱化了理论的现实指导意义。后来韦尔（Weill）等（2001）引入市场因素，认为商业模式需要对市场参与者的角色与关系进行描述。[②] 在新的商业模式理论逻辑中，企业作为特定价值网络中的一个单元，在产业网络型结构特征中，主动与不同利益相关者之间刷新利益分配路径，谋求 1+1>2 的效应。

第一节　理论基点：产业链与产业集群

作为特定地理空间产业集聚的组织形式，产业链、产业集群及围绕其衍生形成的产业生态系统是商业模式创新的重要条件。产业链是产业集群发展的核心与基础，产业集群是产业链演化创新的孵化场所。

一、产业链与产业集群

（一）产业链概述

伴随社会分工的不断细化，产品或服务完全出自一家企业的可能性微乎其微；一家企业能够向消费者提供的价值，受制于自身能力和上下游企

① 李海舰、郭树民：《从经营企业到经营社会——从经营社会的视角经营企业》，《中国工业经济》，2008（5），87—98 页。

② 傅世昌、王惠芬：《商业模式定义与概念本质的理论体系与研究趋势》，《中国科技论坛》，2011（2），70—76 页。

业的关联度。因此，产业链就成为描述企业内部与企业外部关系网为达成生产最终交易的产品或服务所经历的价值增值的活动过程。这个过程涵盖了商品或服务创造过程中所经历的从原材料到最终消费品的所有阶段。[①]简而言之，产业链体现了链条上下游的企业之间的依存关系。

亚当·斯密对于分工的卓越论断，是产业链思想的雏形。后经由马歇尔将传统局限于企业内部的产业链认识发展到企业之间分工协作的新层面，[②] 成为真正意义上的产业链理论起源。荷利汉（1988）对产业链的范畴进行了延伸，认为应该包含从供应商到终端消费者的“所有物质流动”；[③] 哈里森则基于产业链产生价值创造的功能性认为产业链是原材料到成品转化的“功能网链”；[④] 史蒂文斯（1989）进一步丰富了产业链的概念，将信息提升到与产品和功能同等重要的地位，还指出了其中存在的反馈过程。[⑤] 从各个时期不同学者的研究视角来看，产业链既是产品链，也是信息链和功能链。

产业链并非静止状态的，它是不断变革的。新的技术经济条件会对原有产业链的各个环节对价值创造做出的贡献进行重新定义，而价值与利润也会随之向价值创造的关键环节集中靠拢。随着模块化产业时代的到来，从产品设计到知识生产的各个环节都在经历模块化的变革；模块间的联系不是单纯的线性关联，而呈现为网状结构。这也带来了产业链组织形态的根本性变化，让产业链中涉及的知识关联的重要性比以往更加突出。

（二）产业集群概述

自20世纪70年代“集群”概念被引入经济学领域，世界范围内便掀起了产业集群的研究热潮，逐步在集群形成机制、集群特征、集群与创新等领域取得了丰硕的成果。西方学界将产业集群定义为一种相关的产业活动在地理上或特定地点集中的现象。[⑥] 产业集群不仅包括企业、供应商、

---

① 芮明杰、刘明宇：《产业链整合理论述评》，《产业经济研究》，2006（3），60—66页。

② 刘志迎、赵倩：《产业链概念、分类及形成机理研究述评》，《工业技术经济》，2009（10），51—55页。

③ 夏建华：《企业成长：从链到网络分析》，《中国建材》，2011（5），100—102页。

④ 魏然：《产业链的理论渊源与研究现状综述》，《技术经济与管理研究》，2010（6），140—143页。

⑤ 刘贵富：《产业链的基本内涵研究》，《工业技术经济》，2007（8），92—96页。

⑥ 徐康宁：《当代西方产业集群理论的兴起、发展和启示》，《经济学动态》，2003（3），71—74页。

金融机构及相关厂商，还包括由于产业延伸而涉及的销售渠道、顾客、辅助产品制造商、基础设施供应商、政府，还有专业化培训、信息提供、研究开发、标准制定的机构，以及行业协会和其他相关的民间团体等组织。

从本质上看，产业集群超越了单一的产业链范围，形成了在某一特定区域内的多种产业要素相互融合、众多产业载体相互联结的共生体或区域产业群落，产业集群内部各单元间的相互依赖、相互合作、相互竞争关系构成其独特的生产组织形式和经营组织形式。因此，经济集聚的本质是规模经济、范围经济和外部经济共同作用的过程，规模经济催生经济集聚产业点，再加上范围经济产生集聚产业区，规模经济、范围经济和外部经济共同作用产生经济集聚核心区。①

因研究视角及分类标准的不同，产业集群的分类存在多样性特征。相关研究成果包括：亚历克斯·霍恩（Alex Hoen）根据集群内部企业间的关系将集群分为创新链和产品链；海特根据集群企业规模将集群分为以大量中小企业为核心的产业区和以大企业为核心的中小企业集聚区；马库森提出了著名的马歇尔式、轮轴式、卫星平台式、依赖国家力量型等四种典型产业区类型。② 关于产业集群较为全面、权威的分类标准是联合国贸易与发展会议根据“集群内企业技术的总体水平、集群变化的广泛性以及集群内企业间相互协作与网络化程度”三个标准制定的，其将产业集群分为非正式集群、有组织集群、创新集群、科技集群和孵化器及出口加工区五个类型。③

我国市场经济体制的阶段性发展特征决定了国内产业集群存在其特殊性，从要素驱动角度可将其划分为资源驱动型、贸易驱动型、产业转移型、规划引导型、企业种子型产业集群。④ 在产业转型升级、跨界融合趋势下，某些产业集群已很难界定类型归属，集群混合体的特征会愈发明显；并且随着经济活动的发展，新的产业集群类型、模式会层出不穷。

---

① 孟庆民、杨开忠：《一体化条件下的空间经济集聚》，《人文地理》，2001（6），7—11页。

② 段智云、金艳方：《国内外产业集群研究述评》，《区域经济评论》，2013（1），153—160页。

③ 朱华友：《我国产业集群研究现状及理论述评》，《资源开发与市场》，2004（2），93—96页。

④ 向永胜：《我国产业集群发展的模式、现状与问题：一个全国范围的样本调查》，《科技管理研究》，2012（10），176—179页。

二、产业链的形态演化与产业集群的发展

（一）产业链的形态演化

一般来说，传统产业链形态有三种：(1) 产品形式——产品链。在产品链中，产业链整合以有形产品的联系为主，通过一体化或者联盟的形式来直接影响产业链内部各环节的产品供求。(2) 价值形式——价值链。价值链包括供应商、企业、渠道、消费者等，它们组成了一个价值系统。在传统产业链整合中，每个环节的产出即下一环节的投入成本，每一环节结束就完成一次增值过程，但下一环节的非增值活动可能会导致上一环节增值的抵消。因此，价值链是线性增值模式。(3) 知识形式——知识链。与前两者相比，知识链的呈现十分复杂。在传统产业链中，企业将从外界吸收的知识内化为核心竞争力，知识处于保密状态，如孤立的小岛分散在产业链条的各个环节，上游只了解下游的需求，却不知道如何实现消费者价值创造。这种状态下，产业链中的知识无法共享，企业之间没有合作而成为竞争关系。

由于线性传递的局限性，传统的产业链又被称为纵向一体化产业链。与传统的产业链形态不同，基于模块化时代的网络状产业链形态则呈现为：(1) 产品形式——产品的系统化。当产品发展到更为复杂的系统化阶段后，以模块化生产为基础的网络状产业链便替代了原来的纵向一体化产业链。[①] 网络状产业链通过网络连接各个模块，把每个模块构建的功能性集合组成了更大的系统。产品的系统化有利于提升市场反应的灵敏度，同时满足消费者的个性化需求。(2) 价值形式——闭环的价值网链。与纵向一体化的线性价值链相比，网络状产业链中模块化生产的分散性以及价值链分解后重组的过程，让产品产生了互补性、兼容性以及标准化等问题；在消费环节，模块化商品的消费行为是彼此影响的，如同互联网的应用一样，每个消费终端既是价值链的终点也是价值链起点，呈现出网络外部性的特点。基于这两点，随着网络中消费终端的扩充，产品的价值就会迅速膨胀，又继续吸引更多的消费者产生反馈效应，最终形成了一个闭环的价值网络结构。(3) 知识形式——知识分工模式。与纵向一体化产业链形态相比，网络状产业链的知识形式呈现为功能性的知识分工，即每个依据功

① 胡晓鹏：《模块化操作与模块时代——基于产业发展观的研究》，《人文杂志》，2008 (1)，79—86 页。

能划分出来的模块承载的知识都是隐藏的。模块化的生产分工、价值链分解都是在知识分工的动力下进行的，并且除了模块之间的知识分工以外，整个产业链上还存在知识的共享。在模块化生产中，知识分工与共享带来的巨大利好就是减小了知识显性化的范围，节约了学习成本，为企业带来报酬递增的收益。

可见，产业链是基于相同或相近的价值链基础实现的企业群结构，本质上是一种对接与关联机制体。产业链某个环节上往往集中了多个相关及配套企业，链条发展过程体现了专业化分工特性，而其本身的企业集群特征则体现了产业链的规模效应。传统产业链形态向网络状产业链形态演化的过程，实际上是一个“知识创新、知识扩散、分工深化与整合”① 的过程。在这个过程中，最初的规模经济逐渐演化为专业化经济、模块化经济、网络化经济。随着市场经济的发展，资源整合与优势互补的客观需求决定了产业链将不断延伸拓展。

（二）产业链的空间集聚形式

随着分工的继续深化，产业链条的迂回环节不断增多。当产业链的迂回在同一空间发生时，产生了能够提高产业链竞争力的外部经济性，形成了产业集群特征的空间组织形式。②

马歇尔在19世纪90年代提出了集聚概念，并将专业化产业集聚的特定区域称为“产业区”。他认为产业区可以利用外部经济的优势，节约企业成本，从而实现规模经济效益。从这个角度来看，产业区其实是整个产业链条在某一特定区域的空间集聚，通过产业链整合产生了外部经济性，提升了产业链的竞争力。随着服务型经济的快速发展，处于产业链与价值链高端的文化创意产业，在产业链上不断上下延伸并横向拓展，呈现出企业组织小型化、空间分布集聚化的新趋势。

基于纵向一体化产业链与网络状产业链的差别，会形成各具特色的空间外部性，由此产生的产业集群也是不同的。纵向一体化产业链处在规模经济和专业化分工的发展阶段，因此，与其配套的产业集群主要分为基于规模经济的产业集群和基于专业化分工的产业集群两种类型。网络状产业链处在模块化、网络化经济发展阶段，与此相匹配的产业集群是基于“创

① 芮明杰等：《论产业链整合》，43页，上海，复旦大学出版社，2006。

② 闫彦明：《分工、专业化与模块化：产业集群演化的一个视角》，《学术月刊》，2011（11），86—92页。

新知识的交流共享和服务平台的利用”[①] 而产生的网络状产业集群。同样采用集群化发展，三者在实现形式和分工效果上具有明显区别，所以，价值创造与知识共享的方式也大不相同。（详见表 7-1-1）

表 7-1-1 不同产业链空间集聚形式比较

价值创造方式	分工类型	网络协作	知识共享的内容	特点
基于规模经济	产品分工	生产协作	整合性知识	大工厂流水线生产
基于专业化分工	技能分工	市场协作	配置性知识	中小企业的主动联合
基于模块化生产	知识分工	创新协作	联系规则及其演化	核心优势集中

（三）产业集群的形成机制

合作机制始终贯穿在产业集群的孕育与形成、成长与扩散以及集群整体换代升级的全部阶段。西方学者从分析产业活动的组织范式角度，将 20 世纪 70 年代世界经济衰退作为产业集群的发轫期。在当时新的经济形势下，企业购买和研发需求基本在内部消化、不充分利用区位优势而独立竞争的经营模式已经发生了根本的变化，尽可能减少同供应商间的摩擦、加强以信任为基础的合作是符合当时实际的选择。另一些学者从市场与企业间的中间组织角度分析，认为，随着经济活动的互补性和资源依赖性不断凸显，市场的不确定性、交易频率和资产专用性会促使企业自觉地同其他企业进行合作和协调，以降低竞争程度和市场的不确定性。

国内学界对产业集群形成机制的研究逐步深入。徐康宁（2001）认为，一个成功的或典型的产业集群区的形成至少需要三个条件：第一是产业内的资本在某一区域内较快地集中，劳动力和产业技术充分自由地流动并实现与资本的自由组合；第二是市场的充分供给；第三是当地的制度（包括政府的政策、商业习惯和竞争文化）允许并鼓励这种集群现象。[②] 贾根良、张峰（2001）通过对国外产业发展经验的分析，强调了学习与持续创新能力是传统产业通过地理集群获取全球竞争力的关键因素，并对我国传统产业如何创建地方化生产体系提供了相应的政策建议。[③]

---

① 芮明杰等：《论产业链整合》，144 页，上海，复旦大学出版社，2006。

② 徐康宁：《开放经济中的产业集群与竞争力》，《中国工业经济》，2001（11），22—27 页。

③ 贾根良、张峰：《传统产业的竞争力与地方化生产体系》，《中国工业经济》，2001（9），46—52 页。

第二节　产业链整合与产业生态系统

产业集群是产业链的迂回环节在空间上集聚的产物。产业发展本身其实是产业链条的动态整合与分化的过程。[①] 当产业发展进入模块化时代，对产业的细化分工与重组整合变得尤为迫切。这也成为当前产业集聚发展中企业竞争与合作的核心问题。在现代市场经济中，企业之间获取竞争优势已经不能完全依靠自身的单打独斗，竞争成为整个产业链的竞争，竞争力源于产业链条各个环节的系统化协同作战。因此，更大范围内的资源与核心竞争力的平衡和整合，将成为企业生存与发展的新模式。

一、产业链的整合

产业链整合是一个分工深化与组织演进的过程，其根本目的在于获得报酬递增的最优收益效果。针对不同的产业链形式，整合的形式和组织形式也是有区别的。纵向一体化产业链的整合主要是资产关联式的整合，网络状产业链的整合主要是知识的整合。

（一）基于知识关联的产业链整合

在追求规模经济和范围经济效应的时代，垂直的生产结构决定了产品的研发、生产、销售、售后服务主要由企业内部完成。在信息技术、物流技术、营销技术和组织革新技术的有效支撑下，“有效的消费者响应”（ECR）理论及其战略推动了企业对产业链的战略管理意识的拓展，即不仅面对企业内部各职能部门之间，而且将视野更广阔地投向了企业与企业之间。因此，传统产业链的形态演化其实是纵向一体化产业链的形态演化，主要呈现为基于有形产品的投入产出分析而形成的产业纵向关联。在这种关联下的产业链整合表现为资产的整合，一般分为水平整合与垂直整合两种形式。

在模块化和网络化的时代中，传统的纵向一体化产业链演化为网络状的产业链形态，表现为：模块化的生产流程和产品系统让企业在应对消费者个性化需求时实现了模块化的流程再造和产品创新。在知识创新的分工下，产业链上报酬递增的分工经济得以实现。同时，模块化的组织形式让

① 崔焕金、刘传庚：《全球价值链驱动型产业结构演进机理研究》，《经济学家》，2012（10），88—96页。

企业可以将更多注意力放在核心专长的领域，将非核心业务外包出去，呈现虚拟企业组织形式。因此，分工方式的改变导致了模块化产业链呈现为网络状的产业关联，不再以有形产品为基础，而是以功能性的分工为基础；模块化的产业链内部的关联由基于产品的纵向关联转为基于知识的关联，产业链整合就表现为知识的整合。①

在模块化产业时代，产业链的整合实际上是一个基于知识的分工演化的动态过程，即“知识分工、知识共享的外部性带来的报酬递增导致了产业链的整合分化”②。一方面，通过产业链整合，增强知识的共享性，有效协调企业间的分工合作，可以减少交易成本和组织成本；另一方面，通过产业链整合，知识的外部性被内化，企业可以获得报酬递增的巨大收益。通过选择交易效率较高的组织模式，产业链整合实现了知识的共享。③ 当然，共享知识并不是产业链整合的全部内容，更为重要的是有效的知识整合，让分布在产业链不同环节上的知识服务于客户价值创造的最终目的。

（二）产业链整合的实现模式

熊彼特认为，创造就是“创造性地破坏旧的结合，实现新的结合”。产业链整合就是基于熊彼特的创新理论，经过分化、整合，最终实现系统化的集成创新。产业链整合主要基于产品、价值和知识的整合来完成。

1. 产品整合。产品与服务创新是商业模式创新的途径之一。随着消费者需求多样化与个性化的发展，产品与服务的复杂与多变让更多企业被整合到产业链上下游中。在分工日益深化和细化的时代，没有协作的企业难以提供适应市场需求、具有竞争优势的产品和服务。通过模块化的分散生产再经过组装集成的产品才能被市场所接纳，这就是产业链的产品整合模式。④ 在规模经济、专业化经济、模块化经济、网络化经济的各个不同时期，产品整合都是产业链整合的基础。在传统的纵向一体化产业链中，各环节只对自身负责的特殊知识有所了解，而对产品层次的整合性知识的认

① 李想、芮明杰：《模块化分工条件下的网络状产业链研究综述》，《外国经济与管理》，2008（8），1—7页。

② 芮明杰等：《论产业链整合》，3页，上海，复旦大学出版社，2006。

③ 刘登佐、陈博：《论文化产业链的知识整合》，《企业家天地（下旬刊）》，2008（5），60—61页。

④ 曹亮等：《论模块化生产网络的二重性——兼论其对中国企业的影响》，《中国工业经济》，2008（10），33—42页。

知是匮乏的，只有负责部件集成的企业才会掌握产品的整合性知识和客户价值创造的配置性知识。因此，这一阶段对产品整合的需求很低。而在网络状产业链中，产品系统化特征明显，包含众多功能模块，不同模块间通过一定的规则联系起来并构成更复杂的系统。

2. 价值整合。无论是企业还是产业链，竞争优势的来源都在于其能为消费者创造的客户价值。单个企业由于分散、势单，难以完成从产品到商品的跳跃。而协同创新的产业链则能整合价值创造的各个环节，有效连接单个分散的核心竞争力，提高创造客户价值的能力和效率，实现产业链各环节的一体化利润。在传统的卖方市场主导的时代，产出的产品一经销售就实现了价值，价值整合是伴随着产品整合而完成的，企业之间的协作主要表现为产品的供需关系。而在以买方市场为主导的现代，激烈的市场竞争加速了企业之间的协作由单纯的生产协作向价值创造的协作的转变。在这种转变下，价值整合在不同的产业链形式下表现为不同的含义。如以规模经济为基础的产业链能够充分发挥规模经济优势；以专业化经济为基础的产业链则会进一步产生供给灵活的产业链，并在此基础上形成柔性专业化的产业集群；模块化的产业链经过集成创新在产品整体中表现出来，融入了市场优胜劣汰的含义。

3. 知识整合。企业的价值创造是基于产业链上各环节的协作来完成的，而产业链中的分工协作是通过知识的共享来实现的，但共享远远不够，还需要整合知识，从而整合产业链的价值链。对于规模经济的产业链而言，共享客户需求，实现产业链的协作，无疑会优化资源配置并节约生产成本。在以专业化经济为基础的产业链中，客户个性化需求信息的共享引导着企业专业化生产的方向，这种“基于产品的整合性知识和配置性知识的共享与整合”[①]，将保证企业能够满足不同消费者提出的个性化需求。在模块化的产业链中，知识整合的过程包括三个步骤：一是知识的结构化处理，将知识整合到不同的功能模块中；二是制定模块的联系规则，建立产业链共享的显性知识标准；三是通过集成检测让模块转化为产品或服务。

因此，无论是规模经济、专业化经济还是模块经济、网络经济，产业链整合的表象是生产销售层面上不同环节的顺畅衔接，其本质则是对整个产业链中价值链的深度整合。这是由于“价值链是一个特定行业、企业或

① 芮明杰等：《论产业链整合》，245页，上海，复旦大学出版社，2006。

业务领域内产生价值的各项关键活动的有序整合”[①]，通过开展关键活动，企业业务才能有效运营、不断循环。

二、产业生态系统的演进路径

西方产业集群理论一贯强调，产业集群是知识创新的理想空间，集群内的知识流动、外部经济和集体效应等有益于企业的创新活动。有关集群创新的研究也表明，产业链的有效整合将提高产业集群的竞争力，借助外部联系、知识溢出、互动等外部变量对地方企业获得技术知识、提高学习和创新能力发挥重要作用。[②] 产业链与产业集群无疑为商业模式创新提供了基于整体生态系统的动力来源。

产业集群内各组织相互竞争与合作，形成一个互利共存的系统。产业生态系统以保持稳定的竞争与合作关系为目标，促进在某个空间范围内的各生产、流通、服务企业与相关机构有机结合，通过彼此之间良好的分工协作，降低成本、提高集群持续竞争力。产业集群的生态系统演进是沿着企业个体到产业链条、产业种群到产业集群的路径演进的。柳晓玲、张晓芬（2014）认为，产业集群从微观、中观、宏观三个层面逐步实现企业个体的演进、种群的演进以及集群与外部环境的演进。[③]

（一）产业集群生态系统内的企业个体演进

在产业集群生态系统中，企业属于微观生态范畴。一方面企业通过集群方式可以有效降低交易成本、共享资源，另一方面企业集聚也将带来集群内部资源及市场需求的竞争。因此，产业生态系统内部的竞合关系将不断推动企业个体的退出、进入、演进。在产业资源有限的条件约束下，企业间的产业分离度、相似性决定了集群内的生态位宽窄。分离度高、相似性低，企业个体间的相互重叠少，没有或很少有共同的业务或市场需求，企业间的竞争程度就弱，集群生态系统结构较为松散；反之，企业间的竞争程度会较为激烈，企业间的生态位发生分化，竞争力量此消彼长，集群生态系统结构更加平衡紧凑。

---

① 张戟：《价值链整合——商业模式的创新源泉》，《销售与市场》，2012（7），49—51页。

② 周泯非、魏江：《产业集群创新能力的概念、要素与构建研究》，《外国经济与管理》，2009（9），9—17页。

③ 柳晓玲、张晓芬：《产业集群生态系统演进及平衡分析》，《辽宁工业大学学报（社会科学版）》，2014（5），20—23页。

企业个体演进贯穿于整个集群生态系统构建过程中，其中最关键的是系统初创期。在这一时期，产业集群系统对外部环境和内部结构的控制能力较低，对发展空间和资源取向的把握程度不高，产业集群系统与外部环境之间还没有直正建立起物质循环、能量流动和信息传递的互动联系。因此，产业集群初创期的生态系统构架、生存法则、生存环境对企业个体演进影响重大。①

（二）产业集群生态系统内的种群演进

产业集群内的企业个体组成了众多种群，例如围绕产品制造种群衍生质量管理、售后服务、金融服务等外围种群。核心种群与外围种群需要构建协同、高效、稳定的合作与竞争关系，实现1＋1＞2效应。

产业集群生态系统的成长期是种群演进的关键时期。在初创期资源整合储备和体制机制探索的基础上，产业集群开始以种群组团的方式不断扩大生产规模，经济效益初步显现，形成相对稳定的群落结构。在此过程中，空间结构的规模扩张与层次性整合成为决定种群演进的重要举措，其既要与外部资源结构相适应，又要考虑与自身空间结构的匹配度。总体而言，产业种群演进过程中的路径依赖效应，促使集群生态系统内部产业种群的规模扩张与结构调整进一步稳定下来。②

（三）产业集群与外部环境的协同演进

产业集群是一种依托环境、资源而形成的集聚组织。当某一地域资源环境及生存条件恶化时，集群发展亦会相应受到抑制，出现集群衰退现象。产业集群在发展中必须建立合理的系统反馈机制，实现与外界环境间物质、能量、信息、资金及人才的有序输入输出；当外部环境变化时，集群内部企业和种群会随着环境的变化而调节，而环境也会随着集群内部演化路径的改变而改变，实现协同演化，从而达到一个新的稳定水平。③ 因此，产业集群需要充分考虑资源、市场容量、基础设施承载能力、政府相关政策及社会文化环境等外部环境因素，将集群数量和密度保持在一个最合适的水平上。在此基础上，充分发挥政府在集群发展中的管理、引导

① 陈宇菲等：《产业集群生态系统的结构、演化及运作机制研究》，《科技管理研究》，2009（10），396—399页。

② 王发明：《产业种群、产业集群及其演进研究》，《生产力研究》，2009（5），124—127页。

③ 赵进、刘延平：《产业集群生态系统协同演化的环分析》，《科学管理研究》，2010（2），70—72页。

作用，针对环境变化采取合理适度的干预行为，构建集群信息沟通渠道及网络，改善集群内外部的信息不对称问题，促进知识、信息的流动和共享。

第三节　文化产业集群的整合创新

产业链是形成产业集聚效应的基础，文化产业也不例外。通常，文化产业的产业链集聚形态分为三种结构：（1）纵向产业链，即共享一种内容资源的多种产业形成延伸价值链；（2）横向产业链，即企业间协同合作形成规模经济；（3）整合的产业链，即产业要素的整合。这三种形态贯穿文化产业集聚的整个过程，形成文化产业集群整合创新的基础。①

一、文化产业的产业链整合

（一）文化产业的产业链整合模式

产业链整合是产业链演化的重要途径。在模块化产业时代，产业链的整合是基于知识关联和知识管理来完成的。当前，身处知识经济时代的文化企业应该更清醒地认识到，知识产权便是文化企业的核心资源，也是文化企业取得竞争优势的重要智力资本。谭劲松（2001）把智力资本视为“能进行科研创新以及对公司内部资源做出管理配置”② 的一种人力资本。因此，智力资本是一种无形资产，它以能够转化为利润的知识为内涵，为企业创造价值、带来经济效益。③ 文化产业是依托文化智力资本进行产业链整合和延伸的产业形态，在文化产业集群中，产业链集聚与整合主要有纵向垂直整合、横向跨界整合、全产业链模式三种形式。

1. 纵向垂直整合产业链

纵向垂直整合着眼于产业链上、中、下游环节的完整性与延伸力。文化企业在构建从开发到加工的产业链体系雏形时，需要在重要环节进行创新与知识积累，不断激励高附加值产品的开发，并将创新扩展到终端产品

---

① 徐文燕、周佩：《文化产业园区的集聚效应与全产业链发展模式分析》，《南京财经大学学报》，2012（5），104—108页。

② 赵罡等：《智力资本内涵及构成研究综述》，《科技进步与对策》，2009（4），154—160页。

③ 丁卓琪、朱乃肖：《智力资本商业模式下的知识产权保护——以K集团为例》，《中国人力资源开发》，2014（20），35—39页。

的应用领域，从而为进一步实现横向与侧向整合奠定基础，最终打造全产业链模式。

纵向垂直整合往往以区域性的企业集团为实现形态，围绕某个核心企业或规模企业，对产业链上下游各环节的关联企业进行兼并、重组，将企业间的外部联系转化为产业内部联系，整合成具有规模优势的大企业集团。如华侨城集团通过整合产品系统，率先在中国采用了“旅游＋地产”的双核赢利模式，实现了旅游和地产的1＋1＞2效应，取得了巨大的成功，是典型的产品系统创新案例。同时，华侨城还将旅游六要素巧妙地配置到景区与社区中，实现了“景区＋社区”的无缝对接与和谐共生，开创了一种主题公园“旅游城”的开发新模式，最终在上下延伸与横向拓展产业链条中促进业态多元发展。[①]

2. 横向跨界整合产业链

横向跨界整合着眼于产业链整合范围的横向集群式扩展。运用兼并、重组等资本运作方式，文化企业建立起一个与内部或相关企业进行知识合作的渠道平台，形成集中度高、关联性强、群体效应显著的产业集群。横向跨界整合以组建区域企业集群为实现形态，即在同一类型的产业中，企业通过外部的垂直与水平联系，建立企业间的网状产业链，形成产业集群。[②]

作为产业集群发展的现实载体，文化产业园区是基于地理空间上的集聚而产生知识溢出、集体学习与创新环境等一系列集聚效应的产业链整合的组织形式。[③] 在园区内，不同产业链上的企业基于知识共享和整合组建了企业外部协同创新的网络状产业集群，其中包含一条或多条子产业链，也可能是多条子产业链的某些环节；经过横向跨界集聚的过程，某一个环节的产业优势逐渐扩散到上下游环节，从而形成以此为核心、包含相关配套支撑体系的集群。如韩国首尔科技谷的横向跨界产业链整合，就是聚集了众多小创意团体、大型ICT（信息通信技术）企业、软件公司、互联网企业、风投公司等在内的相关企业，完成数字内容产业链的延伸拓展；国

---

① 郝美田：《深圳华侨城主题公园发展模式及创新路》，《经济地理》，2011（11），1949—1951页。

② 杜传忠：《市场集中与空间集聚：现代产业组织演进的两条基本路径》，《中国工业经济》，2009（7），142—151页。

③ 杨宇等：《文化产业集聚的空间经济模型与实证检验》，《经济问题探索》，2014（7），55—62页。

内动漫产业园区也是动漫相关业态的企业集聚，实现动漫产业链的横向跨界整合，覆盖动漫设计、动漫游戏、手机游戏、数字动漫开发、软件、创意、制作、发行以及教育培训等不同环节。①

3. 全产业链模式

全产业链是在劳动分工基础上实现的新的产业整合，它着眼于不同性质的产业链间的侧向整合。一般来说，以资本为驱动，文化企业将物流、金融、信息等通用型服务配套产业进行整合，实现产业链的网络化、多功能化扩展，并向其他优势产业转型。由于在空间与时间维度上同一内容资源得到了重复延伸的使用，文化产业的全产业链模式更具有融贯性和扩展性：（1）可以继续在横向与纵向上进行延伸，平衡产业链上下游及产业链之间的资源配置，从而提高产品附加值，激励创新与品牌建设；（2）从产业链起点开始到产业链终端的每个环节都可以通过内容的知识产权进行有效管理，便于掌控关键环节；（3）产业链贯通一体，环环相扣，顺畅衔接，并在不同产品线之间形成相关功能的整合与战略协同。

张立波、陈少峰（2011）曾指出，“全产业链”作为一种系统的、有机的、整体的商业模式创新，是理论上最好的商业模式，但在现实中，全产业链都是通过专业化的产业链形式来展现的。② 这是因为全产业链实际是通过专业化分工提高生产率，从而实现新的产业整合的形式。全产业链模式是通过什么实现产业集聚的？一是要强调产业链的专业化；二是实现多角度重复开发。经过专业化与重复开发，文化产业实现了自身的产业升级，为文化企业和文化产业园区的可持续发展提供了较为合理的解决方案。

综上所述，对于文化产业而言，资本与知识的驱动导致经济发展的历史进程不同，因此，产业链整合的三个模式具有层层递进的演化特征，体现了文化产业发展的阶段性特征。其中，全产业链被认为是“文化产业发展的典型的商业模式，也是文化产业园区最好的集聚形态和发展模式选择”③。

---

① 陈金丹等：《基于网状产业链的数字内容产业园区协同创新研究》，《科技进步与对策》，2016（4），70—76页。

② 张立波、陈少峰：《文化产业的全产业链商业模式何以可能》，《北京联合大学学报（人文社会科学版）》，2011（4），94—98页。

③ 徐文燕、周佩：《文化产业园区的集聚效应与全产业链发展模式分析》，《南京财经大学学报》，2012（5），104—108页。

（二）文化产业的产业链整合效用

产业链是产业集群与产业生态系统的基本形态。对以中小企业为主的文化产业而言，产业链的整合可以降低采购、销售、融资等成本，从而实现规模经济效益；同时，给企业带来抱团发展的协同效用，有利于形成产业集群的规模优势和竞争优势。具体表现在以下几个方面：

1. 建立协同化发展的企业战略合作关系。

产业链是价值链的外在表现形式与延伸形态。根据迈克尔·波特的竞争理论，不是价值链上的每一个环节都能创造价值，那些真正创造价值的经营活动，就是企业价值链的“战略环节”。[①] 产业链的整合，在于通过在产业链的不同环节间设置流程、信息等要素，促进产业链高效运转，实现产业要素的配套与整合。[②] 在产业链上的文化企业基于协同化的产业链，在供应、研发、生产、销售等各环节上建立战略合作关系，形成优势互补、相互协调的发展机制，抓住创新与品牌两大价值链高端，产生协同效应。

2. 激励企业的持续创新，实现品牌共享。

文化产业的发展离不开创新创意，产业链上的任何一个企业都可以通过自身的创新带动或影响其他企业。这种创新可以是内容上的，也可以是形式上的。通过文化产业链的整合，文化企业以好的创意来适应不断变化的市场，同时进一步激发消费者的潜在需求，发挥市场在资源配置中的主导作用，以创意引领驱动文化产业的创新发展。通过持续创新，最终文化企业着力围绕品牌的树立与传播来打造良好的企业信誉与对外形象，实现品牌效应。整合后的产业链中多个企业在品牌上实现共享，省去不必要的中间流程，缩短文化产品的上市周期，压缩了生产成本，从而提高了整个产业链的经济效益。与此同时，品牌共享还将带动整个产品系统的创新与销售，如迪士尼及其相关的文化衍生品能够大获成功，关键就在于企业品牌的共享，品牌的影响力与竞争力让与之相关的产业链相关企业都可以共享品牌带来的竞争优势。

3. 进行知识整合，建立学习型组织。

产业链整合的实质在于知识的整合，即对企业现有的知识资源进行重

① ［美］迈克尔·波特著，陈小悦译：《竞争优势》，33页，北京，华夏出版社，2005。

② 张立波：《文化产业园的产业链构建》，《北京联合大学学报（人文社会科学版）》，2010（4），91—95页。

新分配和整合，将其内在潜力和价值提炼出来。[①] 对文化产业而言，知识整合提高了文化资源的利用率，增强了企业的核心竞争力，是企业实现可持续发展的有效途径之一。这是因为，在知识的整合过程中，位于产业链各环节上的企业要深入把握各类知识结构的内在关联，与其他企业开展广泛合作，以联盟的形式创新知识整合的方式，提高企业组织的学习能力。与一般产业相比，文化产业是依靠文化智力资本发展的产业形态，产业链较长，更要重视知识的整合，并有意识地将知识链接作为文化产业链的关键要素，促进知识成果的快速转化，构建学习型企业组织，从而促进知识的传递与创新，吸引更多企业参与进来共促发展。

同时，文化产业注重文化资源、创意创新及人力资本等生产要素，与知识产权联系最为紧密。因此，在产业链整合的同时，要强化企业的知识产权保护意识，不断完善知识产权管理，在企业内部建立健全知识产权保护机制，切实保护企业的知识产权，有效提高企业核心竞争力。[②]

二、文化产业集群与生态系统

文化产业集群是指众多相互独立又相互关联的文化资源、文化企业及相关机构在一定区域内根据自己的专业分工建立起相互协作关系，集聚形成一个相互支撑、相互依托、相互促进的专业化的产业发展组织。文化产业集群化发展是推动文化产业发展的有效路径。实践表明，用建立文化产业集群的方式，解决区域文化产业的统筹和协调问题，不失为新形势下探索文化产业发展途径的有益尝试。

（一）文化产业集群的层次和类型

根据文化创意产业“创意”属性的强弱，文化产业集群可划分为三个层次：一是核心产业。主要包括广播电视电影业，广告会展业，软件、网络及计算机服务，艺术品交易，设计服务，休闲娱乐等六大产业。创意主体在核心产业中占据重要地位。二是外围产业，主要包括文化旅游业、新闻出版业。产业的创意性较弱，创意制造属性较强，市场化程度有待提高。三是边缘产业。主要由传播、服务及延伸主体构成，包括各种相关支撑机构及各类基础设施和配套机构，如图书馆业、文物业、群众文化业、

---

① 王富兰：《实现文化产业链整合效用的途径探讨》，《价值工程》，2014（29），186—187页。

② 史贞：《知识产权战略：新兴产业发展的新环境与新动力》，《理论与改革》，2014（3），53—55页。

博物馆业、咨询业、文化科技与科研、文化经纪与代理，还包括教育产业、资本市场、物流体系等。[①]

文化产业集群根据其呈现的形式可以概括为以下类型：一是园区型文化产业集群。作为产业集群的高级形式，产业结构、需求结构和要素结构合理的特色文化产业园区，是推动文化产业集约化、规模化和专业化发展的重要路径。二是大树型文化产业集群。依托龙头企业，根据自身的资源类型、区位条件、产业特色、发展现状、产业链延伸、周边产业基础及未来趋势等因素，整合文化产业链，塑造品牌文化产品，发展产业集群。三是池塘型文化产业集群。通过发挥文化跨界融通的效能，实现文化创意和设计服务与装备制造、建筑业、机电、旅游业、农业等产业的融合发展。四是蜂窝型特色文化产业集群。通过挖掘地方资源，联合带有区域文化印记的要素资源，打造富有特色的区域文化产业集群。[②]

（二）文化产业集群的发展路径

文化资源禀赋、优势行业、创意人才和消费市场是文化产业集群化发展的主要支撑要素。文化产业集群需要围绕四大要素并结合其他集聚条件探索符合本地域实际的发展路径。

1. 瞄准文化资源，实施创新性传承开发。

文化资源不同于一般意义上的物质资源，是指在特定时代下形成的带有文化根脉的宝贵资源，一直以作用于人的精神世界的形式影响着所有文化及相关产业的发展。在一定的区域内，以产业化形式将文化资源转化为文化产品，需要政府、企业、组织相互协同，通过深入研究，挖掘地方性的历史文化资源、自然生态资源，带动相关产业齐头并进、联动发展，进而形成一个综合型的区域文化产业集群，实现经济、社会一体化效益。

2. 强化优势行业，提升核心产业竞争力。

在文化产业各圈层中，围绕核心优势行业如以生产技术和产品制造为基础的产业，组建产业园区、基地，通过行业内部的生产组织方式创新，强化大企业和中小型企业间的互补性，形成完整的产业链、价值链、供应链，形成具有竞争力的文化产业集群，形成微观小规模生产、宏观大规模经营的格局。[③] 在节约资源、兼顾公平的原则下，相关优势行业的企业孵

① 王彤玲、吴强：《文化创意产业集群的分层与分布》，《光明日报》，2011 年 3 月 25 日。

② 程金亮：《文化产业集群研究述评》，《吉林工商学院学报》，2014（4），5—9 页。

③ 朱蓉：《文化产业集群化发展路径分析》，《商业经济研究》，2013（28），130—132 页。

化器、公共平台建设的服务范围和服务效率也会得到进一步提高。

3. 集聚文化人才，促进信息和知识的流动。

人才集聚与产业集群的形成机制相似，二者联动发展、互相促进。人才集聚的作用在文化创意和设计服务业表现尤为明显，如文化软件服务业、建筑设计服务业、文化艺术培训服务业、群众文化服务业等。通过文化产业集群内部的专业分工互补机制、交易成本机制、知识外部性机制、竞争合作机制，文化人才得以有效集聚，最终将有效推动产业集群规模的增长、产业集群的创新。

4. 引导文化消费，提高产品与服务的市场需求。

精神需求是支撑文化产业的重要动力。根据马斯洛需求理论，人对文化的追求与需要是一个高层次的需求，是人的自我价值实现的需要。在市场需求日益多元化的趋势下，文化产品和服务的生产、供给必然向集群化发展，通过集群内的各企业优势、各产品特点，为消费者提供最优的消费方案，缩小现有文化产品和市场需求之间的差距。①

第四节　整合商业模式的经典案例

案例一　上海戏剧谷：资源整合下的现代演艺业街区

（一）园区概况

上海“现代戏剧谷”商业文化街区位于上海市静安区，是在原来“戏剧大道”建设的基础上规划而成的。街区范围以美琪大戏院为起点，经由百乐门至华山路上海戏剧学院，途经20多家各类剧院或演出场所，宽500多米，长约2000米，总面积达1.5平方千米。上海现代戏剧谷的开发，旨在以静安为龙头，串联起周边区域，整合静安区域独特的商业、人文和戏剧资源，探索商业街区与文化产业融合发展的新型模式。从基础雄厚的现代商业戏剧入手，做大文化创意和文化服务产业；通过对静安现代戏剧谷专业系统的规划与管理，发挥其独特的艺术属性、产业属性和大众属性的作用，服务于静安国际商务港建设，并为上海戏剧产业的发展发挥先导作用和示范作用。

---

① 许进、宁凌：《论企业聚集竞争优势的形成机制》，《华南理工大学学报（社会科学版）》，2005（6），61—66页。

（二）戏剧与商业资源整合的1＋1＞2效应

1. 政府高端定位，推动产业资源整合。上海戏剧谷的规划是站在上海文化大都市建设目标的高度，致力于打造与美国百老汇、英国伦敦西区齐名的戏剧文化产业集聚区，从而撬动上海戏剧产业的整体发展与繁荣。项目不仅受到上海市委和静安区委的高度重视，得到上海市委宣传部的大力支持，还得到静安区政府专门提供的具体产业引导政策与专项扶持资金。在区一级政府层面，成立了现代戏剧谷管理委员会，负责把握现代戏剧谷的整体发展方向并提供相应的扶持和支撑。在管委会体制下又成立了现代戏剧谷发展有限公司，以承接政府所购买专业服务的方式，全面负责现代戏剧谷的日常运营和管理，形成政府支持、企业运作、社会参与的运营格局。

2. 配套优惠政策，推动产业规模扩大。为了进一步扩大园区产业规模，吸引更多的艺术家和艺术企业落户，静安区政府先后出台了多项优惠政策，如：在租金方面，推出每天每平方米补贴3元、上限为100平方米的资助措施；制定出台了《现代戏剧谷核心剧目资助办法》，并积极实施"壹戏剧优才"计划，于2010年1月1日起正式面向全社会接受戏剧类演出项目的公开申报，通过管委会和专家组审核的剧目将作为核心剧目获得专项扶持和资助。通过这些鼓励措施，戏剧谷吸引了大批艺术家，以余秋雨、孟京辉、谭盾、赵志刚、张军为代表的一批活跃在海内外戏剧和音乐舞台上的领军人物纷纷落户现代戏剧谷，有效扩大了戏剧谷的品牌影响力，并推动了戏剧产业规模的快速扩张。

3. 戏剧与商业复合，成就街区核心吸引力。戏剧谷依托街区内丰富的剧场资源、强大的创意机构、优质的商务环境和庞大的受众群体，重点发展集群式商业戏剧产业，既包括拥有上千座位的大剧院，又包括仅有百余个座位、功能形态各不相同的商业型剧院，这些将成为戏剧谷内主体业态。作为运营主体的现代戏剧谷发展有限公司，将全面负责改造、管理和运营现代戏剧谷内的核心剧院。目前，云峰剧院的环境改造与百乐门的功能业态改造已提上日程，美琪大戏院的外观改造及周边环境的整治也接近尾声，上海商城剧院对演出形式的调整将随着都市话剧和音乐剧的加入进一步升级，常德路800秀和芷江梦工场都将陆续打造适合现代戏剧演出的专业剧场，而改造后的静安寺广场则将为"广场戏剧"这一开放性的演出样式开拓全新的舞台。

4. 专属品牌营销，塑造国际视野下的高端品牌。作为上海这一国际大都市的戏剧产业龙头项目，上海现代戏剧谷从一开始就注重以国际视野打造国际品牌。现代戏剧谷发展有限公司与美国百老汇最大的剧院管理集团倪德伦公司达成全面战略合作，通过利用其在现场娱乐产业近百年的经验，为戏剧谷的总体规划和发展提供咨询服务，共同探索剧院运营与管理、戏剧评奖、戏剧输出等市场化运作。在此基础上，现代戏剧谷积极打造了“壹戏剧”品牌，具体包括“壹戏剧演出季”“壹戏剧优才”“壹戏剧联盟”“壹戏剧大赏”“壹戏剧票务”“壹戏剧教育”“壹戏剧基金”“壹戏剧论坛”“壹戏剧专辑”，力争将“壹戏剧”打造成中国现代戏剧产业的第一品牌。

（资料来源：《现代戏剧谷——商业街区与文化产业融合》，《东滩视点》第 27 期；综合其他网络资料。）

点评：

作为一个政府大手笔规划的特色街区项目，上海戏剧谷的打造，以政府主动推动，企业、商家、院校以及艺术场馆共同参与，文化、旅游和商业的互动融合为主要特征，为国内以演艺产业为核心特色的文化街区的开发建设提供了宝贵的经验。

案例二　中国文化创意产业联盟：文创也搞“聚合创业”

（一）“聚合创业”商业模式

“聚合创业”商业模式突破了个人或企业独立经营的传统商业模式，结合了“消费者＋股东”的经营模式。中国文化创意产业联盟的每一个主体都是潜在客户群，又是该平台的股份持有者和事务管理人，以此实现平台内的资源整合、项目对接、品牌缔造、成本压缩和推广运营。其实，聚合创业不是一种新模式，但北京市安博律师事务所第一次将其引入文化创意产业，并将于近期启动第一个“联合办公聚合创业”的项目。该项目计划募集 20 个股东，采用“股权加消费的股东会员制”运作文化创意项目。

（二）“消费者＋股东”的 1＋1＞2 效应

“聚合创业”商业模式有五大核心：第一，平台搭建。搭建由众多企业、个人组成的中国文化创意产业联盟平台，这个平台打破了传统的独立创业模式，平台内每个主体既具有相对独立性、经营自主性，又具有内部协同性，甚至共同集资创业、共同管理。第二，管理模式。该平台采取理事会管理模式，以开放的姿态不断吸纳新成员加入。第三，规模效应。平台内部成员抱团对外，提升行业内的竞争力和招标、竞价的成功率以及共同争取政府资金政策扶持。第四，项目对接。联盟内部成员与同行及上下游关联企业展开内部合作，对接项目，通过联盟内合作达到成本最低的运营目标。第五，品牌推广。联盟成员借联盟平台整合资源，在内部运营推广的同时借助联盟向外推广。在品牌推广的同时联盟企业积极承担社会责任，从事慈善公益活动回馈社会。

“聚合创业”商业模式有四大特色：举办年度论坛及文化名人名企评选，发布文化创意产业年度报告，举办资源整合项目对接沙龙，宣传理事会员单位，缔造文化品牌。

“聚合创业”主要在开放、分享和共赢三个层面上提供支持和帮助，在融资层面上帮助企业发展壮大。在开放层面，将建立创业者开放平台，形成持续、稳固、及时、多元的沟通机制，做到信息数据公开和平台开放，让更多人加入分享平台。在分享层面，将举办创业者讲堂、雇主沙龙、文化名人访谈、创业融资咨询及创业者训练营等活动，全面帮助创业者快速成长。在共赢方面，将依托开放平台，加强业务合作，帮助创业者成长，提升创业成功率。在融资方面，将依托自身创投资金及行业影响力，牵线搭桥，帮助网络创业者寻找风险投资信息和机会，帮助创业者实现进一步成长壮大的梦想。

（三）专家点评

北京市安博律师事务所主任王守亮认为：在中国，解决所有问题的关键都在于人。“聚合创业”商业模式的横空出世，改变了市场主体分散独立的现状，为市场主体间的沟通交流和资源整合、上下游关联企业的精诚合作开辟了广阔的道路，中国市场经营者的合作史从此翻开了崭新的一页。

（摘自陈戈垠：《文化创意产业“聚合创业”商业模式横空出世》，http://www.ccnn.tv/caijing/caijingzixun/2013-12-08/172.html。）

案例三　乐视网：全产业链的垂直整合

（一）乐视网概况

乐视网成立于2004年11月，具有国家级高新技术企业资质，2010年8月在中国创业板上市，是行业内全球首家IPO上市公司。乐视网连续三年入选德勤“中国高科技高成长50强”“亚太500强”，获评《互联网周刊》“2008年度成长最快的视频网站”、清科“2009年中国最具投资价值企业50强”等。

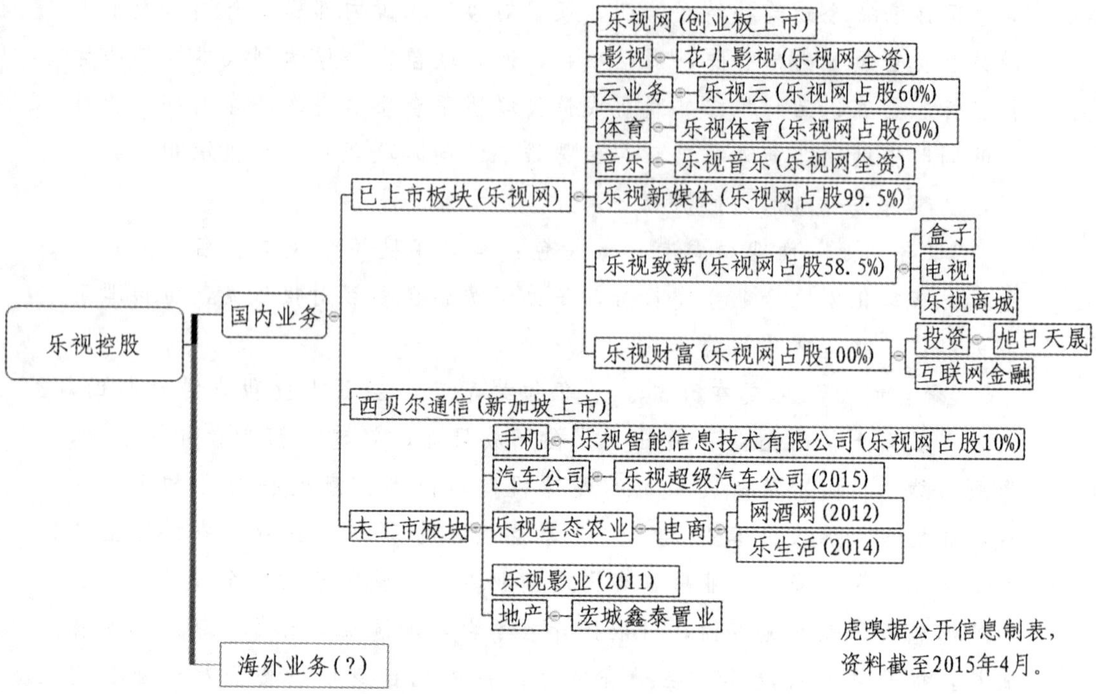

图 7-4-1 乐视网控股业务版图

来源：虎嗅网：《超级乐视：没边儿的故事，真实的瓶颈》，https://www.huxiu.com/article/112630/1.html。

乐视网是国内最早购买影视剧版权的视频网站，经过多年的积累，乐视网目前拥有国内最全的正版影视剧版权库，拿到了国内大约70%的热门电影、电视剧的独家网络版权。乐视网在国内首创在线视频“收费＋免费”模式，目前已拥有70多万收费用户。为满足很大一部分对视频质量有高要求的网友，乐视网收费频道的清晰度已达720P（高清）的码流，部分已投入资源升级到1080P（全高清），以提高用户观赏体验。

（二）“平台＋内容＋终端＋应用”模式

互联网视频领域主要有三种模式：第一种是VOD视频点播模式，第二种是视频分享模式，第三种是以P2P（点对点接连）技术为核心的网络电视。不同于以上这三种模式，乐视网独创的是“第四种模式”，即“收费＋免费”的商业模式。乐视网的营收来自以P2P为技术支撑的数字发行和广告收入两大块。其中数字发行业务是指客户付费后在线点播和观看热门影视剧。此外，乐视网专门开辟了企业电视台和站长电视台，企业在缴纳会员费和年费后，就可借助乐视网的平台播放与该企业相关的视频。经过十余年奋斗，乐视网已经发展壮大成为乐视控股集团，并构建出垂直整合的“平台＋内容＋终端＋应用”的生态模式，业务涵盖了互联网视频、影视制作与发行、智能终端、大屏应用市场、电子商务等领域。

垂直整合的“平台＋内容＋终端＋应用”的乐视生态正在发生强大的生态协同效应：乐视影业、花儿影视、乐视自制和采购的视频内容，通过乐视云视频、云计算大数据平台直达用户的乐视硬件终端，带动乐视云和乐视应用商店等第三方应用库；硬件终端通过乐视商城等电商平台全流程直达用户，去除品牌溢价，给用户提供“两倍性能，一半价格”的极致硬件产品；内容和应用通过乐视终端和平台保证用户获得超出预期的极致体验。乐视生态能产生产品协同效应，生态的各个环节的品牌相互带动，推动大乐视品牌的提升，形成品牌协同效应。乐视生态周边一批专业合作伙伴包括投资者、硬件代工厂、设计机构、电视应用开发者形成外部合作协同效应，乐视网上市公司和其他未上市生态版块的资本相互支持形成强烈的资本协同效应。乐视生态自身强大的内生力给予乐视控股集团无穷的上升空间。

事实证明，这种新的商业模式更有市场前景。在乐视生态的完整布局下，乐视控股集团的企业理想是建成一个对产业有巨大影响力的生态系统，通过持续创新，给予用户极致体验，改变人们的生活方式。

（来源：综合网络资料。）

点评：

乐视开创的跨界整合模式，打破了专业分工所造成的创新鸿沟，更能打造极致体验的产品和服务。从全球范围看，产业链垂直整合将超越专业分工，基于互联网思维的生态布局已经成为全球经济发展的趋势。在接下来的互联网变局中，跨界整合、进行完整生态链建设将会成为主流，并被资本市场和用户接纳。而乐视正是中国视频网站行业进行生态布局的代表。

案例四　曲江模式

（一）曲江概况

西安曲江旅游度假区2003年正式更名为“曲江新区”。该区依托丰富的历史文化遗产资源，以“文化立区，旅游兴区”为理念，进行大手笔资源整合、资本运作，以文化旅游业为主导，同时涉及房地产、餐饮、酒店、商贸、网络、科教、文化艺术品等产业门类，基本形成具有特色的较为完整的文化产业体系。

首先，在基础设施建设方面，曲江园区已基本完成“七通一平”，园区绿化覆盖率达到60%，人均公共绿地面积为26.9平方米，优良的人居和投资环境为曲江发展奠定了基础。其次，曲江新区建成了大雁塔北广场、大唐芙蓉园、曲江海洋公园、曲江会展中心等一大批重大文化项目，这些项目提升了城市价值和城市品位，对吸引外资、加快园区发展、促进区域经济繁荣起到了很大的带动作用。再次，曲江园区发展文化产业集群，在文化旅游产业发展的基础上，拓宽文化产业门类，聚集文化产业资源，延伸文化产业链条，做大文化产业规模。此外，城中村改造、新农村和新型社区建设成绩显著，并解决农民的就业和社会保障等问题。同时，由政府主导，曲江园区加强公共文化设施建设，诸如六大遗址公园、六大文化场馆等项目，都加快了公共文化事业的发展，产生了巨大的社会效益。

（二）曲江园区的整合之路

曲江园区的战略目标定位是基于文化产业发展的战略转移以及曲江发展的实践和现实需求制定的。《西安曲江新区文化产业发展纲要》主要涉及三个方面：第一，以文化事业和文化产业的互动，达到“文化事业促进文化产业发展，文化产业反哺文化事业”的目标，体现了曲江追求公共利益和经济效益的有效结合，推动了文化的和谐发展。第二，从产业发展角度，曲江打破地区和行业分割的旧思路、旧体系，将文化产业综合起来，加快发展“以文化旅游为主导，影视、会展、演艺、传媒等产业共同发展”的文化产业集群，构建了文化旅游业、影视演艺业、会展创意业及出版传媒业四大文化产业体系，并逐渐加强产业链的延伸、产业之间的联动以及地区间的合作。第三，从品牌建设和推广的角度，曲江以打造“西部第一文化品牌”为目标。一方面构筑自身的文化品牌体系，加强品牌竞争优势；另一方面，以品牌为媒介，不断进行产业扩张和辐射，加强品牌的推广力度。曲江园区的战略目标定位影响着其运营模式的建立和运营策略的形成，在其发展过程中，战略定位随时起着引导和指向作用，从而形成阶段性的具体的运营目标和线路。

曲江园区的发展经历了三个阶段：第一阶段以“旅游＋房地产开发”为运营模式，针对的是单个点的文化旅游项目，同时发展的还有周边地区的房地产开发，这是园区发展资金的主要提供者。在这个阶段中，没有形成具有规模的产业集群和完整的产业链条。第二阶段以“文化旅游＋城市经营”为运营模式，即以打造具有盛唐风格的一系列文化旅游项目为基础，改善城市的基础设施环境、生态环境，从而产生文化旅游产业的集聚效应并形成城市文化品牌，促进城市经济发展和竞争实力的增强。第三阶段为文化产业园区的综合运营模式，也就是打造文化产业体系，形成以文化旅游为主导的独立、完整的产业链，促进产业链的延伸以及跨行业、跨地区的文化产业竞争合作。这一运营模式体现出了较高的综合性、复杂性，需不断地进行理念上、策略上、方法上的创新，才能促进园区的可持续发展。

（摘自陈溪泽、陈俊：《浅谈“曲江模式”对武汉文化产业发展的启示》，《区域经济》2013 年第 8 期。）

点评：

“曲江模式”是一种文化经济模式，以“文化＋旅游＋城市”为内核。它的运营线路是以产业园区建设为基础，以文化产业集聚为核心，达到文化事业、区域产业、城市经营共赢的目标。其中最具特色的就是曲江模式中文化项目的选择。

曲江模式本质上就是做了两件事：第一，战略上以“弘扬文化、复兴城市”实现西安这座古都的伟大复兴；第二，策略上以城市经营激活文化，就是说，如何恰当运用中国 30 多年改革开放形成的市场经济体制和城市运营策略强有力地推动西安复兴的伟大事业迈出实质性的步伐。

西安曲江成功地将旅游与文化深度融合，用文化拉动旅游，用旅游传播文化，实现“旅游文化化”和“文化旅游化”。

第八章　平台：商业生态系统的构建

近年来，平台企业的迅速崛起，引发了学界对于平台商业模式的研究，双边市场和平台经济理论也逐渐成为现代产业经济学和产业组织理论关注的热点问题之一。据统计，2012 年，世界百强企业中，像苹果、思科、谷歌等涉及平台业务或具有平台性质的企业占 60%。到 2013 年，在胡润中国百富榜位列前十的企业中，平台企业占据了五席，包括腾讯、百度、阿里巴巴、万达、海康威视。平台企业与平台模式远超传统企业的发展速度，促使平台在短短几年时间中迅速发展为新经济时代最重要的产业组织形式，这足以证明平台及平台模式对以往产业结构和商业模式的颠覆与突破。

第一节　理论基点：平台经济理论

学术界对于平台和平台经济的研究，发端于 20 世纪 90 年代的美国管理学，在 21 世纪初期经法国学者引入产业经济学领域，并得到快速发展。目前，围绕产品、产业以及双边市场展开的平台研究体系已经初步形成，并成为经济学与管理学甚为关注的研究热点。

一、平台与平台经济

（一）平台的概念界定

“平台”（Platform）一词源于计算机技术术语，如 PC、Windows 操作平台都是基本软硬件的集合。作为引领新经济时代的重要经济形式，平台广泛存在于现代经济系统中。关于平台的界定，各学科所关注的视角有所不同。有学者综合双边市场、平台空间和平台技术，对平台进行了综合和全面的界定，认为“平台是建立在海量端点和通用介质基础上的交互空间，它通过一定的规则和机制促进海量端点之间的协作与交互”。[①] 基于这个概念界定，平台应该具有三个基本要素，即海量端点、交互空间以及通用介质。在平台经济学的定义中，平台被认为是“一种现实或虚拟空间，该空间可以导致或促成双方或多方客户之间的交易”。[②] 作为交易空间，平台收取适当的费用，交易各方被吸引来频繁地使用平台，并最终实现收益最大化。这种界定主要是从市场交换的角度展开的，是经典经济学领域所涉及的“市场”概念的外化。综合来讲，平台是以现代通信、电子计算机和网络的运用为基础，促成双方或多方客户之间竞争、合作、交易的空间。[③]

与传统单边市场不同，平台实际上关系到买方、卖方和平台（第三方）三者的经济利益与活动规则。基于市场外化的原理，在网络外部性的影响下，相互对立又相容的双方或多方之间如何通过平台进行互动，决定了平台被采用的频率与效果。具体表现为：如果平台上卖方数量多，就会吸引更多的买方进入；反之，卖方也会因为买方的数量增加而受到激励，增加对这一平台的使用。这就在平台外部形成了一个良性循环，不断激励买方与卖方涌入，从而强化平台的效用。因此，平台从某种角度上来看是“以某种类型的网络外部性为特征的经济组织”。[④] 由此可见，在现代市场结构中，平台之间基于外部性的影响也存在竞争乃至垄断的情况。这正是平台经济学（Platform Economics）所要研究和解决的问题。通过引入交易成本和合约理论，平台经济学主要分析各种类型的平台商业模式，以及这些商业模式的竞争机制和互动关系。

（二）平台经济理论的发展

对于平台和平台经济，我国学者倾向于将其视为产业经济学的一个分支，其在近年来随着平台模式的发展逐渐成热。即使在国外，对于平台经济学的理论研究也处在一个由起步到发展的新阶段，继罗歇和梯若尔（Rochet & Tirole，2003）、卡约和朱利安（Caillaud & Jullien，2003）、阿姆斯特朗（Armstrong，2004）等人的开创性研究之后，经过国内外学者多年的努力，平台研究取得了不小的进展，初步形成了一定的理论体系。

① 张小宁：《平台战略研究评述及展望》，《经济管理》，2014（3），190—199页。
② 徐晋、张详建：《平台经济学初探》，《中国工业经济》，2006（5），40—47页。
③ 谭瑞琮：《平台经济与科技资源共享》，《华东科技》，2012（9），20—23页。
④ 徐晋、张详建：《平台经济学初探》，《中国工业经济》，2006（5），40—47页。

1. 产品平台研究阶段

20 世纪 90 年代初，美国哈佛大学的惠尔赖特（Wheelwright，1992）教授最早将平台概念引入产品设计领域。他认为，产品平台是指企业为了降低成本、实现规模经济和范围经济，通过增、减或修改模块来制造一套相关而各异的产品时所共用的部件的基础，能够增加新产品设计的灵活性。[①] 1997 年，美国东北大学教授迈耶（Meyer，1997）深入分析了产品平台更替的基本原则，并提出了横向、纵向及综合衍生的产品族图谱，奠定了产品平台研究的理论基础。[②] 这一阶段的研究，主要针对企业内部的产品平台的设计领域，多由工程方面的学者来实践。

2. 产业平台研究阶段

麻省理工学院库斯马诺教授等人借鉴哈佛大学摩尔教授（Moore，1993）的商业生态系统思想，将平台概念扩大到供应链之间或企业之间，称之为产业平台。他们给产业平台做了一个描述："一项产品、服务或技术，由一个或数个企业研发，作为其他企业创建补足品、服务和技术的基础"[③]。伦敦帝国学院的加威尔进一步指出，并非所有产品都可以成为平台，这种转换存在两个前提：一是产品是否具有解决问题的功能性，二是是否具备促进与外部企业对接的能力。因此，产业平台的研究核心在于初创企业如何构建平台并激励创新，让企业获得规模经济与范围经济。[④] 如谷歌公司通过核心化策略，由技术的部分开放创建激励，实现利润。从产业平台的研究开始，平台商业生态系统的理论基石基本奠定。这是因为产业平台具有持续性与集中性，保持了自身的相对稳定，不但可以为整个商业生态系统创造价值，还能实现系统中所有利益相关者的价值共享。

3. 双边市场平台研究阶段

产品与产业平台的研究是管理学的研究领域，而双边市场平台的研究正式进入经济学领域。这一发端的标志性事件是法国图卢兹大学产业经济研究所的著名产业经济学家罗歇和梯若尔在 2003 年公开发表了《双边市

---

① 钱平凡等：《平台研究国际进展与侧重点及政策含义》，《发展研究》，2014（5），80—83 页。

② Meyer M H，Lehnerd A P. *The Power of Product Platforms：Building Value and Cost Leadership*. New York：Free Press，1997。

③ Gawer A，Cusumano M A. *Platform Leadership*. Boston：Harvard Busine School Press，2002.

④ 钱平凡等：《平台研究国际进展与侧重点及政策含义》，《发展研究》，2014（5），80—83 页。

场的平台竞争》一文，将规范的经济学方法引入双边市场平台（Two-sided Market Platform）研究。[①] 起初，对于双边市场平台的研究主要以信用卡为对象，后逐渐扩展到电信行业、购物中心、社交网络、电子商务等领域。基于双边市场平台较强的网络经济性特点，罗歇和梯若尔还综合了网络外部性理论和多产品定价理论，开创性地建立了双边市场平台竞争的基本模型。而后，一些学者也对双边市场平台的定价机制、竞争与合作、市场规制及其反垄断问题进行了研究，取得了新的突破。

4. 平台商业模式研究阶段

除了管理学与经济学视角外，随着平台企业在社会经济中的迅速崛起，以及商业战略、商业模式研究命题的确立，学术界对平台经济的研究也转向了其在商业生态系统中本质性和特殊性的问题。通过对平台分类和其商业模式相结合的研究，阿姆斯特朗和哈格尔（Armstrong & Hagel）指出，平台组织差异化程度会直接影响平台商业模式。基于行动者网络理论，孟丁以平台组织的竞争策略为视角对平台商业模式进行了分析。王生金、徐明利用扎根理论，提出平台模式架构模型来分析平台模式的本质与特殊性，为平台企业商业模式的设计和创新指明了方向。[②] 陈威如、余卓轩在《平台战略》一书（2013）中将平台商业模式定义为“连接两个及两个以上的特定群体，为他们提供互动机制和交流平台，满足所有人的需求，并从中获利的一种商业模式”。张鹏等人（2015）站在“市场属性”的高度，结合现代信息技术的应用，指出平台商业模式通过要素、信息与规则三个层次的流动，最终完成演化的过程。[③]

二、平台经济的特征与本质

（一）平台的特征

平台经济不同于传统经济，它是“以信息技术为基础，以知识信息的生产、存储、使用和消费为驱动，以网络为基本生产工具的新型经济”。[④]

---

① Rochet J C，Tirole J. “Platform Competition in Two-sided Markets”. *Journal of the European Economic Association*，2003，1（4）.

② 王生金、徐明：《平台企业商业模式的本质及特殊性》，《中国流通经济》，2014（8），106—111 页。

③ 张鹏、王欣：《平台商业模式演化的理论分析——基于平台组织理论视角》，《西部财会》，2015（7），75—78 页。

④ 谭瑞琮：《平台经济与科技资源共享》，《华东科技》，2012（9），20—23 页。

平台经济具有外部性和多属行为两个突出特征。

1. 平台的外部性

网络外部性是平台经济的特征之一。网络是一系列链路直接或间接连接的结构，呈现出各组件互补的特征，由此引发了网络外部性。J. 罗尔夫斯在 1974 年对电信服务的研究中最早发现了这种现象，后来一些学者提出网络外部性的概念。所谓网络外部性是指“一边终端用户的规模会显著影响另一边终端用户使用该平台的效用或价值”。[①] 平台经济理论借鉴了网络外部性理论中的某些观点，比如以价格结构作为研究中心。

埃文斯（Evans，2003）以及罗歇和梯若尔（2004）通过对平台使用费和会员费的精确分析，对“成员外部性”（Membership Externality）和“用途外部性”（Usage Externality）做了区分：（1）平台的成员外部性（间接网络外部性）是指平台的一类用户的数量影响该平台对于另一类用户的价值。用户对成员外部性的关注，是由于最终用户的成本[②]具有交易敏感性。（2）平台的用途外部性（直接网络外部性）一般是指平台的价值与使用该平台的消费者的交易相关，尤其是与用户对该平台的使用量相关。也就是说，当网络外部性表现较强时，企业会以更优惠的产品形式或平台服务来获得更大的客户群体。

尽管多数文献探讨的网络外部性都是正向的，但不可否认负向外部性的存在。贝勒弗拉姆和图尔蒙德（Belleflamme & Toulemonde，2004）提出平台产业或双边市场的网络外部性也有正负之分。[③] 埃文斯（2012）认为，多边平台战略在创造正外部性价值的同时，也产生了负外部性和不良行为。[④] 威尔伯（Wilbur，2007）关于电视广告产业的实证研究也验证了负向外部性的现实存在。

2. 多属（Multi-homing）行为

在实际生活中，存在三种不同的多边平台市场结构[⑤]：（1）竞争性主导的相似性平台（Coincident Platforms）。像电子游戏、操作系统、门户

---

① 李允尧等：《平台经济理论研究动态》，《经济学动态》，2013（7），123—129 页。

② 这里所说的成本包括平台收取的固定费用，也包括客户方的技术性固定成本。只有具有交易敏感性的成本的总和才对最终用户有意义。

③ 他们认为，异边用户产生的是正的外部性，而同边用户产生的是负的外部性。

④ David S Evans. “Governing Bad Behavior by Users of Multi-sided Platforms”. *Berkeley Technology Law Journal*，2012，(27)：1201—1250.

⑤ 徐晋、张详建：《平台经济学初探》，《中国工业经济》，2006（5），40—47 页。

网站等，几个多边平台为市场同一方提供同质的市场。(2) 竞争与垄断并存的交叉性平台（Intersecting Platforms）。多边平台为多个市场方提供可相互替代的产品或服务，平台之间也存在服务与被服务关系，如网站页面上互相提供超链接的行为。(3) 垄断性平台（Monopoly Platforms）。在多边市场的任一方之间都不存在竞争关系的平台。尽管这种平台结构多是一种理论上的存在，但在中国确实曾经存在（分拆前的中国电信等）或现实存在（现在的中国银联、中石油或中石化的加油站等）。

由于功能可以互相替代或者并无关联的很多平台客观存在，为了保证平台之间不兼容或不能互通时交易的正常进行，市场中至少有一方就可能会采取与多个平台发生关联的行为，即多属行为占优策略。[①] 徐晋（2006）、李云尧（2013）等都认为，在平台业务开展的过程中，多属行为对平台价格水平和定价结构产生重要影响，是一种常见的现象。

（二）平台的本质

1. 平台是市场演化的高级形式。对市场的研究与分析是经济学研究的核心基础。针对市场组织形式和企业组织形式，制度经济学派进行了相关的研究并推进了市场理论发展。作为一种新的组织形式，平台是存在于现实与虚拟之间的交易空间，以适当的交易费用来促成双边或多边客户的交易。根据市场演化理论，当市场处于自发状态时，"隐形的手"来调节资源配置，这时的市场表现为隐形的存在；而平台出现后，市场具有了社会人的经济属性，市场发展到了一个更高的阶段，并向成熟和具体的组织结构演化迈进了一步，存在形式呈现为显性市场。

2. 平台是组织形式的高效运转。根据组织理论，张鹏等人将平台组织划分为三个不同层次，即用户层、规则层和数据层。[②] 其中，用户层是平台上所有的交易信息经过不断累积而形成的；规则层是介于用户层与数据层之间的桥梁，是平台的技术性和管理性规则形成的流程化制度，起着协调层级间关系和保证平台正常运转的作用；数据层通过数据处理技术，对来自用户层并经过规则层规范后的标准化信息进行解构和处理，并按照平台组织的目标对其进行组合，使其形成不同经济价值的数据结构。经过三个层次的传递，平台组织的价值得到了提升。当然，一旦三个层次之间的结构特征发生变化，平台的组织内部也会发生变化，间接影响到整个组织

① 李允尧等：《平台经济理论研究动态》，《经济学动态》，2013 (7)，123—129 页。

② 张鹏、王欣：《平台商业模式演化的理论分析——基于平台组织理论视角》，《西部财会》，2015 (7)，75—78 页。

的目标、效率、运行机制以及生命周期等。

第二节 平台经济的载体：双边市场

在传统经济中，市场被简单地划分为买方与卖方两个单边市场；但在新经济时代，平台是不同用户端点的交互空间，往往与双边市场[①]联系在一起。平台经济以双边市场为载体，双边市场以平台为核心，通过实现两种或多种类型顾客之间的博弈获取利润。[②] 产业经济理论着重通过对双边市场的界定来阐释平台，或者通过平台来阐释双边市场。

一、双边市场的概念和分类

双边市场理论是21世纪才引起学术界和产业界重视的，这一理论提出后迅即得到各界积极响应，并且已经成为目前国外产业组织理论研究的热点之一。在学术界，一些主流经济学和管理学杂志上不断有这类研究成果发表，梯若尔、阿姆斯特朗等著名学者纷纷投入该领域的研究。继罗歇和梯若尔（2003）、卡约和朱利安（2003）、阿姆斯特朗（2004）的开创性论文之后，出现了对于双边市场的研究热潮，为产业组织理论研究提供了一个全新的视角。与此同时，国内学者也对双边市场进行了研究。朱振中、吕廷杰（2005、2006）从企业战略、平台竞争及福利分析、反垄断问题、复杂双边市场、最终用户议价能力等方面对国外双边市场有关研究进行了分析，介绍了国外双边市场经济学研究的进展，此后国内开始关注这一领域。

与理论研究相呼应，产业界也陆续出现了有关平台型企业反不正当竞争行为的诉讼案例，如微软 Windows 操作系统的视窗捆绑案、维萨（Visa）和万事达（Master）等银行卡组织的交换费反诉讼案件，这些诉讼案例深刻反映了双边市场下平台企业竞争行为的特殊性。因此，双边市场理论为审视企业竞争环境提供了新的视角：对企业竞争环境的考察，除

---

① 双边市场（two-sided markets）之外，存在多边市场（muti-sided markets），即很多平台企业面对多个边，由上游供应商与平台之间的上游市场以及平台与消费者之间的下游市场共同组成的关联市场。绝大部分多边市场均为双边市场，所以本书统一使用双边市场的学术术语和研究思想。

② 李允尧等：《平台经济理论研究动态》，《经济学动态》，2013（7），123—129页。

了从经典的垄断与竞争的四种市场结构去分析，还可以从市场的双边市场特征去考察。①

目前，不论对国外还是国内学者而言，双边市场理论都是崭新的领域，仍处于探索阶段，尚未形成明确、统一的概念界定。具有代表性的几种观点是：(1) 阿姆斯特朗（2004）认为，两组参与者（最终用户）需要通过中间层或平台进行交易，而且其中一组参与者的收益取决于另一组参与者的数量，这样的市场称为双边市场。(2) 罗歇和梯若尔（2004）将双边市场定义为，通过一个平台能够使最终用户相互作用，并通过合理地向每一边收费试图把双方维持在平台上的市场。同时，罗歇和梯若尔还针对双边进行定义，他们认为：假定一个平台向买方和卖方收取的单位交易费用分别为 a^B 和 a^S ，如果通过该平台所实现的交易量 V 仅仅依靠总的价格水平 a（其中 $a=a^B+a^S$ ），也就是说，该平台对总的价格水平 a 在买方和卖方之间的重新分配不敏感，此时的市场就是单边；如果价格水平 a 此后不变，通过平台实现的交易量 V 随着 a^B 的变化而变化，则该市场是双边的。(3) 赖特（Wright，2004）认为，双边市场涉及两种完全不同类型的用户，每一类用户通过共有平台与另一类用户相互作用而获得价值。(4) 罗松（Roson，2004）认为，双边市场是能够定向销售特殊服务、允许双方或多方在第三个独立实体管理的平台上发生相互作用的市场。(5) 赖辛格（Reisinger，2004）认为，双边市场是指截然不同的两类用户通过公共平台而相互作用的市场。(6) 朱国华、李雪静（2007）认为，具有网络外部性的异质最终用户之间通过一个或多个采用多产品定价方式的平台进行交易，且该平台对交易双方的价格结构具有敏感性，这样的市场就是双边市场。②

综合以上学者的观点，我们认为，双边市场就是一种产业性平台，平台两边存在截然不同的两类用户，他们通过共有平台发生相互作用或影响而彼此获得价值。当然，要准确理解双边市场理论，必须把“双边市场”和“单边市场”区分开来。在单边市场形态中，企业的利润和交易量仅仅取决于企业向消费者所制定的价格总水平，而与价格总水平在不同消费者

---

① 杨冬梅：《双边市场：企业竞争策略性行为的新视角》，《管理评论》，2008（2），40—48 页。

② 朱国华、李雪静：《基于双边市场理论的期货交易所竞争策略》，《上海金融》，2007（6），22—25 页。

之间的分配比例即价格结构无关。[①] 买者和卖者总要通过一个平台进行交易，但并不是说只要有平台、买者、卖者就会构成双边市场。表 8-1-1 对单边市场和双边市场进行了比较。

表 8-1-1 单边市场和双边市场比较

	单边市场	双边市场
定价策略	产品价格水平由生产该产品的单位边际成本决定，产品价格的变动应该反映边际成本的变化	双边价格不反映产品或服务的边际成本
倾斜定价	高于边际成本属于对消费者施加了垄断势力，低于边际成本属于掠夺性定价行为	非对称价格策略反映了双边市场特征，解决了双边用户参与问题
交叉补贴	属于不正当竞争策略性行为，应予禁止	交叉价格补贴是由平台价格结构决定的，不属于不正当竞争行为
捆绑销售	减少了消费者的选择，损害了消费者福利和社会总福利	尽管减少了消费者选择，却有利于平衡双边用户需求，提高平台交易量，进而增加了消费者福利和社会总福利

资料来源：根据罗歇 & 梯若尔、阿姆斯特朗等的研究成果整理。

埃文斯（2003）从实证的角度将双边市场分为以下三种类型：（1）市场制造型（market-maker）。其特点是方便双边用户的交易，能通过中介平台来提高搜索交易对象的效率和买卖双方配对成功的可能性。[②] 超市、房屋和婚姻中介、电子商务平台等都属于这类市场（见表 8-1-2）。（2）受众创造型（audience-maker）。这种双边市场平台的主要职能是多吸引观众、读者和网民等参与者加入平台，这样企业才会愿意到平台上发布广告和产品信息。电视、报纸、杂志、网站、赛事等就属于这类市场平台（见表 8-1-3）。（3）需求协调型（demand coordinator）。这类双边市场能帮助两边的用户通过平台来满足相互的需求。[③] 电脑操作系统、银行卡系统、移动增值业务平台等都属于这种双边市场（见表 8-1-4）。

---

① 杨冬梅：《双边市场：企业竞争策略性行为的新视角》，《管理评论》，2008（2），40—48 页。

② 金鹏、蔡淑琴：《C2C 电子商务平台的税收征管参与行为分析》，《工业技术经济》，2008（9），124—128 页。

③ 彭移风：《双边市场定价方式及其对传统市场理论的挑战》，《价格月刊》，2007（3），10—12 页。

表 8-1-2 市场制造型双边市场的实例

产业	平台	边 1	边 2	收费较少的边	平台利润主要来源
服务	房产经纪、婚姻中介、猎头公司	买方	卖方	1	销售佣金
商业	超市、卖场	消费者	商家	1	销售佣金
IT 业	电子商务平台	消费者	商家	1	销售佣金

表 8-1-3 受众创造型双边市场的实例

产业	平台	边 1	边 2	收费较少的边	平台利润主要来源
媒体	报纸、杂志	读者	广告商	1	广告费(约占总收入 85%)
媒体	广播、免费电视网	观众	广告商	1	广告费
媒体	门户网站	网民	广告商	1	广告费
通信	即时聊天系统	网民	广告商	1	广告费
通信	电话黄页	电话用户	广告商	1	广告费
表演	赛事	观众	赞助商	1	赞助费

表 8-1-4 需求协调型双边市场的实例

产业	平台	边 1	边 2	收费较少的边	平台利润主要来源
IT 业	电脑操作系统	用户	软件开发商	2	微软 67% 收入来自软件销售
金融	银行卡系统	消费者	商家	1	2001 年美国运通 82% 收入来自商家
通信	移动增值业务平台	网民	广告商	1	
IT 业	游戏平台	游戏玩家	游戏开发商	1	

资料来源：根据埃文斯、徐晋、纪汉霖、昝胜锋等的研究成果整理。

就这三种类型的双边市场而言，市场制造型使得属于不同市场方的成员能够进行交易。其他市场方的成员越多，市场内的成员便越看重这项业务，因为这会增加相互匹配的机会以及减少寻找配对所需的时间。需求协调型制造产品和服务，这些产品、服务能引起两个或多个市场方客户之间的间接网络外部性。受众创造型双边市场的两边用户之间没有直接的交易关系，而且在很多情况下该市场类型往往和负外部性联系在一起。①

① 纪汉霖：《双边市场定价方式的模型研究》，《产业经济研究》，2006 (4)，11—20 页。

例如，一般来讲，观众对于电视等平台上的广告持比较厌恶的态度，但是广告商更愿意在拥有更多受众的媒体上做广告，因为其网络外部性收益更大。因此，平台向用户收费难度较大，只有将收费的重点放在企业这一边。另外，平台通常很难观察到用户和平台之间交易的次数，比如电视台很难知道电视观众观看了多少次广告，更无法获知观众在看完广告后的潜在交易数量。因此，平台往往通过向用户收取一定注册费的方式，让其在一定时段内任意使用该服务。但对于企业一边，平台可采取的收费方式则较为多元。

二、双边市场的经济特征及本质

（一）双边市场的经济特征

双边市场经济介于多产品寡头垄断经济和网络经济之间，具有鲜明的特点，主要体现在：（1）存在两组参与者之间的网络外部性，即市场间的网络外部性。自卡茨、夏皮罗（Katz & Shapiro，1985）开始，有大量的文献研究市场内的网络外部性问题。但在某些情况下，比如媒体产业，两个市场之间也会发生网络外部性，即在某一特定市场上生产的产品的效用伴随着另一市场所生产产品的需求数量而变化，反之亦然。（2）采用多产品定价方式。中间层或平台必须同时为其提供的两种产品或服务定价。从实证和规范上看，双边市场不同于多产品的垄断或寡头垄断情况（Rochet & Tirole，2003），但多数多产品定价的研究文献并没有考虑不同产品消费中的外部性问题；与此相反，双边市场理论的出发点则是，一类最终用户并没有将它使用平台对其他类型用户产生的福利影响内部化（Rochet & Tirole，2004）。

双边市场需求方面的特征主要表现在双边用户需求的互补性、交叉网络外部性以及双边用户的多归属特征行为。双边用户需求的互补性并非源于功能性互补，而是基于不同市场的用户安装基础而产生的。在双边市场中，只有在两边市场的用户同时产生了对平台厂商的需求之后，双边市场的需求才可以形成。即：基于不同市场的用户安装基础产生的非功能性互补需求决定了市场需求的特殊性；需求是来自双边市场的联合需求，缺一不可，否则厂商的需求将无法满足。

双边市场的网络外部性更倾向于交叉网络外部性。虽然每一笔市场交易都能为双边市场的平台方带来收益，但是双边市场的参与者为该项交易所支付的价格不同，并且参与者所支付的价格不能反映消费者的得与失，市场存在很强的交叉网络外部性。交叉网络外部性是指在双边市场中，每一边市场的用户向另一边市场的用户产生利益溢出；这种溢出的利益通常与市场规模有关。产生交叉网络外部性的主要原因是需求互补特征。

多归属性并不是双边市场固有的本质特征，但其对双边市场中平台厂商的定价行为、竞争策略以及产品兼容性选择等都会产生深远影响。多归属行为普遍存在，除了由于平台提供服务质量的不完全替代性，更重要的原因也即用户多方持有的根本动机就是尽可能多地享受另一边用户规模带来的好处。从现有文献来看，关于标准化以及兼容性的研究文献很少涉及多归属问题。研究表明：在消费者多归属行为不存在时，平台厂商总是通过提供不同的网络规模来实现产品的垂直差异化；但是，如果存在消费者多归属行为，这种差异化会减小，这表明存在连续的对称均衡。另一方面，若厂商选择完全兼容，那么消费者就不会选择多归属，此时会出现唯一的对称均衡；如若厂商选择部分兼容，那么将产生非对称均衡。同时，消费者多归属的存在将导致厂商有过度兼容的倾向，但是社会福利在厂商完全不兼容的情况下实现了最大化。

双边市场平台的供给特征主要体现在：科斯定理是平台出现的必要条件（Rochet & Tirole，2003）。即如果平台双边的用户在缺少平台的情况下仍然可以进行低成本交易，那么平台是否值得存在将有待商榷。正是由于双边市场的用户之间由于种种原因难以达成交易，才促成了平台的出现，并通过平台来撮合双边用户的交易。首先，产品和服务的寄生特征决定了平台厂商始终需要围绕促进双边用户发生相互作用而进行。在这个过程中，平台通过促使两边用户基于平台发生相互作用而获得利润。从这个角度看，平台提供的产品或服务不具有独立性，提高一边市场的市场份额可以看成平台厂商服务于另一边用户的投入。其次，具有截然不同诉求的用户之间的互补性需求使得平台不能简单按照互补性多产品厂商那样行事。平台必须协调双边用户产生的过度需求和不足需求，通过价格、质量结构影响市场需求，并从中获利。其三，平台厂商提供的产品或服务具有信息产品的特征，其生产成本具有特殊结构，呈现高固定成本、低边际成本的特点。

综合双边市场需求和供给两方面，具有双边市场特征的产业呈现出三大独特性。首先，与单边市场不同，其市场需求来自双边市场的联合需求，缺少任一边市场的需求，平台厂商的需求就难以形成。比如，若没有观众欣赏体育赛事，那么赞助商就不会赞助体育赛事；若欣赏的观众数量增多，那么赞助商就会更加踊跃。反之亦然。可见，双边市场产业呈现出著名的“鸡和蛋问题”（chicken & eggs problems）。其次，与通常所述的单边市场网络外部性不同，双边市场的网络外部性更多地表现为交叉网络外部性。第三，对于在这类市场中运作的平台厂商来说，不仅市场需求与价格总水平有关，而且价格结构在很大程度上将影响双边市场联合需求的形成。在定价策略上，由于一边市场的定价将影响另一边市场需求，因此，平台除了需要考虑价格总水平之外，还必须考虑总价格在双边市场的分配问题，即定价的结构问题。值得注意的是，双边市场的价格结构具有非中性的特征。所谓非中性是指，由于交易成本或者制度等原因，卖方市场的用户难以将平台运营商施加的成本完美地转嫁给买方市场的消费者。因此，平台普遍选择倾斜的价格结构和非对称赢利模式，将市场一方作为获利一边，而另一方作为投资市场，以吸引获利市场的消费者。

（二）双边市场的本质

从理论渊源上讲，双边市场本质上与网络外部性理论、多产品定价理论有着千丝万缕的联系（Rochet & Tirole，2005）。和网络外部性的联系体现为双边市场交易中存在没有内部化的外部性。这种外部性又不同于一般的网络外部性，因为一般意义上的网络外部性强调具有相同特征或禀赋的交易方之间的相互依赖，而双边市场则体现出有着不同特征或禀赋的交易方之间即平台异边用户之间的相互作用，可以称之为间接网络外部性。和多产品定价理论有联系是指二者都关注价格结构，并且认为价格总水平比市场势力更可能对价格结构造成扭曲。不过双边市场理论和复合产品定价理论不同的是复合产品定价理论不考虑外部性。

理解双边市场，首先应从经济学中的网络效应[①]概念开始，它是指某种产品对一名用户的价值取决于使用该产品的其他用户的数量。网络外部性可分为直接网络外部性和间接网络外部性。前者是由互联需求带来的网络效应，而后者则与互补产品有关。直接网络外部性是指同一市场内消费者之间的相互依赖性，如使用某一产品的消费者可以直接增加使用同类产品的其他消费者的效用。间接网络外部性是指主要产生于基础产品与辅助产品之间的技术上的互补性，这导致在产品需求上的相互依赖。在具有间接网络外部性的市场上，消费者使用一种产品的价值取决于与该产品互补

① 公认最早对网络效应现象进行分析的经济学家是罗尔夫斯（J. Rohlfs，1974），网络效应被定义为一个用户消费一种产品所获得的效用随着使用该产品的用户的人数增加而增加（Katz & Shapiro，1985）。

的产品的数量和质量，比如消费者购买硬件时会考虑与之相配套软件的流行程度和范围，从而形成市场的外部影响。

与一般意义上的网络外部性不同的是，双边市场具有独特的网络外部性，任何一方用户的参与都会影响市场中其他用户的利益。在平台中，网络外部性可以作为一个特别的属性来进行研究，因为它与传统的微观经济学中的多产品垄断或寡头垄断有着很大的区别：在传统的多产品垄断和寡头垄断情形下，所有平台面向的是同一个消费者群体，因此不同产品之间的外部性最终会被终端用户内部化；而平台中不同的产品面对的是不同的消费者群体，市场两边的相互作用形成了很强的互补性，但这种外部性不会被终端用户内部化。正是由于这种特殊性，外部性是平台一个重要的特征和研究方向。

网络外部性可看作网络规模扩大过程中的一种产生于市场需求的规模经济，是一种需求方规模经济。需求方规模经济致使某一特定产品的用户越多则该产品所具有的价值越大，并且将吸引更多的用户加入该网络，形成网络扩张的正反馈效应。正是通过正反馈效应，产品市场迅速扩大，市场占有率急剧提高，市场垄断性不断增强，甚至形成独家垄断格局，表现为一家公司支配或主宰整个市场。网络效应比较强的市场即使不是独家垄断也多为寡占型市场，并且该市场上企业的市场份额和利润水平相差较大。

网络外部性是双边市场存在的基础，网络外部性参数也是影响双边市场竞争结构的重要因素。网络外部性越强，即网络外部性参数越大，平台两边价格的不对称性也就越强烈。在强网络外部性的条件下，平台的一边可能会出现负价格。正如在信息技术系统中，产品对消费者的使用价值经常取决于它与其他产品互补或兼容的程度，具有互补性的商品或服务具有生产或消费的外部性，一方的行为会影响其他方的效用（施密特、沃勒，Schmidt & Werle，1998）。当每个用户从其他用户使用同样的技术产品受益时，在需求方面就产生了直接网络外部性。由于网络外部性，产品成本和价值可能取决于其他已经使用或装备该产品并构成网络的用户的数量。当一个产品对于消费者的使用价值取决于其他消费者的消费选择尤其是取决于有多少人消费这种产品时，当一个商品对用户越有价值就有越多的用户采用同样或相容产品时，就产生了正的网络外部性（Tirole，1988）。若消费者对一个网络产品的需求会随此产品用户的数量增加而递增，在一个系统平台上用户数量越大则系统对每个用户的价值越多，这时就产生了网络效果。这种正反馈是所有双边市场的共同特征。

第三节　平台赢利模式与发展趋势

平台企业以商业生态系统的理念构建平台生态圈，用以连接多边交易群体；通过向买卖双方提供一个交易空间和一套交易规则，促进双方的互动与交流，实现各自的发展需求。正如著名平台研究专家库苏玛诺（Michael A. Cusumano，2010）所言，“平台意味着开发各种应用的可能性”。[1]

一、平台的业务与竞争模式

（一）业务模式

埃文斯（2003）以双边市场为例，提出平台中常见的三种业务模式，即双边客户的召集、双边客户的利益平衡、规模化和流动性。[2]

1. 双边客户的召集。如前所述，平台的一个重要特征是多属行为的存在。假设没有另一方需求，也不存在这一方的需求，那平台的价值就不成立。这就好比“鸡和蛋”谁先于谁的问题。[3] 为避免这种情况的出现，平台就必须设法召集到双边客户，才能发挥平台的价值。平台如何召集双边客户？至关重要的是平台投资和定价策略。例如采取“各个击破”策略，从市场的某一方开始大量获取客户，免费为他们提供服务，调动受益方积极参与平台业务。平台企业通过“赔钱赚吆喝”的投资方式，为市场培养一方或双方的客户，获得效益和口碑。

2. 双边客户的利益平衡。多边市场中成熟的平台企业在解决了“鸡与蛋”问题后进入平台的发展期，如何制定和维持一个最优的收费结构或价格结构对其未来发展至关重要。大多数情况下，平台的定价结构都有偏向市场中某一方的倾向，但这一方的边际效用实际上远远低于市场的另一方。[4] 基于自身利益，双边客户都会希望或要求对方承担更多的费用。

3. 规模化和流动性。成功的平台企业在扩大规模前，都会采取循序渐

---

① 刘家明：《双边平台战略研究综述》，《江苏商论》，2016（1），20—24 页。

② 徐晋、张详建：《平台经济学初探》，《中国工业经济》，2006（5），40—47 页。

③ Caillaud B，Jullien B. “Chicken & Egg：Competition among Inter-mediation Service Providers” . *RAND Journal of Economics*，2003（24）.

④ 徐晋、张详建：《平台经济学初探》，《中国工业经济》，2006（5），40—47 页。

进的市场进入策略，即先选择小型市场，通过对平台的试运行进行反复测试和调整，以确保流动性的增加，摸索出值得投资的合适技术与设施。阿瑟（Arthur，1989）认为，与传统的网络效应经济理论不同，没有证据表明可以通过迅速占据市场份额达到控制平台产业市场的目的。[①]

（二）平台竞争

平台竞争是双边市场理论研究的核心问题。由于市场两边的需求具有相互依赖性，平台企业需要解决鸡蛋相生问题。在现实世界中，不同类型的平台竞争都可能影响双边市场。像媒体、中介业和支付卡系统等许多传统产业都是典型的双边市场。[②] 随着信息通信技术的迅速发展与广泛应用，电子商务、门户网站等多种新型的双边市场形式陆续涌现。平台两边之间的正反馈作用以及平台必须使两边都获得成功这一因素使得双边市场的进入非常困难，因为企业必须解决相当复杂的商业模式问题。

1. 差异化战略。一般，双边市场差异化并不会产生性质上不同于传统市场上豪泰林（Hotelling）双寡头垄断模型所阐明的效应。若无差异化，那么特殊类型的伯特兰德（Betrand）价格战将出现，将导致竞争性平台的利润消失殆尽。然而，一个与一般模型的根本不同是，均衡价格通常与边际成本不一致。这是由于，非合作博弈的结果是在非负利润的约束下使消费者效用最大化（Roson，2004）。哈久（Hagiu，2005）以电子游戏平台和计算机软件平台为例分析了用户的产品多样性偏好对平台竞争策略的影响。结论表明，产品开发商的市场势力以及用户的产品多样性偏好会对平台的策略产生重要影响：当开发商在市场上处于强势时，平台将从开发商一边获得主要收入；反之则从用户一边获得主要收入。当用户的产品多样性偏好处于较高水平时，平台侧重于从产品供给方这边获得收入。

2. 进入战略。对于刚刚进入市场的平台企业，必须想方设法把双方“拉”到平台上。因为双边市场的重要特征就是拥有买方和卖方两类用户，如果一类用户消失，另一边用户也不能获得任何使用价值，一边用户数量影响另一边用户的直接网络外部性。双边市场在双边客户召集阶段必须解决平台买方和卖方网络规模互相牵制的问题。如果按照稳定发展阶段的均衡模型，卖方会因为网络规模过小而无法进入稳定发展的大网络规模模

① 李允尧等：《平台经济理论研究动态》，《经济学动态》，2013（7），123—129页。

② 于振伟等：《基于双边市场理论视角的科技事业单位改革方向分析》，《中国新技术新产品》，2012（14），238—240页。

型、摇摆在零均衡点附近，买方也有这样的情况。[①] 此时，投资和定价方式是两种重要的战略。定价方式是通过免费服务甚至对接受服务者给予回报，促使市场一边消费者达到临界数量。[②] 投资方式是通过在市场一边投资来降低这边消费者参与市场的成本。在垄断格局形成之后，竞争平台为了进入市场争夺用户，就必须对一边的用户进行补贴，并且通过对另一边设定高价或排他措施来补偿对这一边用户提供补贴所造成的亏损，这即双边市场理论中著名的“分头征服”（divide conquer）策略。可见，平台垄断的均衡是不稳定的，主导平台如果想阻止竞争平台进入市场，那么也必须对用户进行补贴。

3. 平台互联。在平台上，当各市场间存在显著的交叉网络外部性时，通过选择多平台接入，市场参与者网络外部性收益会最大化，平台企业通过捆绑销售策略会招致更多的消费者多平台接入。罗歇和梯若尔（2003）讨论了信用卡产业中的“受理所有卡（HAC）规则”——一种特殊的捆绑销售策略——的福利效应。他们指出 HAC 规则能够产生显著的“二次协调效应”（re-balancing effect）：该捆绑销售规则能够调整各市场间的价格结构并促进双边的互动参与程度，最终达到增加平台上的交易量的效果。阿梅利奥和朱利安（Amelio & Jullien，2007）的研究也得出了相似的结论：当捆绑销售产生的交叉补贴足够大时，双寡头市场结构下的平台企业就可以从该策略中获益。

二、平台商业模式的创新

（一）构建平台生态圈

与传统商业模式不同，平台企业既为终端客户提供各种中间服务，也为平台两边的交易提供服务以实现客户价值；在提供服务的过程中，平台企业从买卖双方的交易中提取佣金、服务费等来获取企业收益。基于价值角度而言，平台商业模式是终端客户、供应商与平台企业三方之间完成价值创造、价值传递、价值分配以及价值实现的价值逻辑。[③] 可见，平台模

---

① 罗钢、黄丽华：《网络外部性条件下电子商务平台双边定价策略》，《企业经济》，2007（4），135—137页。

② 陈玲：《双边市场理论视角下的市场平台研究》，《商业研究》，2010（4），21—24页。

③ 王生金、徐明：《平台企业商业模式的本质及特殊性》，《中国流通经济》，2014（8），106—111页。

式的价值逻辑比企业与顾客构建的单线性价值逻辑更加错综复杂，多边关系共同构成了一个全新的立体的平台生态圈。例如阿里巴巴集团旗下有淘宝购物平台、支付宝平台、阿里旺旺即时通信平台等多个平台端口，互相协同构建了一个大的阿里商业生态系统。

因此，平台企业所构建的完整的平台商业模式结构应该包括：明确的价值主张，多方的利益相关者，控制交易的赢利方式和稳定的组织结构。① 这四个要素互相依存，共同组成了平台生态圈的运作体系：（1）通过明确的价值主张，建立市场交易双方的连接，同时激发同边网络效应与跨边网络效应。（2）通过对平台中多方的利益相关者的整合与分类，明确平台的利润来源，采取相应的补贴战略②。（3）充分利用交易信息的对称性与不对称性，制定符合市场属性的游戏规则，对交易过程进行有效控制，决定关键的赢利方式。（4）建立稳定的层级式组织结构，推动平台上各类交易行为的有序进行，打造能够实现多方共赢的平台生态圈。

（二）布局互联网平台

双边市场与平台经济的产生，在网络信息技术的推动下，对传统企业商业模式产生了颠覆与创新。随着互联网技术的高速发展，基于互联网的虚拟平台已经成为平台经济的主体模式，并逐渐推动未来经济的数字化发展。互联网平台模式完全不同于传统媒体平台模式，是一种“免费＋付费”的组合模式，先通过免费召集双边用户，再通过向愿意付费的用户收费的方式来补偿平台运营。如爱奇艺、搜狐、腾讯等在线视频推出一部分免费的视频服务，同时也对部分产品服务进行圈定、采取付费会员制的形式开放给付费的用户。应该说，互联网平台更注重用户体验与产品的闭环设计，平台的延展性更强，产品和服务更加多元化，打破了传统媒体“二次售卖”的时空分割，可以快速地实现“一次售卖”，带来成本缩减与规模经济效益。

基于互联网的虚拟平台，是以用户为导向、以平台为基础、以技术为驱动的新型平台架构，这源于互联网作为价值创造的基础设施及价值实现的平台的本质。目前，常见的互联网平台模式主要有以下几种：③

---

① 张鹏、王欣：《平台商业模式演化的理论分析——基于平台组织理论视角》，《西部财会》，2015（7），75—78页。

② 在平台商业模式中，补贴模式是一种战略性抉择。在双边平台以及多边平台模式中，视哪一边为付费方、哪一边为被补贴方，是影响平台获利与成长的关键因素。

③ 岳中刚、宋归月：《虚拟平台的商业模式创新与竞争策略研究》，《南京邮电大学学报（社会科学版）》，2010（1），39—45页。

1. 服务集成平台。即以多样化与定制化的消费需求为起点，与重要供应商和客户结成战略联盟和一体化的“竞合”商务关系，通过整合供应链资源，挖掘供应链上的服务需求，深化增值服务，从而为整个供应链提供全方位服务的集成运营模式。服务集成平台可以通过对信息模块的分解、替代、整合进行价值创新。如网络电视（IPTV）涉及内容提供、内容整合、内容增值和网络服务等多个信息模块的运营模式，体现了电信与网络、电视三大行业的跨界融合趋势，成为宽带网络环境下电信服务集成创新的典范。

2. 电子商务平台。即以互联网为价值实现平台建立客户关系及分销渠道，不受时空局限向目标客户群体传递价值，并提供给供应商盈利，促进双方交易进行的双边市场模式。基于客户关系和分销渠道的不同，又可以分为C2B、B2C、B2B、O2O四种模式。C2B是直销平台，即厂商自建的电子商务平台，可以直接向消费者提供其生产的产品，如戴尔电脑商城等；B2C模式即中间商模式，是中间商或零售商通过电子商务平台向消费者提供多种类型的商品，如当当网、亚马逊等；B2B模式即第三方电子交易平台，其实质是具有信誉保障的信息中介，能够向生产商和中间商提供一个平台，帮助他们完成对消费者的服务与交易，阿里巴巴是典型代表；O2O模式又称为线上线下结合的商业模式，即互联网上的消费者以在线支付的方式购买线下实体店的商品与服务，实现线下享受服务的形式，如携程网的机票酒店预订、团购网外卖等服务。①

3. 网络社区平台。即人们基于自己的兴趣爱好和需求，通过互联网工具进行在线交流、互动和信息共享的网络共同体。阿姆斯特朗和哈格尔根据成员的目的将网络社区平台分为交易型（如购物交流社区55bbs等）、兴趣型（如人大经济论坛等）、幻想型（如游戏社区等）和关系型（人人网社区等）四种。② 多拉基亚（Dholakia）等人依据群体交往的亲疏程度，把网络社区平台分为网络型（像天涯、猫扑等综合型社区论坛）和群体型（QQ群、微信群等）。③ 基于信息共享的网络社区平台具有显著的商业价

---

① 董宇轩：《浅析电子商务O2O模式发展问题及对策》，《科技资讯》，2014（16），14—15页。

② Armstrong A，Hagel J. “The Real Value of On-Line Communities”. *Harvard Business Review*，1996（3）：134—141.

③ Dholakia U. “A Social Influence Model of Consumer Participation in Network-and-small-group-based Virtual Communities”. *International Journal of Research in Marketing*，2004（3）：241—263.

值，通过会员费、广告费、服务费等方式可以获利，其盈利的实质是社区成员及其参与所带来的附加价值。

第四节　平台商业模式的经典案例

案例一　柴火创客空间：创业平台孵化器

（一）柴火创客空间

“创客”概念来源于英文单词“Maker”，意指热衷于创意、设计、制造的群体。柴火创客空间是深圳的创客们聚集的创意会所。每周三晚上，柴火创客空间像各地的创客空间一样，会举办聚会活动，创客们分享大家最近的实战成果，或者关注到的最新的技术。2010年成立的柴火创客空间作为深圳第一家创客空间，承载了一份执着、一份信念，给深圳的创客们带来了一个可以拧成绳的契机。

柴火建立的初衷很简单，犹如名字的由来：众人拾柴火焰高。一直以来，柴火的理念都是为创客们提供一个好的场所，让来自各界各有所长的人碰撞出更多的火花，并且加些催化剂，把这火花炸得更欢腾，让普通大众能够看到、能够感受、能够喜欢。创客来源于生活但不拘泥于生活。柴火一直都想把不甘寂寞的人变为创客，让创新创业变为他们的一种宣泄。

柴火的理念也得到了大家的认同。一直以来，诚挚的伙伴都给了柴火最坚实的支持。从柴火走出的项目与成就都是有目共睹的：柴火第一位会员王建军的Makeblock、海归的高老师的Betwine、国内创客大神级人物张浩的Dorabot，以及充满乐趣像朝阳一般的ShenzhenDIY。其实并非柴火成就了他们，而是他们成就了柴火，是创客社区的小伙伴们共同成就了柴火。柴火只是深圳创客社区的一个缩影，但绝不是柴火就代表着深圳的创客。深圳的创客们都是有独立思想、有高尚情怀以及有梦想的。创客们不只是柴火的会员与访客，每一个创客都是柴火的缔造者。柴火也从未忘记过他们对柴火的付出，也愿大家的付出都会有各自的收获。

（二）创客空间的赢利与发展模式

一般来说，创客空间采取的赢利模式主要有三种：1. 会员制：发展高端会员，为会员提供一系列专业的设备与基础工作环境，通过收取会员费和会员赞助的方式维持创客空间的运作与赢利。2. 增值服务：把创客空间打造为基础平台，为创客群体提供增值服务，参考目前众多创业咖啡吧的形式实现人才与资本的对接。3. 教学内容输出：创客空间会定时组织线下交流活动，每次活动现场可以录制下来，资料可以整理成册，众多优秀的课程能为日后线上创意教育输出高质量的内容。

与一般创客空间相比，柴火空间更是一个理念推广、创客文化培养的平台。柴火作为一个中立的不以营利为目的的组织，由深圳矽递科技有限公司牵头成立，靠第三方赞助、会员捐赠、工作坊、寄卖创客作品以及场地对外租借的形式来获取经费，维持自身运营。柴火空间没有当下孵化器里越来越浓的设计感，更像是大学校园里的一间实验室，在华侨城创意园北区A4栋开辟出一个新的极为朴素的创客空间，只有一些必备的设备和桌椅。

柴火将对会员进行分级管理，整体也将采用“VIP区十店面”的模式运营。原先的位于A5栋的柴火空间定位为店面，全面对外开放，并为普通会员提供分享交流的空间，而A4栋的空间则为VIP会员提供动手制作以及日常办公的空间。柴火还将提供补贴引入国际大师级创客常驻A4栋空间，与VIP级会员日常交流并推动创客项目的完成；而驻场会员由柴火定向邀请或者是创客主动申请之后通过严格审核后方可加入，为期3个月。

（摘自百度百科“柴火创客空间”；综合其他网络资料。）

案例二　去哪儿网：旅游搜索引擎

（一）去哪儿网简介

去哪儿网由庄辰超与戴福瑞（Fritz Demopoulos）、道格拉斯（Douglas Khoo）在2005年共同创立。作为中国第一个旅游搜索引擎，使中国旅行者首次能够在线比较国内航班和酒店的价格及服务。截至2015年3月31日，去哪儿网可实时搜索约9000家旅游代理商网站，搜索范围覆盖全球范围内超过28万条国内及国际航线、约103万家酒店、85万余条度假线路，并且每日提供超过20万种旅游团购产品。去哪儿网移动客户端“去哪儿旅行”是中国较受欢迎的旅行类移动应用，截至2015年第一季度末拥有超过8亿的下载激活量。

（二）去哪儿网的平台模式创新

去哪儿网的公司使命是聪明地安排消费者的旅行，竭力为消费者提供最全面、性价比最高的产品以及可靠的服务和便捷的技术工具。通过网站及移动客户端的全平台覆盖，去哪儿可以随时随地为旅行者提供国内外机票、酒店、度假、旅游团购等旅行信息的深度搜索。

去哪儿网的创新路径主要有以下三方面：第一，增加旅游产品和服务的搜索宽度，从机票和酒店等核心搜索产品延伸至火车票、度假产品、团购产品的搜索，基本做到对主流旅游产品的覆盖；第二，增加用户自己生成内容的板块，如：酒店点评系统、攻略、“旅图”等，构建属于用户自己的专业而多样的旅游社区，增加用户黏度；第三，开发TTS（文字转语音）系统，使更多旅游产品供应商接入去哪儿网，并在其网站上完成交易过程，从而增强对供应商的控制。

去哪儿网的核心业务是旅游产品的搜索引擎，但是在不断做加法（见表8-4-1）的过程中，去哪儿网已不再单纯做搜索，而是转向对整个旅游产品供应链的控制和领导。去哪儿网和携程旅行网殊途同归，都向一站式的线上旅行平台发展。

表8-4-1　去哪儿网大事记

时间	事　件	说　明
2005年5月	去哪儿网成立	确定机票和酒店搜索为核心业务
2008年4月	开通“签证”搜索频道	积累境外游客户，开通国外旅行搜索业务
2008年6月	开通“国际航班”搜索服务	拓展机票搜索产品
2010年3月	推出“火车票”搜索频道	拓展可搜索的旅游产品
2010年7月	研发并应用TTS系统	在自身平台完成交易，提升用户体验并控制供应商
2010年8月	打造全球最大的中文酒店点评系统	探索在线旅游UGC模式，增强用户黏度
2011年1月	开通在线旅游“团购”频道	扩大消费群体
2011年9月	推出旅游攻略在线制作工具	转战旅游攻略产品，进军旅游社区
2012年5月	推出无线客户端产品“旅图”	进一步巩固UGC模式和旅游社区产品
2012年10月	启动最新的无线战略	进军无线互联网
2013年8月	开通“度假”频道	适应消费者需求，拓展旅游产品
2013年11月	推出“当地人”频道	提升用户体验

（来源：综合网络资料。）

案例三　微信：社交网络平台的新宠儿

（一）微信简介

微信（英文名：wechat）是腾讯公司于2011年1月推出的一个为智能终端提供即时通信服务的免费应用程序。微信支持跨通信运营商、跨操作系统平台通过网络快速发送免费（需消耗少量网络流量）语音短信、视频、图片和文字，同时，也可以使用基于流媒体内容共享和定位服务的社交插件“摇一摇”“漂流瓶”“朋友圈”“公众平台”“语音记事本”等。

微信提供公众平台、朋友圈、消息推送等功能，用户可以通过“摇一摇”、搜索号码、“附近的人”、扫二维码等方式添加好友和关注公众平台，将内容分享给好友或朋友圈。截至2013年11月注册用户量已经突破6亿，是亚洲地区用户群体最大的移动即时通信软件。2015年10月21日，有网友发现微信转账不再完全免费了——根据微信官方说明，账户转出每月前20000元不收取手续费，超过20000之后的金额需要支付0.1%的手续费。

（二）微信：平台价值整合者

微信平台商业模式的根基来自双边市场体系的各个用户群体之间需求互联所激发出来的网络效应。在这种机制下，各业务模块都会催生不同的赢利点，微信要找到在个人用户与企业用户之间建立连接的关键环节，从而设置获利关卡。此外，微信是平台价值的整合者，是多边用户市场的连接者，更是平台生态圈的主导者；它必须在各个业务模块中寻求激发网络效应的活性机制，并从中发现赢利的可能。

2014年8月28日，微信支付正式公布“微信智慧生活”全行业解决方案。具体体现在以微信公众号和微信支付为基础，帮助传统行业将原有商业模式移植到微信平台。微信提供的闭环式移动互联网商业解决方案涉及的服务包括移动电商入口、用户识别、数据分析、支付结算、客户关系维护、售后服务和维权、社交推广等。这也预示着微信将再次加大商业化开放步伐，为合作伙伴提供连接能力，助推企业用户商业模式的移动互联网化转型。通过为合作伙伴提供“连接一切”的能力，微信正在开创一种全新的智慧型生活方式。其已经渗透进入多个传统行业，如微信打车、微信交电费、微信购物、微信医疗、微信酒店等，为医疗、酒店、零售、百货、餐饮、票务、快递、高校、电商、民生等数十个行业提供标准解决方案。

（三）点评

在网络效应的驱动下，微信实现了用户规模扩大、平台附加产品丰富和第三方应用接口增加，支撑了微信平台运作体系，同时改变了传统商业模式的要素构成、要素关系和赢利模式。其中，微信平台的定价结构是决定其赢利的关键。微信的商业模式是平台商业模式，它打造了一个连接各方用户群体的生态圈。微信依托于QQ发展而来，从原来的语音聊天工具平台，逐渐转变成多角度的沟通系统，以其方便、快捷以及安全等优点，赢得了大批用户的青睐，同时也逐渐改变着我们的网络社交模式。微信每一次的更新都会在业界形成不小的轰动，哪怕只是一个显示阅读数的功能，也会让一部分人兴奋不已，这就是成功平台的魔力。

（摘自武迪、魏超、赵越：《微信平台商业模式及其赢利点分析》，《出版发行研究》，2015年第5期。）

案例四　豆瓣网：文艺青年的小众舞台

（一）豆瓣网简介

豆瓣网成立于2005年3月，创始人杨勃是留学美国的物理学博士，最初因在北京豆瓣胡同的咖啡馆编写网站程序，因此给网站取名为豆瓣。从一个人、一台服务器开始，几乎全部通过口碑传播方式，豆瓣网成立四年多便已成长为拥有3000万注册成员的网站。像大多数Web 2.0网站那样，豆瓣网用户对图书、电影、音乐等进行收藏、评论等等，还可通过加入“同城”“小组”等方式找到与自己品味相同的人。2009年底，豆瓣完成了第二次融资，金额为近千万美元。豆瓣以书、影、音起家，一直致力于帮助都市人群发现生活中有用的事物。豆瓣的用户规模多年稳健增长，2012年月度覆盖用户超过1亿。

豆瓣是以技术和产品为核心、生活和文化为内容的创新网络服务。豆瓣平台主要包括豆瓣FM、豆瓣读书、豆瓣电影、豆瓣同城、豆瓣小组等板块的服务。除了这些功能外，2013年豆瓣网悄然上线了“东西”平台，主要将豆友感兴趣的东西分享上平台，并附上链接，方便豆友购买，它的上线标志着豆瓣正式将商业平台引入社交媒体平台。凭借着独特的使用模式、持续的创新和对用户的尊重，豆瓣被公认为中国极具影响力的Web 2.0网站和行业中具有良好口碑和发展潜力的创新企业。

（二）豆瓣网的平台法则

豆瓣从诞生开始，就将自己定位为与众不同的网站，小众聚合的方式给予了豆瓣网极大的成长空间。豆瓣网CEO杨勃表示，自己创建豆瓣网的最初意愿是希望读书人有一个分享和探讨的空间，但是这并不能阻止豆瓣如今逐渐发展成为一个具有小众聚合功能的大平台和社交商业网站。

1. 小清新的商业平台。

在中国的互联网行业，豆瓣网可谓独树一帜。其独特的小清新文艺范儿赢得了相当广泛的小众群体的喜爱。其商业路也可谓是在小清新的环境中进行的，让用户完全感受不到商业的气息。豆瓣最初的赢利主要来源于豆友们分享好书的亚马逊或当当的链接，以及出售为数不多的广告位。广告的精简模式、高品质理念使得用户深深相信豆瓣网所推荐的内容，高用户黏度和精准的商业广告定位使得豆瓣有利可图。2013 年，豆瓣的“东西”板块悄然上线，这是豆瓣商业路上跨度较大的一步，豆友们通过分享链接来提供购买渠道，这一平台的建立提供了许多商业契机，但这仍然是以客户本身需求为中心，以小群体的方式分享自己所喜爱的东西，从而达到网站、提供者和购买者三方赢利。从这个角度看，豆瓣的商业化道路也选择了一条小清新的纯净的环境和方式。

2. 乌托邦的文化平台。

豆瓣的核心用户群是具有良好教育背景的都市青年，包括白领及大学生。他们热爱生活，热爱阅读、看电影、听音乐，更乐于分享和讨论。他们热衷于参与各种有趣的线上、线下活动，拥有各种想法创意，是互联网上潮流的指向标。他们没有过多的金钱，文化就是他们所拥有最多的财富，他们向往自由自在，同时拥有学历和情调。这样小资的用户聚集在一起，享受的是一种乌托邦式的存在，注重精神生活和文化生活多于现实生活中的世俗和金钱。

3. 以个人用户为中心的个性平台。

豆瓣网可以说是青年亚文化的代表。虽然是一种逆行于主流文化的亚文化，但是豆瓣网并不是一味地抵抗主流文化；比起批判和抨击，大部分的人更以自我创造为乐趣，以个性化的个人为中心。豆瓣网在提高用户的话语权的同时，将人与人关联起来，成为绝佳的沟通和交流平台。

4. “商业十社交”平台模式。

豆瓣网发展的顺序过程是：首先建立起拥有共同兴趣爱好的社交平台，将用户定位于小清新和文艺青年；具备了强大的用户基础和用户黏度后，缓慢引入分享板块的商业模式，以用户需求为基础，划分出相应的板块，根据用户的需求来分享相关的购买链接。“东西”这一单独板块的设立，一方面为有相应购买需求的受众提供了明确的导航，另一方面也为不需要此类服务的受众提供了一片净土，他们仍然可以在自己所喜爱的平台上不以营利为目的的分享和获取。“东西”板块内部以豆列、海淘等板块为基础，豆列又按照生活、兴趣、时尚、科技划分；不同于传统的商业平台网站，用户以收藏夹为基本单位，豆友可以通过不同单元的收藏夹来寻找与自己兴趣相同的豆友所分享的东西。

豆瓣网最大限度地发挥用户的自我创造能力，放大个性化群体特点，根据用户的需求建立相应的栏目和板块，整合社交平台和商业平台，形成了基于用户需求的商业平台和社交平台的互动。

（三）点评

豆瓣网以小清新的文艺范儿、乌托邦的文化平台和以个人用户为中心的个性平台的定位，通过小众聚合的方式建立大众化平台，在社交平台基础之上发展商业板块。它也是第三方评论网站之一，其书评对目前的购书网和图书馆系统都产生了一定的影响力，其赢利模式也获得了一定的成功，许多用户在购买相关产品时都要参考豆瓣网的评价。豆瓣网是 Web 2.0 时代国内典型的文化类社交网站，所有内容均由用户生产、决定，一切围绕用户的需求。豆瓣网成立十年，其赢利模式从最初的抽取佣金到如今的多元化发展，发生了质的飞跃。作为社交化内容平台的代表网站，豆瓣在 Web 2.0 时代的表现毋庸置疑，其稳定的发展速度、舒适的用户体验、较高的用户黏性及良好的口碑等，逐步形成了以兴趣为中心的圈子社交、寻求身份认同的文化属性、弱关系下的商业特征以及以用户生成内容为主的信息属性，这也是 Web 2.0 时代社交化内容平台的一般性特点。

（摘自林刚、齐春惠：《社交平台品牌商业化模式探析——以“豆瓣网”“美丽说”为例》，《山东工商学院学报》，2016 年第 1 期；杨雅：《社交化内容平台由 Web 2.0 到 Web 3.0 的进阶——基于豆瓣网的个案分析》，《出版广角》，2014 年 Z3 期。）

第九章　品牌：虚拟资产的最终胜利

近些年，世界经济不断地向前推进，营销环境不断优化，品牌理论认知、差异化策略、虚拟资产构建、品牌塑造在很大范围内受到市场主体的全方位关注，并早已成为不同主体参与市场营销的有力武器。无论是名声斐然的大型企业，还是默默无闻的中小企业，都利用品牌来构建自身的发展优势，提升竞争力。所以，品牌塑造往往成为企业研发新产品、探索新市场、提升竞争力和进行营销策划的重要途径。如今，品牌已经成为全球范围内最具魅力的商业资产——如果一个品牌率先占领了消费群体的心智，形成了无形的资产，那么这种认知是很难被超越和复制的。本章先从差异化策略与光环效应理论讲起，渐次深入探讨品牌的重要价值。

第一节　理论基点：差异化策略与光环效应

一、品牌差异化理论

（一）品牌的定义

1960 年美国市场营销协会出版的《营销术语词典》将品牌定义为“品牌是用以识别一个或一群产品和劳务的名称、术语、象征、记号或设计及其组合，以和其他竞争者的产品和劳务相区别”。现代营销学之父科特勒在《市场营销学》中的定义是：品牌是销售者向购买者长期提供的一组特定的特点、利益和服务。现实生活中消费者所理解的品牌最初指“烙印”，烙印将自己的物品与他人的物品相区别。据此我们认为，品牌是相关受众（主要是目标顾客，对消费品而言是目标消费群）提及一个产品或企业时，人脑所能联想到的一切信息以及由这些信息所带来的所有心理体验的总和。

美国的两位学者里斯和特劳特在《定位》一书中提出，品牌定位是从产品定位开始的，可以是一件商品、一项服务、一家公司、一个机构，甚至是一个人，也就是任何事物都可以定位。品牌差异化定位是企业对所拥有产品和相关服务的特殊功能、个体差异、文化价值取向的一种经营判断和决策。这是构建一个独特的品牌形象的过程，也是塑造品牌形象的结果。在全球国际化品牌竞争愈演愈烈、趋于白热化的时代，品牌不再仅简单地等同于单一的名称、概念或重要标识，它已成为消费者心中对产品和服务的认知，成为一种具有价值的可以传播、更新的无形资产。

（二）品牌差异化及差异化策略

品牌差异化是指在产业系统内互相角逐的市场主体所生产的产品之间可替代的不完全性。产品差异化是指与同行业其他市场主体相比，厂商向市场提供的产品或产品的销售过程特征可以被区分。产品差异化的形成和存在，决定了在具有相互对比、角逐关系的企业之间，存在着不均等的市场分割关系。而且不管是不是统一价格，差别市场主体所占市场份额都有所区别。产品之间的差异越大，超额利润就越大。因此很多文化企业都在运用品牌化经营管理思路，不断地建设培育新品牌，试图在产品功能上创造差异化。但是这样的方式会成功吗？答案是不确定的。当产品设计或制造工艺得以改善，产品的成本和价格便开始提升，很容易失去既有的消费者群体。

差异化策略是指竞争对手之间在产品、品牌、技术、营销、服务、渠道等方面构建差异化（见图 9-1-1），依靠自我价值和优势为消费者提供更加多元的产品、服务及附加值或满足消费者某角度的特殊的功能需求，以强化自身生存优势，并从溢价中获利。一般情况下，生产者首先考虑的便是产品的差异化策略，它分为水平差异和垂直差异。与竞争对手不同的产品就是水平差异，比竞争对手产品更好便是垂直差异。在现实生活中，通过垂直差异和水平差异交替使用而成功推出自己品牌的例子比比皆是，国内也有许多成功的例子。

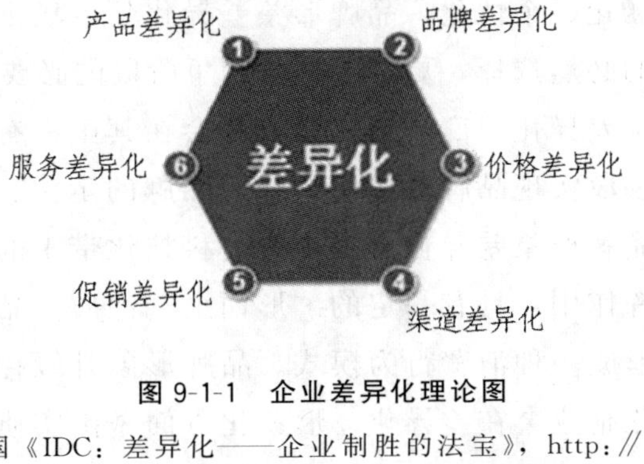

图 9-1-1　企业差异化理论图

来源：IDC 中国《IDC：差异化——企业制胜的法宝》，http://www.idc.com.cn/about/press.jsp? id=NTk4。

但是，在模仿一些具有一定知名度和影响力的企业实行产品差异化的过程中，我们需要警惕误区的出现。其一，应从概念层面上规避“创造产品差异化”。我们对最近几年内我国家电市场涌现出的概念大战都记忆犹新，比如“智能化”“人性化”“环保化”“数字化”，为了生产新的概念，商家尝试多种策略，但大部分时候却取得相反的效果，丧失了消费者的信任。同时，如果各个文化企业只在概念上做文章，久而久之，他们就会失去研制开发新产品的创造力，这也是许多品牌最终消亡的原因之一。其二，在对产品实施差异化营销策略的过程中，很多企业不惜一切代价追求差异化、个性化，这就有点矫枉过正、舍本逐末了。

（三）品牌形象差异化策略

在诸多运用差异化加强品牌建设的方式中，品牌形象的差异化是实施差异化策略的重点所在。其一，塑造差异化的产品离不开基础条件的支撑，较强的产品研发实力、科研投入、经济基础都是品牌建设的硬性条件；很多厂商却不愿意花费精力提升产品性能和质量，因此消费者看到的同质化产品越来越多，同质化竞争愈演愈烈。其二，由于信息的不均衡现象仍然存在于消费市场，企业通过在品牌形象上做文章，力求凸显差异化，使信息不对称程度得以降低，获取消费者的认可和信赖，构建稳定的消费群体，提升产品竞争力。通过构建品牌形象差异化，许许多多的国际化品牌力图消除消费者层面的信息缺失。比如，我们知道“耐克”已经成为品牌的典型代表，一提起它，消费者很容易想起它与其他运动鞋品牌的差异。其三，在科技革命的引领下现代科技不断发展，互联网技术不断迭代升级，产品从技术、工艺、功能、促销、价格、服务等角度来看必然走向同质化，企业在竞争中如何塑造差异化是对企业生存及发展能力的挑战。品牌形象差异化建立在知识和创新基础上，这使它比任何以科技为支撑的产品更加内涵化、个性化。品牌形象差异化是市场主体在与竞争对手实施价格战之后的必然选择，更是同质化竞争阶段的必要战略。

说到品牌形象差异化，广告与公关自然会在其中占有重要地位。除了以公关和广告等手段实现品牌形象差异化，品牌的定位、命名、包装设计等也不容小视。品牌形象差异化可以规避由科技化带来的同质化，可以在知识竞争层面发挥作用，具有一定的“形而上”性质。品牌形象差异化一旦形成，便容易形成一种消费行为模式。品牌形象升级存在较大困难，唯有知识密集型文化企业会在差异化、形象化方面做出实质性突破。知识力低的市场主体用模仿的形式，很难在品牌形象上有所提升。品牌形象差异化给每个企业带来更大的生存和竞争空间，空间的存在也等同于风险的存在，或许会面临广告投资与收效不成正比的处境。品牌形象差异化策略能否发挥作用，关键是选择的内容是否与环境协调，这也是实现包括产品、服务、形象差异化在内的品牌差异化战略的关键。

（四）产品差异化策略的效应分析

认识产品差异化的关键在于分析顾客在消费中的决策行为。顾客首先对需要的产品进行选择，再次对品牌做出选择。但是当顾客对比两种产品，发现多种品牌在功能方面都差不多，这时候产品的差异化将被弱化。很多时候，顾客只是倾向于选择价格最低的品牌，当相互竞争的商家在差异化上展开较量，消费者对价格的考虑便会降低，进而对品牌的选择成为重点。理性的消费者会在有限的时间和收入约束下追求效用最大化。产品差异化战略的成功实施产生重要的效应：一是改变顾客的消费需求曲线，进而引起企业需求档次的变化；二是改变需求曲线的斜率，明显改变市场主体的需求价格弹性。

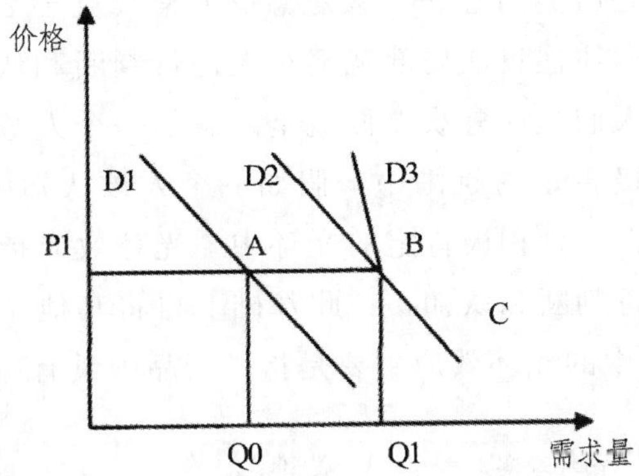

图 9-1-2　需求曲线理论图

如图 9-1-2，起始阶段企业的产品价格用 P1 来表示，其所对准的需求曲线（D1）上的销售量用 Q0 来表示。如果该市场主体选取了有突出作用的产品差异化策略，它所面对的需求曲线便开始向右发生移动，到达 D2——即市场主体在同等的价格档次上，产品销售量得以不断增大。这种效应与差异化策略有直接的联系。

从图中可以发现，需求曲线在移动过程中，到达 D2 射线时，呈现顺时针运动模式，于是 D3-BC 这条新的曲线便形成，新的需求曲线即将被一条折线替代。B 点是落实差异化策略后最开始的平衡状态；B-D3 表明了企业在提升自身产品价格的同时，与无差异化的时候相比，其需求量下降的绝对程度也更小；而BC空间范围则说明了企业降低价格所带来需求量扩大的程度全部由差异化策略的前一种效应来支配。

从根本上看，上述需求曲线的变化在很大程度上标志着企业支配市场的实力的提高。在差异化策略不断推进的过程中，新的需求曲线转变成一条折线，其原因主要是成功的差异化策略会引起需求量水平的不断扩大。一方面，当企业提升商品价格的时候，其他主体不需要提升价格，这样便可以使不同企业进行差异化竞争；在相对显著的差异化策略主导下，需求量不断下降的幅度将进一步受阻，从而构建起B-D3部分。另一方面，在企业的产品价格下降的过程中，其他主体的差异化策略并未发挥正面效应，但是他们必须根据降低的价格形成新的共识，渐次降低价格，所以该主体的降价行为并未曾导致竞争主体市场需求量的降低。可以说，这是起初选择的差异化策略和市场总需求量扩张所导致的最终结果。

二、光环效应理论

光环效应最早是由美国心理学家爱德华·桑戴克于20世纪20年代提出的。他认为，人们往往只从局部观察对人进行判断和认知，再逐步对整体获得相关印象，人们往往喜欢以偏概全。假如一个人被认知为坏人，他便被笼罩在一种消极否定的氛围中；假如一个人被认知为道德高尚的人，他便往往会被笼罩在一种积极肯定的光环中。光环效应指我们往往根据自身的好恶对别人进行判断和认知，在此基础上再将其他品质赋予认知对象（见图9-1-3）。营销中的光环效应主要是指：当品牌具有一个方面的优秀特

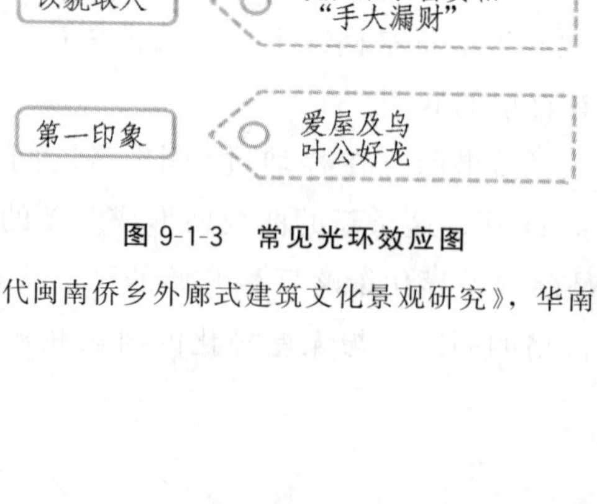

图9-1-3 常见光环效应图

来源：杨思声《近代闽南侨乡外廊式建筑文化景观研究》，华南理工大学2011年博士学位论文。

质时，消费者会认为它其他方面的特性也不错；当一个产品成功热销时，会带动产品线上其他产品的销售。与光环效应相反的是恶魔效应，即对人的某一品质或物品的某一特性有坏的印象，会使人对这个人其他品质或物品的其他特性评价偏低。名人效应便属于一种十分具有代表性的光环效应。明星代言的商品更容易受到大家的认同，这便是光环效应的作用。

光环效应是营销市场空间内极为重要的理论，它很好地解释了聚焦这一战略思想为何能产生巨大的能量。企业在深入分析自身产品和服务的基础上，筛选营销策略，制定营销计划，聚集重要信息在某些关键词上，并围绕此关键词实施信息传播，由此便会营造不错的效果，整个过程其实是光环效应在发挥重要作用。光环效应不仅在人们利用已知信息去判断未知信息时会发生作用，即使是对过往发生的、客观存在的历史进行评价，人们也会因为光环效应而得出完全不同的结论。然而，人们常常难以真正理解光环效应，更不用说在营销和战略中利用这一原理。当消费者习惯了通过寻找某一个关键词寻找产品和服务，并在传播中重复发挥关键词的引领作用时，光环效应内核便会彰显。

第二节　品牌的本质：最难复制的无形资产

一、品牌的资产价值

伴随社会经济的不断发展和居民消费水平的逐渐提高，物质产品不断趋于多元丰富，市场跨越了由产品的生产和服务主导的竞争阶段，企业经营主体之间的竞争已进入更高层级的品牌竞争阶段。品牌作为一种符号和特殊标志，不仅仅代表着生产和服务本身；从更高层次看，品牌已经成为企业进行定位的重要依据和依托，是企业打入市场的通行证和与顾客之间的重要桥梁。20 世纪 80 年代末，与品牌战略有关的研究和实践开始兴起。1988 年，一起由雀巢公司和菲利普·莫里斯公司的两人策划的收购活动，引领了新的品牌时期的到来，从此品牌价值资产化开始获得市场的真正认可。近年来，在品牌战略理论方面和实践方面，中国企业获得了一定的发展，但在与西方国家品牌竞争过程中还存在较大的问题和不足。有必要实施品牌推广策略，培育企业适应现代市场需求的价值观、市场观，同时使企业的主体意识不断得以强化和提升。

认识品牌化商业模式，首先要从本质上弄明白品牌是通过何种方式影响消费心理的。品牌一旦在消费者心智中形成了稳定的认知、不断引发消费者的联想，便会对消费群体产生较大的魅力，产生较强的竞争优势——可以说竞争品牌想要改变消费者的认知、取代已经被占领的认知是异想天开。一般的品牌营销和传播方案也许能迅速提升销售量，却也很容易被模仿，如仍然处于初级竞争阶段的许多行业，对许多市场主体来说，他们离覆盖广泛的终端还有很大距离。

一般情况下，企业以寻找形象代言人、频繁做广告强化消费者印象的形式来培育品牌，当品牌营销网络不断扩大，也会激发消费的快速增长；很多快速消费品陈列非常显眼，形象化的营销工作十分出色，也能使销售额较快提升；企业赋予产品更多的功能、策划营销亮点，使产品本身更加人文化、人性化，也能拉动销量。但企业所获得的只能是短暂的成功，竞争者可以迅速以同样的手段跟进。比如一家企业给产品制造了新亮点，其他竞争者便在短期内模仿，很快形成同质化现象；当竞争对手对销售队伍进行科学考核与严格管理，请卓越的设计团队对终端展示进行精致的设计，原先暂时发展迅速的企业忽然会发觉竞争对手已经赶超自己。

品牌的特殊定位支撑着企业的持续发展。与产品、技术等方面的普遍性销售策略相比，品牌难以复制，即使竞争对手想跟进也会因为代价太大却难以看到回报而选择放弃。当一个品牌率先占领了顾客的心智，构建起了独一无二的定位，随着马太效应的不断放大，最后容易形成排他性，这种优势是其他竞争对手在较短时间内无法跟进、模仿和超越的。从这个意义上讲，品牌是世界上最伟大的商业资产；品牌战略的本质是以企业为主体，打造世界上最难复制的无形资产。

二、品牌忠诚度及发展困境分析

（一）品牌忠诚度

品牌忠诚是指产品或者服务的质量、价格等因素的影响使消费者对特定的品牌产生感情依赖，并表现出对该品牌的产品或服务的消费偏好，甚至反复购买同一品牌或一个品牌系列的行为。

品牌忠诚度反映出消费者购买某一品牌的频率，是消费者对产品品牌稳定感情的量度。因为市场是十分复杂的，顾客的消费行为具有非常多样的特征，不同的顾客针对不同的产品往往表现出不同的忠诚。对品牌忠诚度的研究，有利于企业做出合适的决策。企业提高品牌价值一般可以通过提高顾客的满意度的方式来实现，这进而也提升了顾客对品牌的忠诚度。

按理说，品牌的生命周期比产品的生命周期要长得多，而我国相当多的品牌，登场后很快便销声匿迹，生命往往比较短暂。从根本上说，很多企业并未对品牌价值形成正确的理解，对品牌的认知存在很大的误区。我国很多企业在战略决策层面目光短浅、看重产品轻视品牌，品牌理念的应用只在产品和知名度上有所体现。同时，由于中国消费者喜欢买国外产品，排斥国内品牌，和谐、持久、稳固的关系很难在顾客和品牌之间建立，品牌忠诚度便很难在消费者之间形成。

高品牌忠诚度是企业长盛不衰的重要条件。消费者在购买时往往更倾向于购买外国的品牌，其实很大一部分原因是我国企业对品牌缺乏正确的认识、顾客忠诚度不高等因素的影响。同时，在树立自己品牌的过程中，我国企业会遇到相当多的问题：在中国，相当少的品牌能经久不衰，我们从“中华老字号”的发展情况看，1990 年被审定的大约 1600 家中 90%的主体已经面临破产或处于惨淡经营状态，仅仅有 10%发展较好。研究表明，没有形成较高的品牌忠诚度已经成为国产品牌逐渐衰落的主要原因。

（二）品牌发展面临的困境

品牌离开了稳定的消费群体，便失去了生命力。具体来看，我国企业在实施品牌差异化策略、培育自身品牌的过程中主要面临以下困境：

1. 创立品牌的意识薄弱。在以短缺经济为主要特征的时期，我国曾受计划经济体制的影响，构建起典型的卖方市场。改革开放后，民营企业在品牌经营观念上开始转变，但是以家族企业为主的民营企业并不会花费很多金钱和精力在品牌营销、品牌建设上，他们更加在乎短期利益。另外出生于 20 世纪 50—60 年代的这些民营企业家，有很多人并未接受较高层次的教育，因此品牌意识相对匮乏，也未曾形成行之有效的品牌管理模式。企业的过往形象对企业现有品牌的树立有很大影响；冒牌产品以低劣的质量流入市场，却打着品牌商品的商标，这对企业树立良好的品牌形象无疑是严重的威胁。

2. 品牌定位模糊不清。在品牌越来越受关注的当下社会，国际著名品牌研究专家大卫·艾克（David A. Aaker）1991 年在综合前人研究的基础上，提炼出品牌资产的“五星”概念模型，即认为品牌资产是由品牌知名度、品牌认知度、品牌联想度、品牌忠诚度和其他品牌专有资产组成。在此对比“五星”概念，衡量国内品牌，很容易看到中国诸多品牌已面临空心化的危机。很多品牌缺乏明确、稳定的个性价值体系，品牌与产品之间未架构起较好的互动关系。对许多民营经营者来说，他们只会在需要时才想起品牌营销，他们认为品牌差异化策略只会带来短期利益。

三、品牌资产虚拟经营

（一）品牌作为虚拟资产

品牌是一种虚拟资产，并且能够独立经营，品牌能带来意想不到的价值，产生巨大的现金流。几乎人人知晓的姚明、刘翔这样在国际国内具有较高声誉的人物，他们基本上不需要通过比赛获得收益，仅仅利用销售自己已经形成的品牌形象便可以获取高额收入。篮球飞人乔丹的身价已远远超过1亿美元，自身品牌价值不断升值。常见的虚拟资产涵盖金融产品、信息（知识）产品和品牌，这三种虚拟资产在交易中分别具有不同价值；品牌可以说是霸权交易，所有为某个品牌而消费的人，并不获得品牌使用权，只是可以自由消费品牌。

一个品牌能够被多次甚至永久交易，品牌价值不断积累，并实现品牌价值最大化。运用马太效应解释品牌差异化理论，品牌差异化策略可以让已经拥有的发展成愈加富有的，让原本没有的堕落为一穷二白，在此基础上，便形成了品牌垄断价值的说法。品牌这种无形的虚拟资产，通过联盟、授权、特许等方式不断使企业受益。大约有100年历史的品牌授权模式，已经被认为是21世纪最成功、最有前景的商业模式。保守的银行体系开始接受品牌无形资产抵押，如交通银行北京分行探索实施的“知识产权质押贷款”，在1000万元以内的贷款，客户能够使用商标权进行质押。

（二）品牌虚拟经营模式

虚拟经营是指企业在组织上突破有形的界限，将其他功能虚拟化，把自己实力不强、不擅长的部分分化出去，而把营销渠道、专利权、研发能力、品牌等依赖性强的高增值部分掌握在自己手中。虚拟经营主要涵盖虚拟生产与研发、战略联盟、虚拟营销等。从本质上看，虚拟经营主要是通过借用和整合外部资源来提升自身竞争力。在信息时代，创造财富的整个过程往往伴随着知识整合的过程。但是，随着知识的细化、专业化发展，专业人才越来越稀缺。在快速变化的时代，一个组织由于不可能具备管理、营销、信息技术、投资、开发等方方面面的优势，也许唯有选择虚拟整合的方式才能最大限度地完成目标。在经济全球化、竞争公平化与白热化、市场加速变化、客户需求更加难以捉摸与满足、资源稀缺与配置不均同时存在的今天，虚拟经营已经成为企业维持生存的唯一手段。亨利·福特有一句名言：“你可以没有资金，没有工厂，没有产品，甚至可以没有工人，但你不能没有品牌。有品牌就有市场，当然也会有其他。”拥有品牌可以帮助机构以较低的成本、较高的效率实现外部资源整合。

大约有 1/3 的世界 500 强公司都是以品牌联盟的形式来进行扩张，也有越来越多的市场主体开始有计划、有目的地进行品牌经营，因为他们看到了品牌资产对于创造财富、提升收益的重要作用。与此同时，以品牌为重心的虚拟经营逐渐构建起稳固的模式。很多文化品牌便成功运用这种模式获得了成功。未来，文化品牌经营将产生无限的市场潜力。有研究表明，到 2020 年，全球范围内消费者将会把 50%的收入用于文化产品与服务的消费，满足精神、文化的需要。

在过去，虚拟经营受很多方面的制约难以实现。现在时代不同了，经济全球化减少了限制，为品牌虚拟经营提供了更广阔的市场空间。资本和人才等要素的流动、生产的专业化和标准化以及市场的国际化等为企业创造了整合资源的外部条件。企业能够通过构建某个品牌概念，借助资本等要素的力量，打通要素流通各环节，整合各种资源，实现技术、人才、渠道贯通，最终实现产品及品牌的全球化。

第三节　品牌创新的经典案例

案例一　山东影视传媒集团：山影出品，必属精品

2015 年是山影“开挂”之年，《大圣归来》成动画电影票王，《琅琊榜》《伪装者》等话题性、现象级作品频出。“山影出品，必属精品”写进了当年山东省政府工作报告，山影集团也获得了省委省政府的隆重表彰。山影这样一个肩负意识形态传播、同时产出文化商品的影视传媒集团，如何在互联网时代转型？在行业大爆发风口期，在资本大鳄跑马圈地的影视娱乐市场，一个体制内的内容制作者如何突破瓶颈抓住行业红利？在大知识产权时代，山影这样的老牌影视制作公司的核心竞争力又是什么？

山影出产的是文化商品，它有意识形态，但最终还是商品。对于内容制造商，做前端先要把产品市场定位精确化。“我们从后端先找好买家，前端有针对性地做好市场调研，制造时保证一定是最精良制作，之后再往营销上推。”李九红用一句话概括了山影目前的“全产业链运作”。目前的电视剧买家，央视是国家性平台，然后是湖南、浙江、江苏、北京四大强势卫视，再者就是网络。在广电总局“一剧两星”新政后，网络平台的话语权逐渐加

大。山影的产品同时对网络和电视台销售，四大卫视青睐的产品在网上也能卖出高价，而网上售价也是衡量一个项目是否值得投拍的重要指标。

从2000年开始，山影拍摄了以《光荣之旅》《大法官》《誓言无声》《大染坊》为代表的一批精品力作，2008年更是以52集大型电视连续剧《闯关东》在央视的热播打造了创业以来最响亮的"鲁剧"品牌。电视剧《沂蒙》《铁道游击队》《钢铁年代》《知青》《小小飞虎队》《温州一家人》《父母爱情》《马向阳下乡记》《北平无战事》、电影《北川重生》《天上的伙伴》《西游记之大圣归来》等一大批叫好又叫座的影视精品，取得了社会效益和经济效益的双丰收。

随着资本的介入，精品影视剧版权采购价逐年攀升。目前，山影文化输出影响力最大的《琅琊榜》，卖到了美国、非洲、越南、韩国、日本。2015年12月《琅琊榜》在韩国热播时，网络点击量排行第七，韩国观众想在网上看，得付费，一集7元人民币，看完全集要三四百元。"我们应该学会和全世界做生意，首先就得敢喊高价。你既然是好东西，你就得敢喊高价。但我们现在不敢喊，觉得只要能卖出去，就烧高香了。"李九红说。山影把总部设在北京，制作和发行都在北京，实际上是把影视公司两个最重要的核心部门放在北京这个各种资源聚集也最能听得见激烈"炮声"的一线战场，为的就是强化品牌营销能力。

山东影视传媒集团的成立只是一个开端，离建立真正的现代企业制度、成为合格的市场主体，还有很长的路要走，还有很多困难需要克服。山东影视传媒集团在以后的工作中，将建立以"鲁剧"品牌为核心的专业化运作机制，探索建立适应影视企业市场运作要求的新型管理体制，以影视、旅游、商贸为链条，建设青岛、青州等影视文化产业园，带动一、二、三产业共同发展。

（摘自《山影开挂拿什么"升级打怪"》，《齐鲁晚报》2016年4月8日；《传媒演艺影视三大集团同日挂牌，山东文化改革发展又结新硕果》，《大众日报》2012年9月21日。）

案例二　鲁剧品牌化发展之路

2013年以来，鲁剧延续传统优势，推出一系列蓄势待发的转型之作，为未来的多元化战略积聚力量。

（一）发展优势

1. 品牌优势。山东省委省政府高度重视电视剧创作生产，把电视剧作为繁荣文艺创作的重要方面，加大引导扶持力度，加快推进电视剧繁荣发展。刘云山等中央领导同志和蔡赴朝等国家新闻出版广电总局领导对鲁剧创作给予了充分肯定。鲁剧应该借助山东影视传媒集团的品牌优势，进行差异化经营，在市场化的道路上充分进行商业化转型。

2. 整合优势。鲁剧品牌的影响力为其整合社会各界资源提供了强有力的保证。山东影视传媒集团先后与国内多家一流影视传媒机构进行了成功合作，并在市场的检验中取得了优异的成绩。

3. 政策优势。党的十八大报告中提出，要“提高文化产业规模化、集约化、专业化水平”“增强文化整体实力和竞争力”。山东省委省政府近年来密集出台政策，打造促进创新、创造的文化发展环境，先后出台多项文化产业优惠政策。

4. 机制优势。山东影视传媒集团在不断的发展过程中，探索出一条符合市场发展规律的影视创作机制。首先，抓剧本。形成编剧储备、题材储备、题材调研、剧本筛选、剧本评估、剧本跟踪、剧本优化、剧本市场反馈、剧本调整、剧本完成的责编负责制等剧本质量监控体系，保证投拍剧目的艺术质量，形成鲁剧品牌的核心基础。其次，抓人才。山东影视传媒集团积极推行制片人制，建立人才流动机制，通过引进、借用、委托等多种形式，网罗国内优秀创作人才。同时，通过鼓励主创人员到各地影视剧拍摄一线锻炼学习，培养了一批人才，拥有电视剧制片人、导演、编剧、化妆师等一大批全国影视行业的核心人才和团队。再次，抓市场。鲁剧成为山东省重要的文化品牌之一，坚持市场化的发展道路。山东影视传媒集团以行政主导创作为龙头，采用合作、合资拍摄的手段，用参股运营、利润分成、广告植入的方式，吸引投资伙伴，实现优势互补、强强联合的运营模式，目标定位在央视和省级卫视；以山东影视制作公司进行市场化探索，目标是省级卫视和市级地面频道；同时注重网络视频平台的快速发展。

经过多年探索，山东影视传媒集团以集团为平台，以剧本为核心，以人才为基础，以市场为导向，以资金多元化为手段，以发行为保障，以影视衍生品为补充，打造出一条融投资、策划、研发、制作、生产、发行、衍生品开发为一体的市场化生产体系，赋予了鲁剧独特的精神风貌和思想内涵，使鲁剧品牌得到了全国影视界的认可。

（二）点评

山东影视传媒集团应以鲁剧为品牌，以资金为基础，以创意为核心，以人才为支撑，以市场为导向，以高科技为手段，以新媒体为突破口，以衍生品为延伸，以整合社会资源为发展条件，以影视产业链集聚为产业平台，以多屏化为目标，形成以青岛—济南为轴线的影视内容生产龙头，辐射全国，形成影视内容产业链集群，打造中国一流的文化产业品牌。要完善创新管理体制和运行机制，积极运用国家文化产业优惠扶持政策，利用自身优势，实现跨区域合作、跨行业发展、跨所有制运营，进一步做大做强鲁剧品牌，推动山东影视剧产业跨越式发展。

（摘自李锋《鲁剧的发展与SWOT分析》，《青年记者》2014年第27期。）

案例三　从品牌到形象：迪士尼的营销道路

在数字化时代，如何提升品牌形象和用户体验，是营销的两个核心问题。品牌形象塑造消费感知，用户体验决定消费忠诚。IP即知识产权(Intellectual Property)，大IP本身是产业链的延伸，它具有黑洞式的吸金能力，是从招牌到内容的产业链全方位延伸式营销。

（一）迪士尼：超级IP大赢家

全球最牛的大IP就是迪士尼。数据显示，迪士尼的赢利能力连年上升，2014年，迪士尼主题公园产业利润达26.63亿美元，产业收入150.99亿美元。迪士尼不仅拥有强势的内容，而且在品牌打造、管理运营方面，也是令竞争对手难以望其项背的。这个超级IP在中国内地开设的第一家分园上海迪士尼，不仅包含丰富的迪士尼原有内容，还结合中国本土特色，加入中国元素，门票昂贵仍然一票难求，真可谓中国市面上最火热的IP!

（二）迪士尼与万达的“碰瓷营销”加强品牌宣传

王健林预言迪士尼10—20年都不能赢利，迪士尼不高兴了。一个大名人，一个大公司，通过媒体发声，自然都上热门榜。这种“我不服”的“碰瓷营销”赚足网民眼球。正所谓无利不纷争，王健林的万达和迪士尼也有深度合作，这只是种分分合合、你中有我的营销战略。从传播上来说，主角获得了关注，品牌自然会备受关注。

（三）迪士尼＋CCTV2＋阿里＋新浪＋人气明星捧场

迪士尼能够成功吸引最了解中国市场的媒体与网民。其中有最具实力官媒的关注——CCTV2连续15分钟报道上海迪士尼乐园的情况。阿里旅行更是在其微博的首页做上任性的广告语：“今天迪士尼开园，我就应该打个广告。”上海迪士尼的开园，更是吸引了不少明星的参与，彭于晏、姚明、胡歌、李小鹏父女、邓超孙俪夫妇、林志玲、陈柏霖等等，吸粉无数，成功塑造了品牌的良好形象、扩大了社会影响力。

（四）超级IP，超强合作

超级IP对知识产品的保护可谓严苛，他们就像母熊保护孩子一样保护着自己的品牌。目前有好多品牌想搭迪士尼的热度做营销，但都只能打擦边球，迪士尼三个字严格上也是不能随便使用的。真正能使用迪士尼IP的只有迪士尼乐园的官方合作伙伴，比如在上海迪士尼乐园“明日世界”中赞助项目的雪佛兰。由雪佛兰独家赞助的“创极速光轮”，绚丽而梦幻的灯光，伴随着劲爆的音乐，尖叫声不断，此次在上海迪士尼首发，也是迪士尼主题乐园历史上速度最快的过山车之一。

（五）点评

企业重要的战略资源之一是优质的内容，而真正做内容营销的门槛极高，唯有真正强大的IP内容，才具有引爆市场与号召市场的能力。迪士尼品牌中蕴含的强大IP，不仅仅体现在它超强的影响力上，还表现在迪士尼公司对其品牌的严苛保护。始终如一地保持品牌“纯正度”，才能使其发挥更大的活力。

（资料来源：微信公众号“完美星辉团队”：《从用户体验到品牌形象，营销的道路有多远》。）

第十章 体验：基于客户交互的人性化互动

自穴居时代结束以后，人类的经济生活共经历了四个发展阶段，即农业经济、工业经济、服务经济和体验经济。自给自足的农业经济以具有生产者与消费者双重身份的家庭为基本单位，从土地中提取用于消费的作物；以专业化分工和商品交换为特征的工业经济不再以家庭为单位进行生产，而是以企业为生产单元，作为单纯消费单元的家庭已经从生产中分离出来；随着专业化分工和商品经济的发展，消费行为与生产行为的分化更为明确，服务经济就此诞生；而在以个性化消费和大规模量身定制为表征的体验经济时代，消费是一个过程，消费者也成为这一过程的“产品”。在体验经济时代，传统的商业模式已经无法满足人们不断增长的文化消费新需求。体验化的商业模式，将从文化体验出发，对商业空间进行创新设计，基于客户交互和人性化互动，构建及营造全新的体验生态系统。

第一节 理论基点：体验经济理论

一、体验与体验经济

（一）何谓体验？

体验是人类的基本生存方式之一。在经济活动中，人人都是体验者，只是表现的方式和程度不同。但在人类发展过程中，这一基本方式曾一度被遮蔽。随着经济学回归人的生活世界，人们逐渐意识到人的需求从物质层面到精神层面的转变；以人的身心和谐为根本出发点，以体验为本体引导经济活动，可以促使人全面反观自己的行为与经济活动本身。

关于体验，基于不同的学科视角，所得到的解释各不相同。从哲学角度来看，体验是人类认识世界的独有方式，包括心理体验和实践体验两种类型；同时，体验也是人类以其情感诉求去把握和了解世界的一种方式。

从美学角度来看，体验是人们为了搜集创作素材、完成创作活动，亲自参与和感受生活的实践过程，这一过程会形成印象、感情、感受、经验等精神内容。从心理学的角度来看，前苏联心理学家瓦西留克和美国心理学家马斯洛的研究各有侧重：瓦西留克认为体验是“人在度过这样或那样（通常是艰难）的生活事件、情况时，恢复失去的精神平衡的一种特殊的内部活动和工作”[①]，马斯洛则更倾向于将体验视为一种情感活动。从教育学的角度去看，体验是“一种图景思维活动，它是符号、文字、语言等‘串行信息’和行为、图像、情境等‘并行信息’综合作用的融通式思维”[②]。从经济学的角度来看，关于体验，约瑟夫·派恩和詹姆斯·吉尔摩在《体验经济》一书中做出了相关界定，即“企业以服务为舞台，以商品为道具，以消费者为中心，创造能够使消费者参与其中并值得去回忆的活动”。

从本质上说，体验是以人的个性化为特征，受到生理、心理和社会因素的影响，附着在有形的工具、产品中，或以其他媒介为载体存在于现实生活中的思想、技术、规则、制度等无形的东西。具体而言：第一，体验是人类通过图景在其人生经历、生活场域和未来设想中自由转换而产生的思维活动，能够激发人的生命感动，并提升经济效用。第二，体验在吸收了一般商品和服务的基本内涵后，为人类社会的经济增长提供新动力。第三，从服务中分离出来的体验，能够满足人们内心需求，成为知识经济时代新的价值源泉。第四，作为人类心理活动与认知的需要，体验伴随人类生命活动的始终。第五，体验在人类与经济活动之间搭建了桥梁，让人们把对生活的理解与认同融入经济活动中，让经济活动顺应人的生命规律并反映人的心灵世界。

（二）体验经济

人类为什么要消费？杰文斯在1871年指出，人类通过消费来满足自身追求快乐和避免痛苦的需要。也就是说，消费是享用产品与服务的效用。如果说人类的消费关乎人类生存的基本问题，那么体验无疑是回答这一问题的最直接答案。作为人的基本心理需要和认知行为，体验在消费文化和消费理念的推动下，渐渐从服务中分离出来，构成了支撑知识经济运行的基本元素。通过经济渠道和文化渲染不断扩张，体验经济成为继产品经济、商品经济、服务经济之后的一种主导型经济形态，以体验为核心价

---

① 闵宗陶等：《体验：一种经济学的解读》，《经济学家》，2003（6），103—106页。

② 刘惊铎：《体验：道德教育的本体》，《教育研究》，2003（2），53—59页。

值的消费诉求走向了一个新的发展阶段。因此，有学者指出，体验经济将不再以产品与服务为重心，而是更强调消费者的感受，实现了消费与生产之间的个性连接。[①] 通俗地说，消费者从观看企业生产销售的“观众”变成了参与其中的“演员”。

体验经济运作的机理在于消费者与体验线索（体验提供物或者体验事件）之间的互动。在整个互动过程中，互动的结果会在消费者的脑海中留下印象，在与固有联系相互作用后建立新的联系，将印象升华与加工成记忆，最终成为体验。由此可以看出，在体验经济中，需要关注两个方面：一是消费者才是体验的主体，人的个性与感受变得尤为重要；二是体验线索在整个体验过程中发挥了基础作用，线索过于分散显然不利于消费者形成体验，主题化的设计可以更好地引导消费者形成体验。当下，越来越多的企业意识到这一点，尝试以体验为目的，突出人与人之间的个体差异性，生产与提供关注个性的产品与服务，吸引消费者参与其中并产生美好共鸣，从而拓展消费市场。比如迪士尼乐园，一直秉承主题化体验的发展模式，为广大青少年和成年人创造了难以忘怀的快乐体验。

对于体验经济的界定，国外学者偏重于生动的表述，而没有概括性的规定，形成了“只可意会不可言传”的模糊感觉。因此，我们选择国内学界的界定。如根据体验经济的效用与价值，有学者给出体验经济的定义：“以塑造消费者体验价值为标的，通过互联网与传统产业紧密结合的生产方式，面向个性化的需求有针对性地提供相应服务的经济生产过程和经济交往关系。”[②] 若基于体验经济的规定性，其定义如下：“体验经济作为经济模式，是通过文化包装或创意设计，利用网络等科技手段，实现大规模的定制服务，创造出满足大众个性化体验感受需要的某种经济提供物，并以蕴含其中的体验价值来获取经济利益。”[③]

（三）文化消费与体验经济

文化产品与服务不同于一般商品，体现了人类精神创造的魅力，为消费者创造了某种体验。在文化消费中，消费者的体验通过文化产品或服务

---

① 葛仲夏：《体验经济视域下企业服务营销模式的构建》，《长春大学学报（社会科学版）》，2014（11），1502—1504页。

② 孙映雪：《刍议体验经济下生产力和生产关系的发展变化》，《商业经济研究》，2016（1），126—127页。

③ 赵放、吴宇晖：《体验经济的思想基础及其规定性的阐释》，《吉林大学社会科学学报》，2014（2），62—69页。

来传达某种信息，勾起情感与记忆。因此，文化消费更为主观和感性，偏重于满足人们交换信息、交流情感、愉悦身心、提高审美、增强认知等精神方面的需要。文化消费既是精神感受和心理体验，也时刻彰显着个性。人们倾向于选择哪种文化产品或服务，主要取决于产品效用中承载的文化内涵对人们情感体验的影响。如人们购买奢侈品，关注的不仅仅是产品的性能，设计师的设计、品牌的价值、专属服务、私人定制的优越感等等都是满足人们内心追求的体验。

作为一种基于内容和审美的产业，文化产业在体验经济时代有着巨大的优势。第一，它是独有的文化创意与技术、市场的深度结合的产物，文化与创意的衍生、提炼和整合贯穿其发展过程；第二，文化的创意创新离不开人，以消费者的内心需求为基点，发挥文化创意与技术创新之优势，才会让文化消费变得更有文化内涵、更具人情味。只有提供生产与消费一体化的结构和自主参与其中的体验，消费者才会心甘情愿为“不可复制的或非他莫属的生命体验”买单。①

二、体验经济的理论基础

在互联网高速发展的今天，任何一种新的商业模式都具备迅速成为全球性的经济运作方式的潜在可能。而作为一种新的经济发展思想，体验经济似乎正在践行这种可能，为人类探索未来的经济发展方式及其规律提供了一个全新的思想视域。

（一）古代的朴素体验经济思想

体验是自古以来就存在的一种经济现象，但在关注生产、供给等物态载体的古典经济学中体验并不是独立存在的，未能明显地展示出来。欧洲体验经济研究中心的负责人艾伯特·博斯韦尔就指出：“体验经济的历史应该与世界上最古老的职业一样久远，所以在某种意义上算不上新事物，古罗马和古希腊人很早就意识到如何从不同的体验上挣钱。”②

古代朴素的体验经济思想得以确立的基础在于，作为需求主导下经济运行的基础，效用是经济学的基本范畴。这是因为，从本质上讲，效用是一种个体的心理满足状态，可以理解为从感知和描述得到的体验。因此，

---

① 曹海峰：《球土化、体验经济与文化创新》，《南京社会科学》，2012（6），127—133页。

② 转引自赵放、吴宇晖：《体验经济的思想基础及其规定性的阐释》，《吉林大学社会科学学报》，2014（2），62—69页。

效用就成为体验与经济连接的“接口”，体现着体验经济的价值。对于这一点，学界的观点基本一致。如法国经济学家让·巴蒂斯特·萨特认为，“效用是物品满足人类需要的内在力量”；英国功利主义哲学家和经济学家边沁直接指出“效用就是体验”；英国经济学家西尔尼也认为效用是“人对事物的主观感受”；英国边际效用学派代表人物杰文斯将效用定义为“能引起快乐或避免痛苦的事物”；美国经济学家萨缪尔森指出效用是“一种主观心理状态”。此外，我国学者叶航在吸收效用的广义内核后，将效用确定为心理学本质问题。

从这些学者的观点和研究内容可以看出，人类在产品消费中，随着对物品消费数量增加而边际效用递减的过程，逐渐通过效用的获取产生了体验。这也成为当代体验经济思想的基础性观点。

（二）现代体验经济思想的演进

宏观经济学之父凯恩斯在《劝说集》一书中指出“经济问题并不是人类中永远存在的问题”，并对经济将逐渐朝“多元化”“个性化”“人性化”方向发展有所洞察。① 在凯恩斯之后，经济学家开始向“经济人”研究理性回归，将人的因素作为需求的主要动因去分析经济现象。理查德·泰勒、戴维·莱布森、马修·拉宾等人对行为经济学的研究，弘扬了体验在经济学中的重要地位；加里·贝克尔认为经济学发展到第三阶段时的研究主流在于“人类的行为和与之有关的全部假定”；诺贝尔经济学奖获得者卡尼曼更是将效用分为了“体验效用”与“决策效用”来进行研究，试图重新诠释人类的体验与经济学中的效用。这些触及人的情感体验和心理活动的经济学研究，为体验经济提供了重要的理论参照。

权利霞在《体验经济——现代企业运作的新探索》一书中这样表述：“在经济学的发展中，正是由于有像卡尼曼、加里·贝克尔、阿玛蒂亚·森等这样的开拓性学者以接力赛的方式，执着地拓宽理性‘经济人’的活动领域，丰富着理性经济人的内涵，才使得经济学中一度被遮蔽的体验再度浮现于经济学的海洋中。”② 在以往的经济学研究中，人的兴趣、审美、情感等因素都被视为外生可变的非经济因素不予分析考虑；但基于理性的“经济人”的假设，现当代经济学研究开始将这些外生因素视为发挥至关

① 转引自赵放、吴宇晖：《体验经济的思想基础及其规定性的阐释》，《吉林大学社会科学学报》，2014（2），62—69页。

② 权利霞：《体验经济——现代企业运作的新探索》，23—24页，北京，经济管理出版社，2007。

重要作用的变量来分析。

（三）当代体验经济思想的新趋势

在对当代和未来经济发展趋势的研判和审视中，体验经济思想已经从学理性的回归和反思转向了对体验经济发展新维度的探索，主要包括生成基础、运营模式和市场实践三个层面。这是因为，随着经济与文化一体化趋势的加强及信息技术的迅猛发展，企业面临同质化产品竞争的困境，需要向传统红海领域外探索新的经济增长点；而关注人文情怀的体验，超越了原有服务经济的控制范畴，恰好能够成为这种新的经济提供物之一。

20 世纪 70 年代，美国著名的未来学家阿尔文·托夫勒在其所著的《未来的冲击》中提出“体验生产”“体验制造者”“体验产业”等概念，大胆预测：“未来经济将是一种体验经济，未来的生产者将是制造体验的人，体验制造商将成为经济的基本支柱之一。”托夫勒将体验与经济产出联系在一起的初次尝试，使得他被视为现代体验经济思想的直接奠基人。在 90 年代末，约瑟夫·派恩和詹姆斯·吉尔摩在《体验经济》一书中提出，体验经济时代已来临，体验就是“每个人以个性化的方式参与其中的事件”。进入 21 世纪后，美国学者理查德·佛罗里达提出的“创意阶层”（Creative Class）理论，被丹麦学者特林·比尔高度评价为体验经济研究的三大理论来源之一。此外，施密特、长泽伸也等人也在体验经济的市场实践中不断深化“价值增值”的研究内容，认为体验将是需要通过付费来实现的产品、商品和服务之外具有价值的新经济物种。

第二节　体验式消费与体验营销

一、体验式消费

消费行为的本质是人们为满足物质与身心需要的享受过程，因此，消费过程中总是具有体验和感受的成分。正是因为这一基础，体验的理念逐渐从消费环节渗透到生产、分配、流通及社会再生产过程中。这也正是体验式消费与一般消费的不同之处。体验消费更强调从消费者的价值和需求出发，以其具体要求实现个性定制、量体裁衣，从而将消费具体化、差别化。

所谓体验消费，是指在一定的环境氛围中消费者对物品和服务的享用过程。其中，环境氛围指的是大的消费背景与现实的消费环境，即社会生产力发展到一定阶段、人们的生活水平处在一定的高度；享用则是指人类自身、人与人、人与自然互动的过程与结果。[①] 依据这一界定，体验消费对传统消费的取代，是体验经济发展的必然趋势。就消费的本质而言，享用效用的过程既是对现有生活的自我感受，也包含对未来生活的设想与开发。

（一）体验式消费行为模式的特征

1. 消费过程的互动性

消费行为是消费者基于得到某件商品或者服务的心理需要来享受生活及体验消费的乐趣的过程。在这一行为过程中，消费者与企业之间产生直接或间接的互动。在传统的消费格局中，消费者长期处于商品信息不对称的一端，作为消费商品或服务的单纯的接受者，在市场中处于不平等地位；而在体验式消费中，消费者通过个性化定制、试用、参与互动等体验形式，与企业建立了信息交互的场域，从而获取更多的相关信息，甚至可以直接参与生产、设计等环节，实现了消费者与企业在市场地位上的平等性。特别是在网络技术的推动下，微信、微博、用户社区等即时通信工具的广泛使用，使消费者与企业之间的沟通变得更快捷和及时。体验消费所带来的互动性大大促进了消费者与企业之间的双向交流，有利于消费者对企业、品牌、产品和服务有更全面的了解和判断。总之，互动性是体验式消费的重要特征之一。通过互动，消费者的价值和企业的品牌价值均得到体现，进一步推动了体验经济发展和消费市场发展。

2. 消费阶层的新变化

与传统的消费模式相比，体验式消费中渗透着大量的知识和信息，刺激了新消费阶层（经济学家称其为现代消费者）的诞生。新的消费阶层具有以下特点：第一，通常受过较高的教育；第二，知识体系和阅历都更为丰富与宽广；第三，懂得如何获取更多的信息；第四，重视在消费过程中体现和提升自我价值。当下，生活水平的不断提高，让消费者可以更多地依据自己的意愿去选择消费方式和消费途径。自主权越大，消费者就会获得越多张扬个性的机会。消费者会注重商品的设计、包装、色彩，以及服务的风格、质量，形成一套衡量标准去影响其消费过程和行为。消费阶层发生变化，企业的运行模式也随之变化，要面对比以往更加理性、更注重自我价值的消费群体。

以参与为基础的体验式消费，体现了消费者权衡理性与情感后的高水准消费，这种消费具有明确的消费目标，并能充分关注与理解企业的经营

---

① 权利霞：《体验消费与“享用”体验》，《当代经济科学》，2004（2），77—81页。

活动。与此同时，企业要想获得长足发展，先要重视消费者的感受和体验，在其消费行为多元化的当下把握住个性诉求的释放，丰富企业的服务内容和运行模式。

3. 消费行为的高质化

现代消费行为的一个显著特点就是，消费者比以往更重视品牌的价值和自我的价值。消费者对品牌的高度关注，体现了消费者对消费本身而不是最终结果的情有独钟；同时，消费者也将自我价值的实现放在了重要的位置。体验式消费正是通过对消费者的需求进行精准定位，让消费者有一种超越以往的被重视感和存在感，这是对个性化定制消费需求的放大。在体验经济时代，企业应该以消费者为中心，围绕市场特征和要求这一切入点，重视消费行为中人作为消费主体的参与程度，进而提升品牌价值和消费者的自我价值。体验式消费对品牌塑造和价值创造的重视，能够带动一定的市场占有率，也让消费者在参与企业运营活动中体验了创造、销售、运行的整个过程，形成独一无二的美好记忆，对企业品牌的成长与发展起到积极的促进作用。

在体验经济中，消费者价值和企业品牌价值都得到提升，消费不再是被动的信息接受，对商品与服务的效用体验变成一个可以享受的过程。从这个层面上来看，体验式消费改变了原有消费行为的发生与循环，促进消费行为的高质化、人性化发展。

（二）体验式消费的类型与意义

权利霞（2007）根据消费现象对社会有无积极意义，将体验消费划分为积极的体验消费和消极的体验消费。[①] 所谓积极的体验消费，应该包含以下几个元素：消费实惠，侧重日常直观体验，比如人的味觉、听觉、视觉、触觉等直接感受，这种直观体验也会受到心情与情境的间接影响；消费生活亲近自然，侧重返璞归真的消费感受，比如旅游可以让人全身心体认自然与生态的和谐；体验生活中亲情与友情的关怀，侧重生命感动的博爱之情，这种体验可以在礼物的馈赠与情感的交流中体悟；消费生活的自我呈现，侧重彰显个性的消费形式，比如人们对美容、健身、保健的消费需求，对奢侈品牌的钟爱与追求，对获取知识技能和极限刺激的消费选择。而消极的体验消费是一种身心分离的消费形式，如盲目攀比的模仿消

---

① 权利霞：《体验经济——现代企业运作的新探索》，102页，北京，经济管理出版社，2007。

费、不切实际的超前消费、影响健康的消费等，在此不一一赘述。

体验式消费对人类经济活动的现实意义是重大的。第一，体验式消费注重人类自身“非物质需求”① 的满足，强调了消费质量大于数量的理念，在满足生存及生活需求的基础上，实现可持续消费的目标，提升人们的生活质量。第二，体验式消费让消费者在参与消费的过程中体验到消费的乐趣和内涵，产生愉悦和满足，勾起脑海中储存的记忆，影响到人生观价值观的生成。

综上所述，体验式消费是现代消费中重要的元素，引导人类的消费观念发生转变，即由生存消费转向体验消费，体现了人们对于享用理念的最新解读。同时，体验式消费对个体自我呈现的重视和关怀，也促使企业在生产、销售过程中更注重消费者个体的诉求，加速了经济增长方式的转变，即由工业化大生产的数量规模转变为量身定制化的质量增长。

二、体验营销

体验营销是市场营销学理论在体验经济时代不断发展的新成果，最先兴起于旅游与教育行业，而后逐渐扩展到其他行业。面对现代消费理念的不断变化，体验经济最终需要由市场来检验，由市场主体来践行。基于企业经营与客户体验的交互关系，企业通过生产、组织管理和市场营销，为消费者提供量身定制的服务，带给消费者积极的体验和独特的消费价值，从而开创一种新的利润来源。体验营销以消费者价值为导向，以产生愉悦的体验为目的，在企业与消费者之间搭建一个可供消费者参与表演的舞台，让消费者融入其中，对产品的单一兴趣延伸为对产品、服务和企业的爱屋及乌。因此，体验营销是商品经济和服务经济相结合的产物。

（一）体验营销的类型

关于体验营销的分类，约瑟夫·派恩和詹姆斯·吉尔摩按照体验者参与类型（guest participation）和参与度（connection）两个维度界定了体验的四个领域及其代表性的活动：娱乐体验（entertainment）、教育体验（education）、审美体验（estheticism）、逃遁体验（escape），合称“4E体验王国”。② 如图10-2-1所示，竖轴表示参与度，两极分别是吸取和浸入，吸取

① 德国社会学家贝克在20世纪90年代提出，以对非物质财富的拥有为尺度衡量人们的贫富差别，这样的时代被称为“自我生活的时代”。

② 转引自张帆听、杨树青：《体验经济下的营销创新——体验营销研究文献综述》，《市场周刊（理论研究）》，2013（1），47—49页。

表示以体验的方式吸引消费者的关注，浸入则表示消费者对体验事件亲历的部分和程度；横轴表示参与类型，用于衡量消费者与体验的事件成为一体的程度，两极分别是消极参与和积极参与。其中，通过吸取感觉，娱乐体验可以改变消费者的价值取向；通过积极参与活动的过程，教育体验可以促使消费者开拓思维并对消费行为重新思考；通过模拟现实生活，逃遁体验可以吸引消费者完全沉浸在体验活动中；通过环境营造，审美体验可以诱发消费者形成美好的感觉。4E 体验类型既可以独立存在，也可以融合共存，让消费者的参与度和参与类型形成立体化的感受，丰富消费者的体验经历。

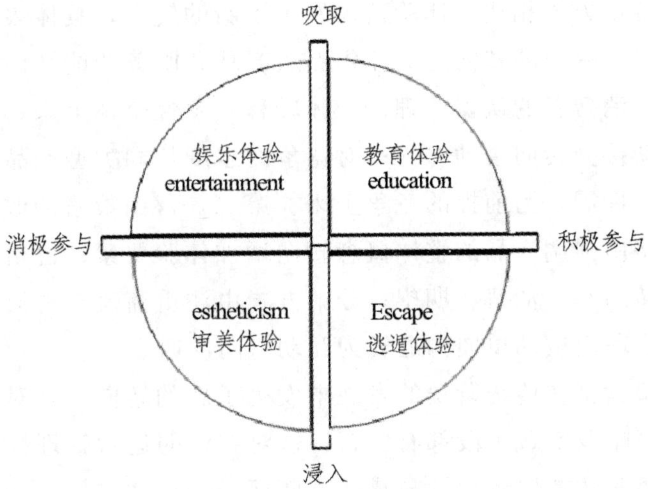

图 10-2-1　派恩、吉尔摩的 4E 体验王国

来源：汪秀英《基于体验经济的消费者行为模式研究》，大连理工大学 2009 年博士学位论文。

除了派恩和吉尔摩的 4E 体验分类外，2001 年哥伦比亚大学教授贝恩德·H. 施米特（Bernd H. Schmitt）首次从战略角度对体验营销进行了系统的分析，提出“体验式营销的战略支柱——SEMS（Strategic Experience Marketing System）”。他从体验者的体验需求出发，将消费者的体验分为感觉体验、情感体验、创造性认知体验、身体体验、全部生活方式及社会特性体验五个方面，提出企业可以通过消费者的体验和感受来获取消费者内心深处的想法并与之进行交流互动。消费者个性化需求的不同，使得体验营销不同于传统的规范化的营销形态，而是为满足消费者个性化需求而搭建情景化和主体化的体验平台，不断创造独特生动的体验经历，提高消费者的满意度。

从实践来说，体验营销类型有三个方向：第一，通过现场施加影响，激发消费者的购物欲望。这种体验营销具有即时性特点，多数发生在消费环节，是所有行业中最为常见的形式；但发生在一定时空场域中，容易受到消费者的消费经验、品牌依赖度和现场气氛等影响。第二，从现场体验开始，用情感联络的方法，促使消费者从动心、动情到参与体验设计和生产，产生消费。这种方式属于跨时营销，起于创意设计，止于消费终端。第三，企业把自己的形象、品牌、广告、设计等打包进行整体营销，给消费者一个完整的感性认知，以此影响消费活动。整体营销重在长期维护，品牌的建设尤为重要。

（二）体验营销的创新

与传统营销方式相比，体验营销发生了新的转向，具体表现在两个层面：第一，关注视角的转向。关注焦点从产品和服务功能转向消费者的情感与体验；对消费者的认识从理性个体转移到感性个体上来；消费者的角色定位从被动接受转向主动参与；对竞争的态度从同类型产品的竞争转向以满足不同个性需求为前提的竞争上来。第二，营销策略的改变。体验营销的产品策略由强调产品的整体概念转向增加体验要素；价格策略由基于成本与竞争转向基于消费者期望；分销方式由注重商流与物流转向重视信息流；促销手段由被动单向沟通转为互动双向沟通。

由于体验营销在传统营销的发展中发生了新的转向，其对营销的理论假设、具体策略及实践手段都有创新，这对企业的运营管理提出了新的要求：首先，要兼顾消费者理性与感性这两面，提出“增加客户体验”的营销理念用于指导企业的经营活动；其次，以发掘消费者的需求差异为出发点，将满足与创造消费者的个性化需求作为企业的营销重点；最后，在体验过程中，建立与消费者的实时互动，突出消费者的参与行为，在感官、情感、思考、行动和关联等方面加强企业与客户的交流互动。

第三节　体验场域与体验生态系统

一、体验场域概念的提出

经济活动的发生具有一定的时空条件，这为体验的存在提供了一定的场域。德国心理学家勒温指出，生活中存在一个“人与环境构成的情境氛围系统”——动力场，人的行为动力在于内心需求和内部神经系统的反应。[①] 其

① 申荷永：《论勒温心理学中的动力》，《心理学报》，1991（3），306—312页。

后，乔治·考托瑙、费雷德·范拉伊等人将勒温的动力场学说运用到对经济现象的阐释中，为体验商业运作形式提供了重要依据和参考。根据乔治·考托瑙的研究，心理因素是介于经济刺激和行为反应之间的可变因素。那么消费者究竟是如何遵循内心需求去搜寻的？兴趣、性格、寄托、审美、流行、消遣、自我提升等都可能是消费者的目标，这些目标需求可以分为产品及附加服务、产品的某种个性化象征，但这些目标需求的产生并不意味着最终决策。消费者的购买决策会受到信息、自身及环境的影响，比如信息来源、投入程度、购买计划、备选项、财力、本人情绪及意愿等因素。

有研究表明，市场对消费行为有重要的推动作用，消费者往往容易被情境左右，从而在对某种产品的情感和信念形成之前就做出决定。也就是说，消费者的消费行为并非全是理性的，其感性的行为才是市场营销活动开展的前提。其中，影响消费者行为的主要因素之一就是时间与空间组成的情境氛围，即体验场域。体验场域是指借助于一定的空间布局，刺激人的感官，唤醒人的经历、经验，并使人将过去、现在与未来联系起来的环境系统。体验场域可以是有形的，也可以是无形的，最常见的有百货商场、购物中心、展销会、艺术展等。体验场域的优势在于消费者与企业的双赢：大批希望实现理想、发现快乐和知识的目标消费者群体集聚于此，企业可以充分展示产品、服务及品牌实力，较快收集到目标消费者的有效信息，摸准需求前沿。此外，与无形的场域相比，有形的体验场域还可以衍生出心理场域或文化场域：体验者的人气、现场人员素质和企业实力以及活跃程度等对周围人群的心理带动，营造了一种特殊的心理氛围，也会传递文化理念和审美品位。

二、基于体验场域的商业模式构建

（一）即时营销：沉浸式体验

沉浸式体验是一种典型的即时营销，是指消费者自己作为现场主要决策人的购买体验。严格来说，沉浸只是普通的消费体验，但也是体验营销得以延续和升华的基础，至少可以用来验证体验是否具有共享性。其特点是以生产和营销的设计者为主导，场域的氛围是预先创设好的，可以引导消费者专心地遵循自己的意志去体验，因而具有一定诱导性。消费者的感觉和认识是体验得以顺利完成的动因，其中包括三种力量：消费者的需求力是指消费者的渴望程度与支付能力的合成力，它与供给力是一个问题的两个方面；消费者的注意力是指消费者是否购买取决于其在这个可感知环境中有无关注的物品，即消费者所搜寻的目标；消费品的吸引力是指在体验场域中是否存在能够引起消费者注意的情节或线索诱发购买。注意力和吸引力反映了潜在消费者受两个方面影响，即内在需要的渴望与外部环境的牵引。注意力并非购买力，需要通过选择、比较和评价来进行转化。菲什拜因模型①正是解释这一现象的模型。对于企业而言，吸引力越大，购买的发生概率就越高，吸引力的大小体现了供给力实现可能性的大小。经过论证，从体验场域的效果来看，吸引力的大小往往正向影响消费者注意力的大小。这三种力是矢量合成，只有各自达到最大化，才能使消费者的效用最大化、企业利润最大化。

作为一种即时营销，沉浸式体验的使用要注意以下几点：

一是基于客户身份的感知强化。每个人都希望自身的特性被赞赏，以期从某一个方面体现出与众不同。基于身份的体验是人们天生的渴望，会激励客户收集生活中的闪光点并乐于与大家分享；如果强化这种美好体验，对这些闪光点给予正向鼓励，会让客户较长时间内向同道中人表扬与推广产品与服务。因此准确了解客户并触及其内心感受，将体验不断深化、内化，不断强化同一类型人群的体验感受，才能培养出一批对产品和服务狂热追随的忠实客户。

二是基于价值观的主题化与特色化体验场域。每个人都有自己的信仰、原则和做事的出发点，这些动机让人们彼此联系构成更大的力量，也让一些日常平凡的事情变得更有意义。基于价值观，让自己的产品具有特定意义和主题，组织一些主题化、特色化的活动去吸引特定的群体，促使其思考存在的价值与意义，可以引导消费者的某些行为，驱动消费者的交互与忠诚。这些主题应该具有娱乐、教育、审美、健康等特点。

（二）跨时营销：互动式体验

与沉浸不同，互动式体验并不是以消费者为主导，而是基于现实生活中消费者与企业互动的购买现象。互动式体验在制订采购计划时就开始了，是由消费者共同参与、在企业的主导下完成的。随着消费者参与企业经营活动的主动性不断增强，原本被企业诱导、拉拢产生消费的情况逐渐转变为产品外观个性化、功能个性化的情况，消费者越来越主动地运用自

---

① 即消费者的态度取决于所选取的所有品牌的每一个属性的评价与这一属性权重的乘积。

己的理念和创意去搜寻与自己体验有共鸣的产品。也就是说，一个基于互动的反映消费者创造新生活的价值观和生活方式的共创型市场正在兴起。而企业在消费需求多元化的今天也开始关注消费者的使用反应并乐于维护这种关系。虽然互动式的体验消费有了很强的主动性，但并不意味着消费者能在消费选择中确立控制权；这期间可能因为技术性约束、信息不完全等因素的限制，消费者对整个流程的掌握程度逊于企业而处在弱势群体的位置。所以在实践中，企业应该关注到这种现象的存在，竭尽全力去维护良好的互动关系，并积极诉诸价值创新。

互动式体验的创新路径有两个：

一是用户社区的打造。俗语说“物以类聚，人以群分”，人类总是倾向于和与自己类似的人建立某种关联。从心理学的角度来看，与志趣相投的人在一起从某种程度上增加了自我认同，使人不自觉地以别人的形象来度量自己的影子。用户社区的打造就是利用这一原理，释放社会纽带的巨大力量来深化客户体验，鼓励消费者分享其共有的兴趣、活动以及对其有用的产品和服务，从而增强企业的可信度，提高企业的影响力。

二是功能的简化。技术发展的初衷是方便人类的生活，让人类生活得更加轻松、安全和高效。然而，技术的脚步一旦迈出就从未停止，并以惊人的速度渗透到各个领域，技术在带给人类快捷的同时也会有一些细节让生活变得复杂或者说具有更大的挑战性，没完没了的功能设置与选择、维护与升级占据了大量的时间与精力。因此，人们对化繁为简的追求更为迫切，技术创新也确实在朝着这个方向发展。简化那些让用户感到复杂、困扰或晦涩难解的操作，让用户轻松完成从未尝试过的事情，在给消费者带来更为令人振奋的体验的同时也会为企业打开一片新的市场空间。

除了开发环节的互动式体验，跨时营销还包括体验的维护过程。维护体验主要是对消费体验者的购买过程、使用过程的优劣情况的跟踪和修护，具体体现为对外和对内两个方面：对外包括定期回访消费者、售后服务、对相应产品系列的开发与升级等；对内则是为确保产品和服务质量在企业内部所进行的组织协调工作。由此可以看出，对体验的开发与维护实际上是一个企业从内部到外部所进行的系统化工程。

综上所述，体验场域是企业寻找体验需求、实现价值创新的地方，也是消费者产生体验的地方，更是两者间诱发体验形成互惠共荣关系的结合点。即时营销是以把握体验现场的消费者与环境氛围为主，促成消费者购买；而跨时营销则是通过一系列对体验场域系统的开发与维护来促成消费。对消费者而言，沉浸给予的是从购买欲望的产生到使用、后期维护等一系列体验场域的回忆；互动体验则是消费者即时参与生产，将自己的知识注入生产实现个性化的产品与服务。因此，无论哪种形式，企业都应该以诚信为本、以情感动人，并坚持做好跟踪服务。

三、体验生态系统

在体验经济中，消费者与企业之间的互动需要一个体验场域的存在，这一时空系统的营造也成为体验商业模式中的重点。基于人的精神享受和满足，结合创意设计的理念，打造一个不断制造愉悦的体验生态系统，可以让消费者在不知不觉中感受到动人的体验经历。

（一）体验生态系统的组成

在生态学中，生物和环境之间形成一个不可分割的相互关联和相互影响的整体，称为生态系统（Ecosystem）。[①] 体验生态系统则是由情境、主题、创意和空间四部分组成的不可分割的相互关联和相互影响的有机整体，引导消费者产生愉悦的体验。

1. 情境。心理学将情境定义为“对人有直接刺激作用、有一定的生物学意义和社会意义的具体环境。情境在激发人的某种情感方面有特定的作用”[②]。作为体验生态系统的重要因子，情境的创设直接影响着体验的效果。这是因为，体验生态系统的主体是人，以人为本是该系统构建的核心基础；既然围绕消费者开展体验，就必须强调人文关怀对感性人的引导和诱发。因此，情境的设计需要体现强烈的消费者主体意识，让消费者能够在体验之初就感受到企业营造的消费情境能够带来愉悦体验，从而产生心理暗示，为后续的体验带来明显的效果。

2. 主题。在体验生态系统中，主题是体验得以深入开展的重要前提。由于体验生态系统的发生和发展是精心安排的，并非无中生有或天马行空的，作为组织者的企业要经过深思熟虑的模拟与实验，立足于自身产品与服务的特点，来充分构思体验主题。主题的创设，可以选择直接切入主题的设计，也可以通过事件营造或故事引入等方式。但无论选择何种形式，主题应该具有独特的文化属性，强调生态空间内的合理叙述，保证主题与内容的一致性，同时具有可以吸引消费者关注的趣味性与互动性。

---

① 阳含熙：《生态学的过去、现在和未来》，《自然资源学报》，1989（4），355—361页。

② 杨清：《简明心理学辞典》，307页，长春，吉林人民出版社，1985。

3. 创意。理想的体验生态系统一定具有好的创意。创意虽然是系统中最不确定的变量因子，但也并非不可捉摸。所谓好的创意，一定是源于生活中的日常接触，拉近消费者与企业的距离，从而使得消费者参与体验的陌生感与隔阂感能被忽略不计，强化消费者的感知认识，便于形成可以储存的记忆。同时，好的创意还要符合特定情境、主题的设计，能与消费者的内心需要产生情感共鸣，便于将深藏在消费者脑中的思维提取出来，唤起愉悦体验。创意需要长期的积累，要求企业在日常运营中不断地丰富对生活、对体验和对自身品牌的思考。

4. 空间。所有的体验活动都需要一定的空间来开展。空间的意义不在于其规模的大小，而在于合理的规划和使用，发挥其对体验价值的多元解释。通常，在体验生态系统的营造中，具有协同模式的空间类型是较为常见的，因为这类空间具有复合性的设计和混合性的功能，能够发挥分享型的商业价值。这种空间概念首先体现了一种全局意识，有利于提升产品的附加值和品牌优势；其次体现了体验式消费的多样化需求，有利于消费者张扬个性，为消费体验提供多重选择。例如，在大型商业综合体中，表演空间与休闲广场已成为综合体的标配设计，在此活跃着文艺表演、嘉宾座谈等体验式的促销活动，吸引消费者驻足观赏和参与互动。

（二）体验生态系统的营造

体验商业模式有别于传统的商业模式，更加重视消费的空间体验和感受，对空间环境的要求也更高。因此，在消费环境或企业环境中，体验生态系统都在日常生活中发挥着越来越重要的作用，并以多种不同种类的模式表现出来。

1. 主要类型

一般来说，体验生态系统包含三个类型：一是初级体验模式。如购物、餐饮、娱乐、休憩一体化的万达广场。这种模式强调业态组合对商业功能的充分激发，但对建筑的空间品质、情境营造、主题创设等方面的要求并不高。二是中级体验模式。比如香港的朗豪坊，强调业态与空间的有机融合对体验触发的有效刺激，因而既关注业态的整合布局，也重视建筑空间内外设计的一致性。三是高级体验模式。如澳门的威尼斯人运河城购物中心。一般情况下，高级体验模式包含主题化情境设计，会充分利用视觉、听觉、触觉和味觉等感官系统的作用，为消费者营造出文化气息浓郁的独特氛围，增强体验的愉悦和满足感。

2. 常见模式

（1）步行复合空间模式。该模式具有多维弹性的空间形态，能够营造步移景异的空间形象，促使消费者在一连串愉悦的氛围中触发体验。通过设计不规则的线路、不明确的距离以及弹性停留区域等环节，减少空间载体带来的遮挡、冲突等心理遮蔽，将简单的三维空间转换为视觉冲突科学、时间秩序合理的生态系统，激发消费者的愉悦体验与自我满足，让整个系统成为交互、动态和可持续的发生场域。

（2）剧院化空间模式。所谓剧院化模式是指在标准化服务产品中增加娱乐成分，并把这种服务作为一种特别活动进行舞台化展示，极大地增加服务产品的价值。通过四处走动、感受精心设计的空间组合，消费者被引向不同层次感的空间位置，在参与互动中可以从不同的角度审视“舞台”上的动态变化，从而产生愉悦的体验经历。

（3）古街区、古村落空间模式。古街区、古村落式空间模式一般都因地制宜进行规划设计，是对当地自然风貌和人文特色的典型利用，因此，具有“无成式、无常形”的设计特点。这种体验生态体系的营造要注重个性空间的展示、情趣空间的创设，将消费者身临其境的体验过程与融入环境后所获取的难忘经历画上等号，从而增强参与体验的消费者在文化变迁中体悟到的历史遗迹感与历史延续感。

第四节　体验商业模式的经典案例

案例一　宜家：营销 3.0 时代的赢家

（一）是商场、餐饮店还是游乐场？

宜家家居（IKEA）于 1943 年创建于瑞典，瑞典宜家集团已成为全球最大的家具家居用品商家，产品主要包括座椅/沙发系列、办公用品、卧室用品、厨房用品、照明用品、纺织品、炊具系列、储藏用品、儿童用品等。在宜家，你不仅能看到有人在推着购物车买东西，还能看到有人吃牛排喝咖啡，甚至还有小孩子在嬉笑着玩玩具。事实上，这就是宜家商场的常态，也是宜家营销模式中最重要的环节——体验式营销。这也是宜家在未来竞争中立于不败之地的法宝。

（二）宜家的体验式营销

随着体验经济时代的来临，体验成为一种全新的经济提取物，体验成为消费者的精神追求。宜家成为全球性的家居用品商业帝国，并在全球享有盛誉，这在很大程度上得益于宜家践行营销3.0的思想，形成其独特的营销模式。营销3.0是以人文精神为中心的理念，关注人类期望、价值和精神体验。消费者不再是单纯的被消费绑架的人，而是具有独立思想、精神完整的个体。在当今体验经济的时代和营销3.0背景下，宜家几乎把体验营销做到了极致。

宜家的体验式营销由口碑营销、目录营销、实境营销、DIY营销和绿色营销等部分组成。口碑营销是指通过用户间的相互交流将品牌传播开来；目录营销是运用目录作为载体实现信息传播的目的；实景营销则把商品放在真实环境中进行销售；DIY体验营销强调顾客参与创造；绿色营销是一种顺应可持续发展战略的营销活动。

体验情境的精心设置是体验营销的一项重要工作，这将直接影响消费者的最终购买决定。对于体验营销来说，如何创造一种不同寻常的体验场景，是影响人们购物决策的核心要点。宜家商场融入了浓重的人文关怀，营造出独具魅力的人文气氛，经营的场所与人们的情绪、情感等心理需求环环相扣。

（三）点评

在全球化快速推进的今天，宜家凭借着独特的体验营销模式引领社会和个体的时尚生活方式，宜家独特的营销模式开启了营销3.0时代的新篇章。宜家是很擅长口碑营销的，但这种口碑不只是来自营销，更来自用户体验的创新和引领。

（资料来源：陈丽丽等《营销3.0背景下体验式营销模式研究——以宜家为例》，《生产力研究》2015年第4期。）

案例二　上海K11购物艺术中心

（一）项目概况

上海K11购物艺术中心为香港新世界集团在大陆的首个项目，位于淮海中路黄金商务区，与历史悠久的上海淮海路商圈融为一体。建筑分为地上六层和地下三层，商业建筑面积约40000平方米，艺术展馆面积约3000平方米。

（二）空间布局

体验式商业空间的设计具有人文的表达和人性化的尺度，为社会公共文化与交流营造一个自然和谐的空间。上海K11为商业建筑空间注入了文化体验的元素，满足了消费者对公共文化的探索和艺术生活的体验。K11

把人与自然和文化的交流引入到消费需求当中，让人文、艺术与自然和谐统一、彼此融合、相互尊重，探索体验式商业建筑新模式。K11运用简洁朴素的建筑手法，采用现代材料、明亮的色调打造简洁流畅的线条，组成了构架鲜明的立面造型。建筑立面大面积采用了玻璃幕墙，建筑局部利用木材和铝板作为点缀，材料色彩相互渗透，给人以亲切又活泼的时代感，使整个构架轻盈飘逸又有亲和力。

建筑空间内部使用不锈钢管和玻璃打造大树形的结构，延伸出来的枝干撑起的玻璃屋顶犹如茂密的树冠；下方区域配置了圆形的休息座椅，构成了休憩空间。用现代材质打造的大树不仅把自然元素融入室内空间构成中，还增加了空间的美感，丰富了体验空间。如此设计还能使自然光照进室内中庭，为消费者营造了舒适温暖的空间氛围，增加了体验空间的奢华感受。

（三）主题营造

K11购物中心为了使艺术能更贴近消费者、与大众文化进行交流，挑选了大量当代艺术家经典创作。其中，商场二层陈列了英国先锋艺术家明安·赫斯特的铸铜艺术品《悲惨战争》，开启和平年代人们的深思。商场的中庭有当代雕塑家隋建国为K11购物中心量身打造的金属蝴蝶，现代艺术与自然的融合展示了空间的唯美气质，也与整体环境相得益彰。K11购物中心还精心挑选了17组颇具艺术感染力的作品，分别布置在商业空间各处，供消费者驻足欣赏。艺术与大众文化的互动、自然与消费体验的互动为消费者提供了丰富的感官体验，赋予了体验式商业建筑新的定义。K11购物中心还特别在地下三层为消费者打造了近3000平方米的艺术交流和作品展示的互动空间，定期举办的各种艺术活动为消费者搭建了交流和学习的平台。每天不间断的艺术交流活动使购物消费和文化体验互相影响，使消费者在享受购物的同时享受前所未有的独特体验。

（四）场所体验

K11购物中心的入口处拥有全球最高的人工瀑布，与墙面的垂直绿化相融合，体现了“自然”设计理念，有效利用了空间并给人以艺术感；多维阳光顶棚，除了地下采光的功能性还充满了艺术气息。当消费者走进购物中心的中庭时，会被建筑外部的水幕、清新的植物墙和低落的蝴蝶所吸引；现场还利用声效模仿鸟鸣，营造出了一种鸟语花香的自然画面，让人仿佛置身于大自然中。

购物中心把部分屋顶车库改造成“都市农庄”；还把300平方米空间

打造成室内生态互动体验养殖区，三四头可爱的小香猪被放养在农场里，吸引了相当一部分的儿童和白领。购物中心还模拟蔬菜的生长环境，开辟了种植体验区，种植了各种各样的蔬菜，让消费者近距离接触和体验到种植的乐趣。

上海K11将停车服务功能转化为独特、新颖的商业体验业态，兼顾了理想与现实，并最终将理想照进现实，真正做到了与潮流同步，将都市的年轻人从虚拟世界拉回到现实生活中，实现与消费者互动体验的现实版"开心农场"。种植专区的设计不仅能够使消费者感受到种植的乐趣，同时还提升了商业建筑空间的品质。

（五）点评

上海K11以艺术、人文、自然为主题线索，将现代艺术欣赏、空间人文体验、室内自然观光及购物休闲融合在一起，打造一座购物中心和主题旅游景点，成为将艺术体验与商业完美结合的经典案例。

（资料来源：何阳《体验式商业空间"情境营造"策略研究——以上海K11购物艺术中心为例》，中南大学2014年硕士学位论文。）

案例三　英国EDEN伊甸园：休闲农庄的体验模式

（一）EDEN伊甸园概况

1994年英国人蒂姆·施密特首次提出要在一个已经受到工业污染和破坏的地区重建一个自然生态区的想法，2000年在英国南部康沃尔郡废弃的矿山上兴建的伊甸园项目成为全球最大的生态温室。目前这里汇集了全球几乎所有的陆地植物，超过4500种、13.5万棵花草树木。这是一个集科学与娱乐为一体的博物馆，不仅成为人们休闲娱乐的场所，还是一个开展生态教育的天然课堂。通过它，人们可以了解更多的生物学信息，它是后工业时代环境再生的绝佳范例。

（二）运营模式与创意理念

运营模式：(1) 注册慈善信托基金。信托基金下设一个全资公司，代表信托基金掌管伊甸园工程的全部事务。(2) 成立伊甸园基金会。基金会主要代表伊甸园工程的对外形象，负责与政府、企业、学校等机构建立联系，帮助伊甸园工程建立一些专项项目（如废物零排放项目），以及寻找伊甸园工程差异化发展的策略。

创意理念及重要项目设置：(1) 特色项目。体验类：话剧、研讨会、园艺论坛、音乐节和儿童节目。观赏类：六大温室、三大展览馆。教育类：每年1月和9月向不同年龄段的学生提供教育项目。(2) 生态教育创意建筑。伊甸园由4座穹顶状建筑连接，组成整体外观如蜂巢的巨型球体，被世人称为“吹气泡泡的建筑”“世界第八大奇迹”。(3) 展馆设置。种植多种植物，成为全球最大的植物保育场；以主题方式分别设计“潮湿热带馆”“温暖气候馆”“凉爽气候馆”；三大展区共6个“大温室”，分别展示6个不同国家的植物。

（三）点评

这是一种以科技观光为引领，以四季花卉为特色，以考察、科普为主导的开发模式。植物展示+科研教育+特色活动，通过环境再生，建造一个与世隔绝的人间“伊甸园”。

（资料来源：百度文库“英国伊甸园项目”，http://wenku.baidu.com/view/629a1c4948d7c1c709a14528.html。）

案例四　星巴克：文化体验空间的营造

（一）星巴克概况

1971年星巴克在西雅图派克市场成立第一家店，开始经营咖啡豆业务。1992年，星巴克在纽约纳斯达克成功上市。自上市以来，星巴克的经营业绩一飞冲天，其销售额和利润连年增长。经过十多年的发展，星巴克遍布全球40多个国家和地区，连锁店达到1万多家，股价攀升了22倍。1999年1月星巴克在北京开设了第一家咖啡店，目前在中国大陆分店已超过400家。进入中国市场以来，星巴克在食品饮料开发等方面与中国元素进行融合创新，从而在更广的领域与中国消费者建立紧密的联系，并进一步激发与消费者的情感联系，实现提升星巴克体验的目标。

品牌是代表特定意义的文化符号，“星巴克”这个名字来源于19世纪美国文坛大师赫尔曼。从星巴克这一品牌上，我们可以明确其目标市场定位：一群注重享受休闲、崇尚品位与时尚、富有小资情调的城市白领。星巴克把中国的目标群体定位在年轻群体，这一目标群体的消费观念特点是：感性与理性并存，有强大购买力，追求时尚与个性，兴趣爱好广泛。因此，星巴克不断致力于探索和了解年轻人的思维方式和生活习惯，星巴克这种独特的人文关怀吸引了大量年轻的消费者。

（二）星巴克的体验文化

星巴克创造了一种生活方式和一个咖啡帝国，让顾客体验咖啡的香醇与生活方式。星巴克最大的利润来源就是“体验”。其价值主张是：星巴克出售的不仅仅是优质的咖啡和完美的服务，更重要的是人们对咖啡的体验。星巴克向顾客提供的不仅是他们想要的东西，而且还超乎顾客的想象。

1. 星巴克的“第三空间”体验。星巴克一直致力于为人们打造一个舒适惬意的“第三空间”，使消费者在其中能够彻底地放松自己，将工作和生活的烦恼抛诸脑后，倾心交谈。为了创造这种“第三空间”体验，店面环境的设计是令人心动的，会让人们不管是独处还是与朋友相聚都感到悠闲舒适，使人们感受到独一无二的温馨，从而与生活的喧闹与繁杂分离。

2. 星巴克的情感体验。星巴克将自己定位为一间真正顾客至上的咖啡店，把满足顾客情感上的体验放在了第一位。在星巴克，人们可以与恋人谈心；可以独自一人点一杯咖啡，享受独处的悠闲；还可以邀约一群好友，听着店里播放的音乐聊天叙旧。这种无拘无束和悠闲使得消费者每一次去星巴克都能放松身心，触动内心的情感。星巴克的情感体验式营销为其赢得了很多忠诚顾客。

3. 星巴克的感官体验。星巴克根据客户不同的口味提供不同的产品，实现一种“专门定制”式的一对一服务，真正做到真心实意为顾客着想。星巴克还将咖啡豆按照风味分类，使顾客可以按照自己的口味挑选喜爱的咖啡，这样的服务让每一位进入星巴克的顾客都能拥有符合自己口味的完美体验。不只是在口感上，星巴克的咖啡香、昏黄温暖的灯光、起居室式的装修，还有放置的装饰物和灯具，都烘托出一种星巴克情调，这些无一不给顾客带来感官上的美妙享受。

4. 星巴克的文化体验。星巴克致力于带给顾客感官、情感和空间的完美体验，还注重顾客在文化方面的体验。例如，星巴克北京前门店带给顾客的是一种中国风体验：古雅的格窗映衬着雄伟的正阳门，中式几案上摆放着西式咖啡；古朴雅致的前门大街街口，醒目的美人鱼标志与正阳桥牌坊相映成趣。顾客可以真切地感受到星巴克通过咖啡这一载体传递着浓厚的中国文化。不仅在建筑方面，在饮食方面星巴克也将独一无二的星巴克体验延伸到了中国消费者所喜爱的茶饮品领域。

5. 星巴克的氛围体验。星巴克努力营造温馨、浪漫的环境接待顾客。通透明亮的落地窗，原木风格的桌椅，显得高雅、古朴；别具匠心的墙画装饰，墙边摆放的咖啡器具，柜台附近陈列的各种咖啡豆，飘浮在空气中的咖啡的醇香，以及耳边响起的美妙的音乐，为百忙之中偷闲的顾客提供一个轻松愉悦的氛围，远离城市的忙碌与喧嚣，让顾客全身心投入到以咖啡为载体的休闲娱乐的氛围之中。

（三）点评

星巴克的产品和服务都致力于为顾客提供完美的体验，让走进店的每一位顾客都能品尝到所需要的咖啡，满足了消费者的体验需求。正是凭借星巴克独特的体验文化，星巴克迅速发展成为当今国际最著名的咖啡连锁品牌。星巴克在出售咖啡的过程中重视与顾客沟通，能很好地抓住并把握顾客更多方面的需求，为顾客提供全面的体验，从而赢得更多的忠实顾客，也在同行业的竞争中树立起了自己的品牌，增强了竞争优势。广告传播一直是宣传产品和品牌形象的重要手段，而星巴克不花一分钱打广告却能从一间小咖啡屋发展成为国际著名品牌，赢得信任与口碑的秘诀就是星巴克始终将体验文化融入咖啡的制作与销售中。

（资料来源：王安琪《星巴克的体验营销》，《江苏商论》2009 年 12 期；综合其他网络资料。）

后　　记

随着全球化、信息化、市场化不断深入，传统文化产业商业模式受到了前所未有的挑战，商业模式创新势在必行。本书主要研究新时期文化市场主体实现市场价值的过程方法、主要模式，是在市场经济与文化产业高度发展基础上出现的新兴学科，是文化经济学及相关学科的重要研究领域，将成为文化管理相关专业的重要理论支撑。同时，本书在内容上体现了“经济理论与产业实践相结合，抽象概念与具象案例相结合，经验借鉴与创意创新相结合”的特点。

从2006年至今，笔者专注于文化产业研究已经十年，先后完成《创意产业：文化、技术和商业模式》《体育赛事产业双边市场建构与竞争研究》《文化经济学》《文化产业十八讲》《文化产业规划学》《创意中国调研报告系列》等著述。对笔者而言，认知文化产业是一场神奇的游学体验，面对的是日新月异的业态，是文化与经济的交融，是创新与传统的碰撞。笔者在深入分析、总结多年教学及科研经验的基础上，以经济学、管理学特别是产业经济学、战略管理学等相关学科理论为框架基础，根据诸多文化企业的商业模式案例和比较研究，探求文化产业的商业模式创新。

在本书编写前期，张春、陈旭、卢霞等同志在整理材料和收集案例方面给予大量帮助，在此表示由衷的感谢。在编写过程中参考了国内外大量的经济学、管理学相关文献资料，并借鉴了国内外文化经济学者、企业家大量的研究、实践成果，在此也向这些学者及企业家表示诚挚的感谢。囿于条件和能力，还有许多工作未能如愿，留下了些许遗憾，书中难免存在不足之处，期待大家的批评指正，也期待使用本书作为教材的老师和同学们的意见和建议。

昝胜锋

2016年9月